BEATUS BRENNER (HG.)

Europa und der Protestantismus

Ein Arbeitsheft mit Dokumenten und Beiträgen
von Eberhard Jüngel, Reinhard Frieling und Lothar Ullrich

V&R

VANDENHOECK & RUPRECHT
IN GÖTTINGEN

BENSHEIMER HEFTE
Herausgegeben vom Evangelischen Bund
Heft 73

Die Deutsche Bibliothek — CIP-Einheitsaufnahme

Europa und der Protestantismus: Ein Arbeitsheft mit Dokumenten/Beatus Brenner (Hg.). Beitr. von Eberhard Jüngel, Reinhard Frieling und Lothar Ullrich.

Göttingen: Vandenhoeck und Ruprecht, 1993.
(Bensheimer Hefte; H. 73)
ISBN 3-525-87161-9

NE: Brenner, Beatus [Hrsg.]; Jüngel, Eberhard; Frieling, Reinhard; Ullrich, Lothar; GT

Göttingen · Vandenhoeck & Ruprecht · 1993
Umschlaggestaltung: Jutta Reichelt-Feigel, Rendsburg
Herstellung: Ph. Reinheimer, Darmstadt
ISSN-Nr. 0522-9014
ISBN 3-525-87161-9

INHALT

ZUR EINFÜHRUNG

BESINNUNGEN

ZUR EINFÜHRUNG

Beatus Brenner:

Europa und der Protestantismus

„Europa“ war für die Protestanten bis zur Wende von 1989 kein vorrangiges Anliegen. Erst als die gesellschaftspolitischen Umwälzungen in Mittel- und Osteuropa den Weg frei machten für eine grundlegende Neugestaltung Europas, kamen auch die evangelischen Kirchen in Bewegung. Wie sieht der evangelische Beitrag für Europa aus?

Viele evangelische Christen und Kirchen realisierten: Es genügt nicht mehr, selbstgenügsam auf die eigene Ortsgemeinde oder Landeskirche zu blicken. Dieses weithin für den heutigen Protestantismus typische provinzielle Denken gilt es abzustreifen. Wenn die Protestanten ihre Anliegen in Europa wirksam einbringen und aus ihrer jetzigen reagierenden Haltung herausfinden wollen, müssen sie es gemeinsam tun.

Was gemeinsam bereits getan wurde und was noch zu tun ist, ist in diesem Heft anhand einiger evangelischer und ökumenischer Konferenztexte auszugsweise dokumentiert.

Maßgebend für die Auswahl der Texte waren insbesondere zwei Kirchenkonferenzen auf gesamteuropäischer Ebene: die Zehnte Vollversammlung der Konferenz Europäischer Kirchen (KEK) im September 1992 in Prag und die Europäische Evangelische Versammlung im März 1992 in Budapest.

Die Konturen des *evangelischen Europa-Engagements* lassen sich exemplarisch an Vorbereitung, Verlauf und Ergebnissen der Budapester Versammlung ablesen. Deshalb wird weiter unten noch ausführlich auf diese Konferenz Bezug genommen. Ihre Texte finden in diesem Heft eingehende Berücksichtigung.

Die *ökumenische Relevanz des kirchlichen Europa-Engagements* soll hier insbesondere durch Texte aus dem Bereich der KEK aufgezeigt werden. In der KEK arbeiten zwei der drei großen konfessionellen Blöcke in Europa, die Orthodoxie und der Protestantismus, zusammen. Die KEK ist auf europäischer Ebene als Koordinationsorgan vieler Kirchen, aber auch kirchlicher Werke und Verbände, ebenso unverzichtbar wie als Bindeglied zur römisch-katholischen Kirche und als Verbindungsorgan zur Konferenz für Sicherheit und Zusammenarbeit in Europa (KSZE) und zu Gremien der Europäischen Gemeinschaft. Vor allem die Prager Beschlüsse und Empfehlungen der KEK machen deutlich, wie notwendig weitere Schritte sind zur Intensivierung der ökumenischen Studienarbeit über Mission der Kirche in einem säkularisierten Europa, zur Intensivierung von Hilfeleistungen in der praktischen Zusammenarbeit der Kirchen in Europa und zur wirksamen Gestaltung von öffentlichen Stellungnahmen.

Ergänzt wird der ökumenische Teil dieses Heftes durch Texte aus der römisch-katholischen Kirche und einen Aufsatz zu den ökumenischen Strukturen in Europa.

Die *theologische Grundlegung für das kirchliche Europa-Engagement* kommt schließlich in diesem Heft mit vier Grundsatzreferaten zu Wort, die neben Budapest auf einer Tagung der bayerischen Landessynode im April 1991 in Rosenheim und auf der Generalversammlung des Evangelischen Bundes im Oktober 1992 in Erfurt gehalten wurden. Die beiden evangelischen Theologen Reinhard Frieling und Eberhard Jüngel und der katholische Theologe Lothar Ullrich stellen programmatisch ihre Sicht der theologischen Leitlinien für das kirchliche Europa-Engagement dar.

Ein Resümee aus Referaten und Texten sei hier vorweggenommen: Die Intensivierung evangelischer Gemeinschaft in Europa schließt die größere ökumenische Gemeinschaft aller Christen nicht aus, sondern arbeitet auf sie hin. Insbesondere drei Problemfelder sind hierbei zu nennen.

Wir haben noch keine Europakonzeption

In letzter Zeit haben alle großen Kirchen in Europa Konferenzen zur Meinungsbildung und Standortbestimmung in der Europafrage abgehalten. Über einen Punkt lassen sie keinen Zweifel: Alle Kirchen werden sich am Neuaufbau Europas beteiligen. Einmütig fordern sie, daß Europa mehr sein muß als ein politischer und ökonomischer Zusammenschluß von einzelnen Staaten. Einmütig sehen sie, wie notwendig es ist, die zunehmende Gottvergessenheit unter den Menschen in West- und Osteuropa zu stoppen. Einmütig wollen sie Gottes Wort so verkünden, daß es die Menschen von heute in ihren Ängsten und Hoffnungen wieder verstehen. Und recht einmütig wünschen sie sich, die gemeinsamen Aufgaben im neuen Europa auch gemeinsam zu erledigen.

Hinter diesen gemeinsamen Bekundungen fangen die Probleme aber erst an. Wie „christlich" soll das neue Europa sein? Wie plural muß es auch von Christen akzeptiert werden? Welchen Einfluß auf Staat und Gesellschaft wollen die Kirchen nehmen, und wie wollen sie ihn ausüben? Wie gehen Kirchen und Christen in Europa mit ethnischen, nationalen und konfessionalistischen Machtansprüchen um? Diese Fragen werden von Christen quer durch die Konfessionen unterschiedlich diskutiert. Für die Protestanten steht eine Konzeption, die derlei Fragen zu bündeln versteht und sich nach außen überzeugend Gehör verschafft, noch aus.

Wir haben keine angemessene Struktur

Wenn die evangelische Stimme für den europäischen Protestantismus repräsentativ sein will und gehört werden soll, bedarf es nicht nur einer Konzeption, sondern auch einer Struktur. Manche sagen, uns fehle eine „EKD auf europäischer Ebene". Auf jeden Fall gilt es, die beiden vorhandenen Strukturen auf gesamteuropäischer Ebene, die Konferenz Europäischer Kirchen und die Leuenberger Kirchengemeinschaft, zu stärken und auszubauen.

Wir sind eine Minderheit

Die Minderheitensituation trifft den europäischen Protestantismus in doppelter Hinsicht. Zum einen sehen sich alle Christen in Europa zunehmender Entkirchlichung und teilweise auch zunehmender Entchristlichung gegenüber. Daß hier für die Kirchen und Christen die größte Herausforderung der Gegenwart liegt, dürften inzwischen die meisten begriffen haben.

Zum anderen sind die Protestanten unter den Europäern eine kleine Minderheit. Von den 340 Millionen Einwohnern der heutigen Europäischen Gemeinschaft sind nahezu zwei Drittel katholisch und nur noch knapp 22 Prozent oder jeder fünfte evangelisch. Für Gesamteuropa sieht das Zahlenverhältnis für die Christen, und insbesondere für die Protestanten, nochmals schlechter aus (vgl. im Anhang Schaubild Nr. 1/2, S. 284/285).

Von einer spontanen Initiative zur Budapester Versammlung

Die Minderheitensituation wird langfristig ein Problemfeld bleiben. Vordringlich läßt sich aber an den konzeptionellen und strukturellen Fragen arbeiten. Dies vor Augen sprachen rund siebzig führende evangelische europäische Kirchenleute im August 1991 auf einer privaten Konsultation in Basel die Empfehlung aus, für Frühjahr 1992 eine Konferenz des europäischen Protestantismus in Budapest einzuberufen.

Die spontane Initiative von Basel[1] wurde von den Kirchen aufgegriffen, so daß vom 24. bis 30. März 1992 in Budapest zum ersten Mal seit der Reformation eine europäische evangelische Kirchenversammlung stattfinden konnte. Rund achtzig evangelische Kirchen waren durch rund 180 Delegierte und Beobachter vertreten. Von Anglikanern, Lutheranern und Reformierten, über Methodisten, Baptisten, Waldenser und Hussiten bis hin zur Heilsarmee trafen sich die europäischen evangelischen Christen und einige Beobachter aus der Ökumene in Budapest zum Thema „Christliche Verantwortung für Europa".

---

[1] Ihr privater Charakter blieb bis Konferenzbeginn weitgehend erhalten.So hat beispielsweise lediglich eine Handvoll Angehöriger ökumenischer Institute und Organisationen in Bensheim, Berlin, Bern, Kopenhagen und Straßburg federführend die Budapester Konferenz vorbereitet, unterstützt von einem vierköpfigen Präsidium, den Bischöfen Kálmán Csiha, Rumänien, Martin Kruse, Deutschland, Präsident Heinrich Rusterholz, Schweiz, und Jan Szarek, Polen.

Konzeptionell wollte man sich auf den evangelischen Beitrag für ein neues Europa besinnen – vom gemeinsamen Zeugnis über das gesellschaftliche und politische Engagement bis hin zur Solidarität mit den evangelischen Minderheitskirchen in Europa und zur Stärkung des allgemeinen Priestertums aller Gläubigen.

Strukturell war man sich in notwendiger Selbstbeschränkung einig: Die Budapester Versammlung kann und will nicht eine neue Struktur im europäischen Protestantismus bilden, also keine evangelische Blockbildung. Im Vorfeld hatte es hier Befürchtungen gegeben.[2] Diese Versammlung sollte beratenden Charakter haben und als Vorbereitung für die Vollversammlung der KEK in Prag im September 1992 dienen. Eines war damit klargestellt. Die Ergebnisse von Budapest sollten über bereits bestehende ökumenische Organisationen und in ökumenischer Gemeinschaft mit den orthodoxen Kirchen und der römisch-katholischen Kirche in den Neuaufbau Europas eingebracht werden.

Die Ergebnisse von Budapest

Formell verabschiedet wurden von der Europäischen Evangelischen Versammlung in Budapest nur zwei Papiere: Die vierseitige Schlußbotschaft und der knapp eine Seite umfassende Beschluß zur Nacharbeit. Die sechs Sektionsberichte nahm die Versammlung lediglich zur Kenntnis. Ebenfalls nicht zur Abstimmung vorgesehen waren das 26seitige Vorbereitungspapier, das der Vorbereitungskreis unter Federführung von Lukas Vischer, Bern, konzipiert hatte, und die „Zehn Herausforderungen", ein thesenartiges Exzerpt für die Presse- und Öffentlichkeitsarbeit, das von vielen Zeitun-

---

[2] Der Lutherische Weltbund, die Kirche von England und anfänglich auch die Konferenz Europäischer Kirchen taten sich schwer, die Budapester Konferenz zu unterstützen. Ihnen gemeinsam war die Sorge, die Ökumene könne durch einen konfessionellen Alleingang gestört werden. Selbst zustimmende Äußerungen aus den orthodoxen Kirchen und der römisch-katholischen Kirche, ihnen könne nur recht sein zu wissen, was die Protestanten mit Europa wollten, konnten die Anglikaner und einige Mitglieder des Lutherischen Weltbundes nicht davon abhalten, lediglich Beobachter und keine Delegierten nach Budapest zu entsenden.

gen abgedruckt wurde und so insbesondere im deutschsprachigen Raum Europas eine millionenfache Verbreitung fand. Der weithin perspektivische Charakter von Vorbereitungspapier und Thesen konnte der Versammlung aber lediglich als Diskussionsgrundlage dienen.

Hier auf der Diskussionsebene dürfte die Budapester Versammlung auch ihre eigentlichen Ergebnisse zu verzeichnen haben und folgende Orientierungen bieten.

1. Die Budapester Versammlung war eine theologische Arbeitstagung des europäischen Protestantismus. Evangelisch sein heißt immer auch Theologie treiben. „Ohne eine ordentliche, nicht nach dem politischen Effekt schielende, sondern unbeugsam nach der Wahrheit fragende wissenschaftliche Theologie werden die evangelischen Kirchen in Europa mehr oder weniger angepaßte, relativ uninteressante Institutionen werden“ (Eberhard Jüngel in Budapest). Das evangelische Europa-Engagement wird daher letztlich so gut sein, wie die theologische Begründung für dieses Engagement gut ist. Christen sind mit vielen anderen für Frieden, soziale Gerechtigkeit oder persönliche Freiheit. Doch erst das theologisch begründete Menschenbild bietet nach christlicher Auffassung die beste Grundlage für eine Sozialethik.

2. Die Budapester Versammlung hat eindrucksvoll gezeigt, daß der europäische Protestantismus zu geistiger und geistlicher Gemeinschaft fähig ist, ja er *ist* eine geistige und geistliche Gemeinschaft.

Gemeinsam feierte die Versammlung die täglichen Gottesdienste, gemeinsam warnte sie vor der „Illusion einer Rückkehr zu kirchlichen Machtansprüchen, die nie einen Anhalt im Evangelium hatten“, gemeinsam konnte sie festellen: „Wir sind in der Tradition der Reformation verwurzelt und durch die Tradition der Aufklärung mitgeprägt“, gemeinsam fand sie zu Grundhaltungen, die angesichts der Meinungsvielfalt im Protestantismus bemerkenswert sind und von einem Kommentator folgendermaßen beschrieben wurden: „Was ist evangelisch? Das protestantische Menschenbild von Budapest zeigt einen Mitteleuropäer, der mit der reformatorischen Rechtfertigungsbotschaft die Leistungsgesellschaft nicht für ein Idol hält. Die Gewissensfreiheit Martin Luthers macht ihn tolerant und kritisch. Aufklärung und Säkularisierung sind für ihn keine Gegenbegriffe zum Christentum.

Glaube und Vernunft stehen im Wettbewerb, nicht im Gegensatz. Der Begriff einer demokratisch gezähmten, international und ökologisch verantwortlichen Marktwirtschaft war konsensfähig."[3]

3. Die Budapester Versammlung hat aber auch deutlich werden lassen, daß der europäische Protestantismus keine Kirche ist, sondern eine Gemeinschaft von Kirchen, die nicht einmal alle miteinander in Kirchengemeinschaft stehen und weder über Ort noch Forum verfügen, wo sie sich regelmäßig treffen oder sich gemeinsam artikulieren könnten. Ihr „spezifisches Profil"[4] hat sich die Budapester Versammlung neben ihrer theologischen Arbeit insbesondere durch ihre Aussagen zur Intensivierung der innerprotestantischen Ökumene erworben. Vor allem für zwei Wege hat sich die Versammlung entschieden: Vertiefung und Erweiterung der Leuenberger Kirchengemeinschaft und Schaffung eines Ortes der „Selbstverständigung und Klärung der evangelischen Mitgliedskirchen" innerhalb der KEK. Die Prager Vollversammlung der KEK hat inzwischen diesem Wunsch entsprochen und ein „eigenes Forum" für ihre protestantischen Mitgliedskirchen empfohlen.

4. Ein weiteres spezifisches Profil hat die Budapester Versammlung durch die Verhältnisbestimmung der protestantischen Gemeinschaft zur Gemeinschaft aller Christen gewonnen. Ein für die Ökumene programmatischer Satz lautete in Budapest: „Die evangelischen Kirchen sind Kirche Jesu Christi. Ihnen ist jedoch bewußt, daß die eine Kirche Christi umfassender ist als sie selbst." Auf dieser Basis war der Wille zur Kooperation statt zur Konkurrenz mit der römisch-katholischen Schwesterkirche und den orthodoxen Schwesterkirchen durch alle Stellungnahmen unverkennbar.

Mit der Hervorhebung der Evangelisierung unter säkularen Menschen fand man des weiteren zu einer eindeutigen Absage an den Proselytismus. Zum einen müßten sich alle Kirchen heute zwar der Tatsache stellen, daß „wir nicht mehr

---

[3] Hans Hafenbrack, epd-Dokumentation Nr. 17/92.

[4] Aus den vielen Berichten über die Budapester Versammlung — rund 60 Journalisten aus zehn europäischen Ländern berichteten über diese Tagung — sei hier stellvertretend ein Beobachter aus der katholischen Kirche genannt: Ulrich Ruh, HK 5/92, 226ff.

von angestammten konfessionellen Gebieten ausgehen" können, in denen anderen christlichen Kirchen das Recht zur Evangelisierung bestritten werden könnte. Zum anderen aber sollte dort, wo die Kirchen in der säkularen Gesellschaft eine Möglichkeit zur Verkündigung des Evangeliums erkennen, „jegliche Form des Proselytismus vermieden" werden.

In den Reaktionen auf die Budapester Versammlung wurde der Wille der evangelischen Christen zur Ökumene auf folgenden Punkt gebracht: Protestanten erkennt man am Pro: für Gott Zeugnis ablegen. Die Budapester Versammlung habe eindrücklich illustriert, daß das Evangelischsein nicht vom Protest gegen andere Kirchen lebt.

Was bleibt zu tun?

Aus vielen Beiträgen und Texten dieses Heftes haben sich für mich insbesondere zwei Leitlinien ergeben, die ich durchgängig in den Stellungnahmen als „evangelische" Kriterien zu erkennen meine: Es geht *erstens* nicht um die Macht der Kirche, sondern stets um die Macht des Evangeliums. Darum geht es *zweitens* nicht um kirchliche Führungsansprüche beziehungsweise um Verchristlichung der Gesellschaft, sondern um den zeichenhaften Dienst von Christen in der Gesellschaft. Diese insbesondere in den Beiträgen von Reinhard Frieling näher begründeten Kriterien mag der Leser nach Lektüre dieses Heftes modifizieren oder ergänzen. Wichtig war es, ein Arbeitsheft zu konzipieren, in dem das „Umfeld von Budapest" ebenso zu Worte kommt wie die Budapester Texte selbst. Nur so lassen sich die Anliegen von Budapest in ihrer Entwicklung näher verstehen und in ihren Konsequenzen besser einschätzen.

Das Arbeitsheft hat seinen Dienst getan, wenn es ihm gelingt

– auf der Ebene der Ortsgemeinden über die evangelischen und ökumenischen Anliegen für Europa aufzuklären

– auf der Ebene der Theologie mitzuhelfen, eine Sprache zu finden, die diese Anliegen für jeden verständlich macht

– auf der Ebene der Kirchenleitungen die Notwendigkeit aufzuzeigen, Verantwortung abzugeben und an überregionale Gremien zu delegieren.

Das Zeugnis der evangelischen Kirchen auf europäischer Ebene

Die Teilnehmer einer Konsultation in Basel:
Zusammenfassung der Überlegungen
der Basler Tagung vom 23. bis 27. August 1991
(epd-Dok. 38/91, 5-9)

Vom 23. bis 27. August 1991 kamen etwa 70 Kirchenleute und Theologen aus den evangelischen Kirchen Europas im Haus der Basler Mission zu einer Tagung über „Das Zeugnis der evangelischen Kirchen auf europäischer Ebene" zusammen. Sie folgten dabei einer persönlichen Einladung, die von Bischof Henrik Christiansen (Dänische Evangelisch-Lutherische Kirche), Bischof Christoph Klein (Evangelische Kirche A. B. in Rumänien), Bischof Martin Kruse (Vorsitzender des Rates der Evangelischen Kirche in Deutschland) und vom Präsidenten des Schweizerischen Evangelischen Kirchenbundes, Heinrich Rusterholz, ausgesprochen worden war. Das Folgende bietet einen Überblick und eine Zusammenfassung der bei dem Treffen angestellten Erörterungen.

A. Warum die Frage nach dem Zeugnis auf europäischer Ebene?

1. Die Frage hat sich grundsätzlich schon immer gestellt. Der Anlaß, sie heute neu zu stellen, ist die veränderte Situation, die in den letzten Jahren in Europa entstanden ist. Sie nötigt dazu, zu prüfen, wie das Zeugnis der evangelischen Kirchen heute angemessen wahrgenommen werden kann.

2. Die aus der Reformation hervorgegangenen Kirchen haben die Neigung, ihr Zeugnis auf den nationalen Kontext auszurichten. Die Botschaft der Reformation hat aber grund-

sätzlich universalen Charakter, und die Kirchen haben die Aufgabe, sichtbar zu machen, inwiefern sie die nationalen Grenzen überschreitet.

3. Der europäische Raum ist insofern ein Ort, an dem sich ihr Zeugnis zu bewähren hat, als dort Entscheidungen fallen, die für die Zukunft sowohl der europäischen als auch der weltweiten Gemeinschaft der Völker weitreichende Folgen haben. Die Glaubwürdigkeit der Botschaft der evangelischen Kirchen hängt mit davon ab, ob sich aus ihr Antworten ableiten lassen auf die bedrängenden Fragen der Zukunft Europas. Umgekehrt: Die reformatorische Botschaft ist bereits ein konstitutiver Teil der europäischen Geschichte; sie stellt einen Schatz dar, an den in der Debatte über die Zukuft Europas erinnert werden muß.

4. Die evangelischen Kirchen sind in den letzten Jahrzehnten immer wieder konsequent dafür eingetreten, daß Europa Ost und West umfaßt, und daß die Gesamtheit Europas nicht aus den Augen verloren werden darf. Sie haben sich einer Aufteilung der Kirchen in West und Ost widersetzt. Es ist z.B. aus diesem Grunde nicht zur Bildung eines Rates der Kirchen in Westeuropa gekommen. Die evangelischen Kirchen haben aufgrund dieser Geschichte die Aufgabe, zu zeigen, was diese Gemeinschaft unter den neuen Umständen bedeutet.

5. Das Zeugnis ergibt sich nicht von selbst, sondern muß gemeinsam erarbeitet werden. Gewiß werden die einzelnen Kirchen sich der Frage nach der Zukunft Europas zuwenden. Jede dieser Antworten wird aber durch den nationalen Kontext gefärbt sein. Es bedarf eines Ortes der Begegnung, an dem die verschiedenen Reaktionen miteinander konfrontiert werden und eine gemeinsame Antwort entstehen kann.

6. Die großen Herausforderungen unserer Zeit halten sich weniger an nationale Grenzen. Wer sich heute mit Fragen wie Jugend, soziale Gerechtigkeit, Frieden, Menschenrechte, Bewahrung der Schöpfung befaßt, wird über kurz oder lang die Zusammenarbeit mit Christen anderer Kirchen suchen. Eine Fülle von themen- oder problembezogenen Bewegungen und Organisationen auf europäischer Ebene ist bereits entstanden. Um die Verwurzelung solcher Bewegungen in der Kirche zu gewährleisten, wäre eine Präsenz der evangelischen Kirchen als solcher auf europäischer Ebene von großer Bedeutung.

B. Warum evangelisches Zeugnis auf europäischer Ebene?

1. Welche Bedeutung kommt dem Zeugnis der evangelischen Kirchen auf europäischer Ebene zu? Muß das erforderliche Zeugnis nicht von allen Kirchen gemeinsam wahrgenommen werden?

2. Die neue Situation könnte in der Tat Anlaß zu einem neuen interkonfessionellen Aufbruch in der ökumenischen Bewegung werden. Die evangelischen Kirchen werden die Begegnung und die Zusammenarbeit mit den anderen Kirchen soweit als nur möglich fördern und an ihr teilnehmen. Sie sind geprägt von der Erinnerung, daß die Reformation die Erneuerung der ganzen Kirche anstrebte und nicht auf die Gründung einer gesonderten Kirche zielte. Die evangelischen Kirchen haben darum das Ganze der Kirche vor Augen — selbst wenn sich heute manche Beziehungen unter den Kirchen verhärtet haben. Die Beziehungen zu den orthodoxen Kirchen bieten heute besondere Möglichkeiten und verdienen darum auch besondere Aufmerksamkeit.

3. Begegnung und Zusammenarbeit setzen aber Klarheit über das eigene Zeugnis voraus. Das heißt nicht nur, daß die evangelischen Kirchen über ihre Wurzeln und ihre Traditionen Auskunft zu geben wissen, sondern daß sie in der Lage sind, Rechenschaft abzulegen über das, was ihr Zeugnis heute ausmacht. Mit anderen Worten: Wir müssen in den Kirchen unsere Traditionen auf die Fragestellungen beziehen, die sich in der heutigen Situation ergeben.

4. Um wirksam an der ökumenischen Bewegung auf europäischer Ebene teilnehmen zu können, brauchen die evangelischen Kirchen einen Ort, an dem ein Austausch über die Bedeutung ihrer eigenen Traditionen stattfinden kann. Die Aktualisierung der evangelischen Tradition in ihren verschiedenen Ausprägungen ergibt sich weder von selbst, noch kann sie von einer einzelnen Kirche geleistet werden.

5. Die Stimme der evangelischen Kirchen muß im europäischen Raum zur Geltung gebracht werden. Die römisch-katholische Kirche strebt nach einer Präsenz in allen Teilen Europas. In einigen Ländern entsteht der Eindruck, daß sie den Anspruch erhebt, die ganze Christenheit zu repräsentieren. Manche fundamentalistischen Kreise entfalten eine rege Aktivität und versuchen, in ihrem Sinne zur Evangelisierung

Europas beizutragen. Der genuin evangelische Beitrag bleibt angesichts dieser Versuche im Hintergrund. Er wird freilich nicht in erster Linie durch spektakuläre Auftritte, sondern vor allem durch die Macht der Argumentation seine Wirkung ausüben.

6. „Evangelisch" ist ein Sammelbegriff. Mit dieser Bezeichnung sind die Kirchen gemeint, die sich der Botschaft der Reformation verpflichtet wissen, ob sie in vorreformatorischer Zeit, im 16. Jahrhundert oder später entstanden sind. Sie unterscheiden sich in vieler Hinsicht voneinander. Sie haben aber auch vieles gemeinsam, das sie gemeinsam in die ökumenische Bewegung einbringen könnten. Eine Mehrheit der evangelischen Kirchen in Europa hat unter sich durch die Leuenberger Konkordie Kanzel- und Abendmahlsgemeinschaft etabliert. Ferner sind sie und andere evangelische Kirchen durch ein Netz von Dialogen verbunden, die z. T. zu bemerkenswerten Ergebnissen geführt haben. Zu den gemeinsamen Aufgaben gehört es, die Einheit des Protestantismus durch die Vertiefung und Fruchtbarmachung der Übereinstimmungen zu fördern. [...]

„Profiliert protestantisch"

Peter Beier (Düsseldorf/Deutschland):
Bibelarbeit bei der Europäischen
Evangelischen Versammlung in Budapest, 27. März 1992
(epd-Dok. 23/92, 67-68)

[...] Was haben Kirchen reformatorischer Herkunft profiliert protestantisch im Konzert der europäischen Christenheit zu sagen, und woran halten sie fest?

Das ist schwer zu bestimmen, in den Konturen noch unkenntlich, an ökumenischer, sozialer und politischer Praxis noch nicht geprüft. Aber mindestens Signale sind zu setzen.

1. Es wird Streit geben. Streit um das Menschenbild. Insbesondere dann, wenn wir uns entschlossen der missionarischen Herausforderung in einem an Ausdehnung gar nicht zu übertreffenden säkularen Raum stellen.

Was ist der Mensch? Der autonome Macher, der allein sich selbst oder bestenfalls qualifizierten Gemeinschaften Verantwortliche, der Selbsterlöser, der sein Leben entwirft *acsi deus non daretur*, der freundlich mit Gott Kooperierende, dem natürliche Güte eignet?

Dem werden wir zäh und geduldig unser Zeugnis entgegenhalten müssen, daß der Mensch sein Lebensrecht einzig und allein der unverdienten, durch nichts käuflichen Gnade Gottes verdankt, und daß er allein aus Glauben zur Freiheit von den Göttern, zu aufrechtem Gang und zu sich selbst gelangt.

2. Es wird Streit geben bei dem Versuch, unsere Herkunft zu bestimmen. Unsere Konfessionsfamilie ist aufgrund ihrer Geschichte wie keine zweite verpflichtet, ein doppeltes Erbe zu bedenken und fruchtbar zu erhalten: die Verwurzelung in der Reformation und in der philosophischen Aufklärung. Wir sind aus dem Konflikt von Glaube und Vernunft nicht entlassen. Gerade in der Auseinandersetzung mit den wider-

sprüchlichen Erscheinungsformen des Säkularismus ist dieses Erbe unverzichtbar. Den Götzen fällt nur dann die Maske vom Kopf, wenn der Christusglaube die Vernunft treibt und erleuchtet und wenn umgekehrt die Vernunft dem Glauben kritisches Geleit gewährt.

3. Es wird Streit geben, wenn wir uns erneut auf den Weg machen, der biblisch-refomatorischen Lehre vom „Priestertum aller Gläubigen" nachzudenken und der Lehre im Leben unserer Kirchen Beispiele gebend Respekt zu verschaffen. Es geht um nicht mehr und nicht weniger als die auf Praxis gerichtete Mitverantwortung aller Getauften für Kirche und Gesellschaft, die längst nicht eingelöste Gleichstellung von Mann und Frau und die Eindämmung jeder Form von Ämterdominanz im Volke Gottes. Das wird nicht leicht zu bewältigen sein in Zeiten großer Verunsicherung, in Zeiten der Sehnsucht nach Rückkehr zu formaler Autorität und hierarchischer Praxis.

4. Es wird Streit geben beim Entwurf einer protestantischen Sozialcharta. Wir haben darauf zu bestehen – aus evangelischen Gründen –, daß Europa sich nicht isoliert, zu einer schwimmenden Festung erklärt, die mit allen Mitteln der Mangelgesellschaft im Osten und der Überflußgesellschaft im Westen Privilegien verteidigt, die der sozialen und politischen Entwicklung einer Weltgesellschaft im Wege stehen.

5. Es wird Streit geben, wenn wir uns aufgrund unserer föderalen Erfahrungen, Überzeugungen sowie unserer Kirchenstruktur gegen einen europäisch-administrativen Zentralismus wenden, der sich demokratischer Kontrolle zunehmend entzieht und die Völker in neue Abhängigkeit von Apparaten und undurchschaubaren ökonomischen Entscheidungen bringt.

Es ist, Hohe Synode, höchste Zeit für den gemeinsamen Versuch, eine Herausforderung anzunehmen.

BESINNUNGEN

Reinhard Frieling:

Die Verantwortung der Kirchen im europäischen Einigungsprozeß*

Die Kirche darf nicht im Dorf bleiben. Heimat, Volk, Europa, die Ökumene sind die Orte, an denen Christen und Kirchen ihr Leben gestalten müssen.

„Europa" ist mehr als Westeuropa und der Gemeinsame Markt. Als historische und kulturelle Größe geht es vom Atlantik bis zum Ural, vom Nordkap bis zum Mittelmeer. Es ist ein politisches Europa vieler Vaterländer, das mit seiner Zivilisation die gesamte moderne Welt beeinflußt hat. Es ist ein religiöses Europa vieler Kirchen, das mit seiner byzantinisch-orthodoxen, römisch-katholischen und reformatorisch-protestantischen Tradition die Kultur geprägt hat. Es ist ein säkularisiertes Europa vieler Weltanschauungen, das sich von der Vormundschaft der Kirchen emanzipiert und einen freien Markt von Wertvorstellungen errichtet hat.

Welchen Beitrag können die Christen und die Kirchen in einem sich vereinigenden Europa leisten? Die Antwort ist gar nicht so einfach, denn das christliche Europabild gibt es nicht. Vielmehr prallen unterschiedliche, teilweise konfessionell bedingte Konzeptionen aufeinander.

Grundhaltungen und Zielvorstellungen

1. Eine imposante Konzeption geht vom „christlichen Erbe", von der „christlichen Seele Europas" aus und hat den

---

* Vortrag bei der Synode der Evangelisch-Lutherischen Kirche in Bayern, Rosenheim, April 1991.

Neuaufbau eines „christlichen Europas" zum Ziel. Vor allem in lehramtlichen katholischen Äußerungen, aber auch bei einer Reihe evangelischer Christen, begegnet diese Grundhaltung und Zielvorstellung. Europa ist demnach auch künftig in seiner geistigen Einheit und als kulturelle Größe ohne das Christentum undenkbar. Der Slogan „Marx ist tot, Jesus lebt" signalisierte nach dem Zusammenbruch des real existierenden Sozialismus in Osteuropa, daß eine Gesellschaft ohne Gott nicht lebensfähig ist. Woher nehmen aber nun der weltanschaulich neutrale Staat und die pluralistische demokratische Gesellschaft – bisher im Westen Europas und nun zunehmend in Osteuropa – ihre Wertvorstellungen? Sie sind, so argumentieren viele Christen, auf „Grundwerte" angewiesen, die nicht dem demokratischen Konsens unterworfen sind. Hier habe nun die Kirche die Aufgabe, aufzuzeigen, daß die Demokratie und der Staat nur funktionieren, wenn sie sich an den grundlegenden sittlichen Werten des Christlichen orientieren. Es sei zwar richtig, daß die griechische Philosophie als Voraussetzung des rationalen Denkens und das römische Recht als Individualrecht des einzelnen gegenüber dem Staat schon vorchristlich die europäischen Kulturen bestimmten, doch die Blüte Europas sei erst durch das Hinzukommen der jüdisch-christlichen Tradition mit ihrem Monotheismus, ihrer Sicht des Menschen als Gottes Ebenbild und ihrer Darstellung von Kirche als Repräsentanz der Wahrheit und des Gottesreiches zustandegekommen.

Papst Johannes Paul II. und viele katholische Bischöfe haben in letzter Zeit deutlich gemacht, daß sie bei der Orientierung an Grundwerten der Kirche als Institution eine Schlüsselrolle zumessen. Die Kirche dürfe sich in der pluralistischen Gesellschaft nicht einfach als eine gesellschaftliche Kraft unter anderen verstehen und sich nicht in ein allgemeines Geflecht aller möglichen Wertesysteme einordnen lassen, um dann nur noch bescheiden einen christlichen „Beitrag" anzubieten. Das widerspreche dem Wahrheits- und Öffentlichkeitsanspruch des christlichen Glaubens. Die Kirche solle nicht nur den Laien und der Gesellschaft gegenüber ihre Lehre klar definieren, sondern sie müsse auch beim Staat das Durchsetzen der christlichen Werte einfordern. Manche katholische Presse sieht in Papst Johannes Paul II. den eigentlichen geistigen Führer der Wende in Osteuropa. Und in

Polen, Ungarn und der Tschechoslowakei versucht die katholische Kirche wieder öffentlich Einfluß zu gewinnen und eine christliche – katholische – Gesellschaft aufzubauen. Die evangelischen Minderheitskirchen in diesen Ländern klagen, daß die Ökumene dabei ziemlich auf der Strecke bleibt.

Zweifellos ist insgesamt die Zielvorstellung eines christlichen Europas eine in sich geschlossene und eindrucksvolle Konzeption. Statt des verzagten Lamentierens über das verweltlichte, nachchristliche Europa haben wir hier eine offensive Frömmigkeit, welche dem einzelnen Christen klare Orientierung gibt und welche die Kirche als eine Achtung gebietende Größe in einem christlichen Europa erfaßt.

Müßte es nicht alle Christen freuen, wenn die Kirche überzeugt und wahrheitsbewußt eine geistige Führungsrolle als Dienst für das Ganze der Gesellschaft wahrnimmt?

2. Die erste Kritik an dieser Konzeption kommt von etlichen katholischen Laien, von einem großen Teil von evangelischen Kirchen, vor allem den Minderheitskirchen, und von den evangelischen Freikirchen. Sie lautet: Was ist unter „Dienst" zu verstehen, und wie bringen die Kirchen sich als Institutionen mit Autorität gegenüber den einzelnen Christen und gegenüber dem Staat dienend ein? Es kann ja kein Zweifel sein, daß die Kirchen durch ihre „Dienste" viel gesellschaftliche „Macht" ausüben, auch die evangelischen Kirchen, vor allem wo sie in Europa als Staats- und Volkskirchen existieren. „Macht" an sich ist nichts Negatives. Sie ist nötig für den Aufbau jeder Gemeinschaft. Menschen zu erziehen, ist beispielsweise eine verantwortliche Form von Macht. Aber – und nun kommt der springende Punkt – christlich muß es immer um den Dienst und die Macht des Evangeliums gehen, nicht etwa um den geistigen Führungsanspruch der Kirche. „Evangelium" und „Kirche" gehören zwar unlösbar zusammen, aber sie sind auch radikal voneinander zu unterscheiden. Wo immer in der Geschichte die Institution Kirche im Namen des Evangeliums für sich selbst Autoritäts-, Herrschafts- oder Vorherrschaftsansprüche gestellt hat, um eine „christliche Welt" zu bauen, sind offenkundig fatale Fehlentwicklungen eingetreten.

Was sich in byzantinischer und abendländischer Tradition als imposantes christliches Europa seit dem frühen Mittelalter entwickelt hat und heute Gegenstand von romantischen und restaurativen Hoffnungen sein kann, hat ziemlich dunkle Schattenseiten gehabt, und zwar gerade dann, wenn der Dienst des Evangeliums in kirchliche Macht umschlug. Kreuzzüge, Konfessionskriege, Hexenverbrennungen, die Mischung von Kolonialismus, Mission und Zwangschristianisierungen und manches andere mehr geschahen im Namen des Dienstes am Evangelium, offenbarten aber schlicht die weltliche Macht der Kirche und gehören zur kirchlichen und europäischen Schuldgeschichte, die das Reden von einer angeblich christlichen Seele Europas verstummen lassen. Diese Fehlentwicklungen wurden nicht von einzelnen verblendeten Menschen *in* der Kirche verursacht, während die Kirche als solche sündlos wie die makellose Braut Christi dastand. Nein, die Kirche als Institution mit ihrem Hegemoniestreben trägt diese Schuld.

Wenn heute gesagt wird, Europa dürfe nicht nur das Europa des Gemeinsamen Marktes bedeuten, sondern auch das Europa der Kathedralen und der christlichen Kultur, dann müssen wir zugleich kritisch sehen, wo in der europäischen Geschichte die geistigen und geistlichen Wurzeln des imperialen Denkens lagen, welches sich eben nicht nur als Segen, sondern als Leid und Schuld niedergeschlagen hat. Meine These lautet: Wo die Institution Kirche in ihrem gesellschaftspolitischen Wirken sich weniger von der Nachfolge des gekreuzigten Christus leiten läßt und sich mehr als irdische Repräsentanz der Königsherrschaft Christi, des Pantokrators, versteht, da liegt die Wurzel der Verwechslung von Evangelium und Kirche, von Dienst und Macht in der Gesellschaft.

Auf Europa bezogen bedeutet dies: Statt von einer „christlichen Seele Europas“ zu träumen, statt Europa wie eine methaphysische Größe zu verstehen, welche von der Kirche inspiriert und geprägt ist, wird hier die Konzeption eines „christlichen Europas“ fallengelassen. Europa wird schlicht als der geschichtliche Ort des christlichen Zeugnisses angenommen. Die Gewissens- und Religionsfreiheit aller Menschen wird radikal ernst genommen, und das heißt konkret: Ein weltanschaulich und kulturell plurales Europa wird als Realität akzeptiert. Die Evangelisierung in diesem pluralen Europa hat den Glauben der einzelnen Menschen zum Ziel, die dann ihre sozialethischen Konzeptionen sowohl einzeln wie gemeinsam als Kirche ohne Anspruch auf Macht und Privilegien dialogisch in das pluralistische Ensemle der gesellschaftlichen Kräfte einbringen. Die Kirche ist hier also „Salz der Erde", nicht jedoch wird der Gesellschaft durch kirchliche Führungsansprüche die politische Suppe versalzen.

Das ist in der Grundhaltung und Zielvorstellung also etwas anderes als eine sogenannte Re-Evangelisierung Europas, welche mit dem „Re" hinter die Aufklärung zurück möchte und statt der säkularen Gesellschaft mit ihrer Vernunftautonomie wieder eine kirchliche Ordnungsvorstellung, ein christliches Gestaltungsprogramm durch die geistige Führungsrolle der Kirche durchsetzen möchte.

3. Diese beiden grob skizzierten Grundhaltungen werden durchaus quer durch die Konfessionen vertreten, obwohl im Trend die erste mehrheitlich katholisch und die zweite mehrheitlich evangelisch ist. Die katholische lehramtliche Position ist relativ geschlossen erkennbar, während im Laienkatechismus auch starker Argwohn gegen einen Neo-Klerikalismus besteht. Man könnte sagen, die katholische Kirche erscheint nach außen hin geschlossen, aber innen herrscht ein großer Pluralismus.

Für die evangelischen Kirchen könnte man umgekehrt sagen: Nach außen zeigt der Protestantismus ein verwirrendes Bild, die Meinungsverschiedenheiten werden lauthals ausgetragen. Aber nach innen zeigt sich bei näherer Betrachtung doch eine ziemlich einheitliche Linie. Im Vergleich zur katholischen Position geht es vor allem um das Verständnis von Kirche, insbesondere von der Autorität der Kirche als Institution, sei es dem einzelnen Gläubigen gegenüber oder auch in der Gesellschaft.

Evangelische Freiheit in Europa

Das spezifische Anliegen der reformatorischen Kirchen innerhalb der Christenheit wird zu Recht immer mit dem Begriffspaar „Evangelische Freiheit" zum Ausdruck gebracht. Diese Freiheit ist nicht ein protestantisches Proprium, das andere Konfessionen nicht hätten. Sie ist vielmehr das Glaubensfundament aller Kirchen und die Basis der Ökumene. Die konfessionellen Probleme liegen erst dahinter, nämlich bei der Zuordnung der evangelischen Freiheit zu den kirchlichen Traditionen und Ordnungen und speziell zur Autorität der Kirche und zur Autorität in der Kirche.

Die reformatorische Wiederentdeckung der Freiheit eines Christenmenschen wurzelt in der Unterscheidung von Evangelium und Gesetz, d. h. in der Freiheit des Glaubens, welche die Ansprüche des Glaubens und die bürgerlichen Ansprüche des Ethos zu unterscheiden lehrte. Evangelische Freiheit hat ihren Sitz im Herzen eines jeden einzelnen Menschen, der an Jesus Christus und seine Befreiung von Sünde, Tod und Teufel glaubt. Sie ist aber nicht nur die Freiheit des geistigen Gotterlebens, sondern wirkt in das Handeln und in die Weltbezüge hinein. Martin Luther faßte das in der berühmten Dialektik zusammen: „Ein Christ lebt nicht in sich selbst, sondern in Christus und in seinem Nächsten: in Christus durch den Glauben, im Nächsten durch die Liebe" (Von der Freiheit eines Christenmenschen, 1520, Schlußabsatz). Und: „Ein Christenmensch ist ein freier Herr über alle Dinge und niemand untertan. Ein Christenmensch ist ein dienstbarer Knecht aller Dinge und jedermann untertan" (ebenda, Einleitung).

Wenn heute von den Aufgaben der Kirchen in der säkularisierten europäischen Gesellschaft die Rede ist, so ist zuerst in Erinnerung zu rufen, daß die Evangelisierung einzelner Menschen vorrangig ist. Der zu evangelischer Freiheit evangelisierte Mensch ist der „neue Mensch", den eine neue Gesellschaft in Europa braucht. Er orientiert sich im Unterschied zu mancherlei autonomem Liberalismus und Libertinismus in der säkularisierten Gesellschaft an zweierlei: erstens am Evangelium von Jesus Christus als Grund der Freiheit von Sünde und als Freiheit für Gott, und zweitens in der Liebe zum Mitmenschen, also als Freiheit zur Gemeinschaft statt zum reinen Individualismus.

Diese evangelische Freiheit hatte im 16. Jahrhundert die Reformation ausgelöst. Sie verabschiedete das Ideal eines Corpus Christianum, bei dem der kirchliche und staatliche Schutz der ewigen Wahrheit über die Freiheit gestellt wurde und bei dem es zur Verfolgung und Vernichtung Andersdenkender gekommen war, so daß die christliche Wahrheit und die Freiheit zugleich verloren gegangen waren. Freilich sind auch die evangelischen Kirchen noch lange ihren eigenen

Prinzipien vieles schuldig geblieben. Aber alles in allem setzte sich allmählich der Grundsatz durch, daß jeder Mensch Gewissens- und Religionsfreiheit haben muß, und daß sich evangelische Freiheit gerade darin äußert, die Freiheit des andern zu schützen. So hatte die reformatorische Botschaft von der Freiheit eines Christenmenschen entscheidenden Anteil daran, daß für die Entwicklung des neuzeitlichen politischen Europagedankens die Ablösung der Herrschaft der Kirche über Politik und Gesellschaft prägend und die Welt in ihrer Weltlichkeit ernst genommen wurde. Die „evangelische Freiheit" hat letztlich den Weg frei gemacht für das Ende des Klerikalismus und für das Nebeneinander souveräner Staaten und autonomer Kulturen, sie hat einen politischen und religiösen Pluralismus begründet, der Europa bis ins 20. Jahrhundert hinein prägen sollte, der freilich lange Zeit bis zum Zweiten Vatikanischen Konzil von der katholischen Kirche nur als Verfallserscheinung beklagt wurde. Sicher, der libertinistische Mißbrauch der Freiheit ist im heutigen Säkularismus unverkennbar. Doch als evangelisches Anliegen mit hoher politischer Brisanz haben wir in das künftige Europa das Recht einzubringen, sich auf das Gewissen berufen zu können, das an das Evangelium und an keine andere — weltliche oder kirchliche — Instanz gebunden ist. Ein an Gottes Wort gebundenes Gewissen mag dann auch Gottes Wirken in der Geschichte interpretieren und Gottes Willen bei konkreten politischen Entscheidungen verkündigen. Doch ist dabei wegen der menschlichen Fehlbarkeit stets die Verwechslung von Gottes Wort und menschlicher Ideologie möglich. Als Christen und als Kirche haben wir nicht mit Gott im Rücken für jede politische Frage in Europa die gültige Antwort parat. Schweigen kann auch ein Ausdruck evangelischer Freiheit sein.

Die evangelische Freiheit hat in der Reformationszeit die Autorität der Institution Kirche entmythologisiert. Leider war dabei die Aufsplitterung der Christenheit in viele getrennte und sich bekämpfende Kirchentümer und Denominationen die Folge. Dieses konfessionelle Problem ist bis heute die ungelöste Aufgabe der Ökumene. Und wenn die Kirchen heute einen Beitrag zum Frieden und zur Versöhnung in Europa leisten wollen, müssen sie vorrangig am Frieden und an der Versöhnung zwischen den Konfessionen arbeiten.

Eine weitere Folge evangelischer Freiheit ist die prinzipiell legitime Pluralität kirchlicher Verfassungsstrukturen, sofern sie der Evangeliumsverkündigung in Wort und Tat kontextgerecht und vernünftig dienen. Das Nebeneinander von Staatskirchen, Landes- und Freikirchen ist Ausdruck dieser Freiheit.

Im sich vereinigenden Europa am Ende des 20. Jahrhunderts haben freilich alle Kirchen Anlaß, die heutige politische und rechtliche Rolle der Kirchen im weltanschaulich neutralen demokratischen Staat neu zu überdenken. Den Staaten gegenüber ist das Recht auf Religionsfreiheit einzufordern. Ein vereintes, freies Europa muß Raum lassen, daß in jedem Land auf dem Hintergrund der eigenen Geschichte auch eigene staatskirchenrechtliche Regelungen getroffen werden. Keine europäische politische Instanz darf beispielsweise über die Legitimität der dänischen Staatskirche, der französischen Konfessionsschule oder des deutschen Kirchensteuersystems entscheiden.

Aufgabe evangelischer Synoden ist es umgekehrt, darüber zu wachen, daß der Dienst des Evangeliums und der Macht der Kirche bei Staatskirchenverträgen nicht verwechselt werden, d.h. daß Zeugnis und Dienst der Kirchen einerseits ohne Anspruch auf Macht und Privilegien geschehen, daß aber andererseits die Kirchen in die Lage versetzt werden, die vielfältigen Dienste zu tun, die ihnen von den Staaten und von der Europäischen Gesellschaft als Aufträge und Rechte übertragen werden, vor allem im diakonischen und sozialen Bereich. Niemand untertan und jedermann untertan zu sein, das ist die hohe Kunst evangelischer Freiheit im sich vereinigenden Europa.

Evangelische Sozialethik in Europa

Bei der Wahrnehmung dieser evangelischen Freiheit stehen die Christen und die Kirchen in Konkurrenz zu säkularisierten Ideologien und pragmatischen Lebensweisheiten vom kommunistischen Sozialismus bis hin zum konsumistischen Individualismus, und auch – zunehmend in Europa – in Konkurrenz zu anderen Religionen und neuen religiösen Bewegungen.

Ein Blick auf die Tagesordnungen zahlreicher Veranstaltungen zum Thema „Europa und die Kirchen" zeigt uns eine Liste immer wiederkehrender Stichworte: Friede und Versöhnung, Gerechtigkeit und Solidarität (West/Ost-Gefälle, Landwirtschaft, Neue Armut, Auswanderer, Asylanten usw.), Bewahrung der Schöpfung und Schutz des Lebens, Gemeinschaft von Männern und Frauen, Bildung und Kultur. Es sind dieselben Stichworte, die auch in fast jedem Programm unserer demokratischen Parteien begegnen. Hier haben die Christen und die Kirchen, wenn sie schon meinen, zu allem etwas zu sagen zu haben, die Aufgabe, mit Glaube und Vernunft theologisch begründet ihr Menschenbild und ihre Sozialethik vorzutragen. Ihrer Überzeugungskraft stehen dabei nur zwei Mittel zur Verfügung: erstens das argumentierende Wort und keine andere Gewalt und zweitens das eigene vorbildliche Leben, welches anderen etwas von Gottes Nähe zu vermitteln vermag.

Auf europoäischer Ebene begleiten die Kirchen in diesem Sinne die Politik der Konferenz für Sicherheit und Zusammenarbeit in Europa (KSZE). Hier laufen viele Konsultationen staatlicher und nichtstaatlicher Organisationen unter dem Stichwort „Die menschliche Dimension im Rahmen der KSZE". Dort und selbstverständlich bei den Gremien der Europäischen Gemeinschaft im Westen müssen die Kirchen versuchen, ihre Vorstellungen von Grundwerten und Sozialethik politikfähig darzustellen, damit die Staaten sie in internationales europäisches Recht umsetzen können.

Da jedes Stichwort ein ganzes Seminarthema ist, greife ich zwei Beispiele heraus, um das Zeugnis evangelischer Freiheit zu konkretisieren.

Versöhnung im multikulturellen Europa

Freiheit im biblischen Sinn setzt voraus, daß die Menschen verschieden sind und jeder das Recht hat, seine eigene Kultur zu pflegen. Im gemeinsamen Haus Europa hat jede Wohnung ihren eigenen Stil. Im Gegensatz zum Einigungstrend erleben wir gegenwärtig in Europa jedoch auch ein neues Erwachen des ethnischen und nationalen Bewußtseins. Die UdSSR und Jugoslawien drohen daran zu zerbrechen. Auch die europäische Christenheit ist multiethnisch und multikulturell geprägt. Konfession und Nationalkultur sind häufig miteinander verschmolzen, wobei die Kirchen sowohl Kulturfaktor wie Kulturprodukt waren, z. B. russisch-orthodox, polnisch-katholisch, englisch-anglikanisch, dänisch-lutherisch, deutsch-protestantisch, fränkisch-evangelisch. Wie gehen wir im sich vereinigenden Europa mit dem jetzt engeren Miteinander verschiedener Kulturen um? Grenzen wir uns mit Berührungsängsten ab? Oder erfahren wir die Vielfalt als eine Bereicherung des eigenen Horizonts? Zumindest muß Europa eine versöhnte Verschiedenheit von Völkern und Kulturen werden.

Der christliche Glaube an Gott, den Schöpfer vielfältiger Begabungen, und auch die Nächstenliebe können im gemeinsamen Haus Europa eine wertvolle geistige Grundhaltung sein, um durch gegenseitigen Respekt, gegenseitiges Annehmen und beiderseitiges Lernen voneinander das Leben aller zu bereichern. Freilich: Ist die multikulturelle, multikonfessionelle Christenheit in Europa selber ein Vorbild für das offene, friedliche Miteinanderleben? Trägt nicht manches konfessionelle Bewußtsein mehr zur Spaltung als zur Versöhnung bei, z. B. bei den Konflikten zwischen orthodoxen Serben und katholische Kroaten, zwischen orthodoxen Rumänen und evangelischen Siebenbürgern, zwischen Katholiken und Protestanten in Nordirland, zwischen Orthodoxen und mit Rom Unierten in der Ukraine, zwischen evangelischen Volkskirchen und katholischer Diaspora in Nordeuropa? Bisweilen geht das religiöse Aufladen ethnischer Konflikte an der Einstellung der offiziellen Kirchen vorbei; sie sind dagegen machtlos. Doch könnte, müßte hier nicht viel mehr Versöhnungsarbeit durch die Kirchen geschehen? Besuche, Begegnungen, gemeinsame Tagungen, Partnerschaften von Gemeinden verschiedener ethnischer, nationaler und konfessioneller Herkunft wären wichtig. Gemeinsam müßten die Christen wohl auch noch einmal neu das Verhältnis von Kirche und Nation bedenken, von Ethnos und Ethos. Die Erfahrungen des Kirchenkampfes in Deutschland zur Zeit des Nationalsozialismus können dabei theologisch und praktisch hilfreich sein, um den Nationalismus zu entideologisieren. Uns Christen fällt wohl auch eine besondere Verantwortung für das Recht von Minderheiten zu, für das wir öffentlich eintreten müssen. Häufig sind ja die ethnischen Minoritäten zugleich auch die konfessionellen oder religiösen Minderheiten.

Ein Sonderproblem des multikulturellen Europas ist der große Zustrom von Ausländern, vor allem in die westeuropäischen Länder. Im einzelnen ist dabei zwischen Gastarbeitern, Übersiedlern, Flüchtlingen und Asylanten zu unterscheiden. Eine absolute Gerechtigkeit gibt es nicht im Konflikt zwischen einerseits dem berechtigten Anliegen, die eigene Wohnung im europäischen Haus auch selber ohne vielen fremden Einfluß zu gestalten, und andererseits den elementaren Menschenrechten der einzelnen Ausländer. Christen müssen, wenn sie ihrem Gottes- und Menschenbild treu bleiben wollen, das Leid eines Einzelschicksals mittragen und dem einzelnen Ausländer hierzulande ein Lebensrecht verschaffen. Und Christen müssen zugleich das Gesamtproblem ansprechen, wie nämlich die Ursachen, die zur Flucht und zum Asylantrag führen, in den Heimatländern beseitigt werden können, vielleicht auch durch eine bessere, gerechtere internationale Wirtschaftsordnung.

Für ein gerechtes Europa eintreten

Damit komme ich zu meinem zweiten Beispiel. Was können die Christen und die Kirchen zu einem „gerechten Europa“ beitragen?

Die Kirchen sind nicht zuständig, der Wirtschaft und der Politik konkrete Strategien und Konzeptionen vorzulegen. Aber der Glaube der Christen ist von der ethnischen Gesinnung und Verantwortung nicht zu trennen. Zwei Hinweise dazu mögen hier genügen. Es gehört zur kirchlichen Verkündigung, den Politikern und Wirtschaftlern klipp und klar etwa zu sagen, daß ein Gemeinsamer Markt, der nur einen sogenannten Laissez-faire-Kapitalismus festschriebe, zu korrigieren wäre, weil er auf lange Sicht in der menschlichen Gesellschaft Massenelend in Kauf nimmt. Wenn Wirtschaftler nur den Profit der eigenen Firma im Blick haben, ohne Rücksicht auf die sozialen und ökologischen Folgen und auf fatale Auswirkungen in anderen Ländern, dann müssen Christen für Gesetze in Europa eintreten, die das verhindern. Wenn Politiker nur das Wohl des eigenen Volkes im Blick haben und nicht ihre politische Verantwortrung im Rahmen einer sogenannten Weltinnenpolitik verstehen, dann müssen Christen diese Politiker abwählen. Das klingt pauschal und nichtssagend. Doch müßten nicht christliche Politiker von ihrem Gottes- und Menschenbild her die bei uns geltenden Menschenrechte, das Existenzminimum, die soziale Sicherheit, die Kartellgesetze usw. auch für Europa und die ganze Menschheit zum Ziel haben? Konkret: Eine Europäische Gemeinschaft, die den Europäischen Binnenmarkt durch Assoziierung weiterer europäischer Staaten erweitert, muß eine *soziale* und nicht nur eine freie Marktwirtschaft zum Ziel haben. In dieser Richtung wird ja auch versucht, die evangelische Sozialethik in die Sozialcharta Europas einzubringen. Die bisherigen Entwürfe einer „Gemeinschaftscharta der sozialen Grundrechte" in der EG beziehen sich freilich nur auf die Rechte von Arbeitnehmerinnen und Arbeitnehmern. Hier müssen die Kirchen darauf drängen, daß auch weitere soziale Anliegen ernst genommen werden (Behinderte, Arbeitslose, Alte, Versicherungen usw.). Bei einem Primat des Ökonomischen müssen die Kirchen bei den Regierungen ihrer Länder einen klaren politischen Willen für das Soziale in Europa reklamieren.

Zugleich ist es Aufgabe der Kirchen, darauf zu achten, daß Europa seine neuen Chancen nicht wieder auf Kosten der Dritten Welt nutzt. Die Abkoppelung einer ökonomischen Festung Europa von den riesigen Problemen des „Südens" wäre eine menschheitliche Katastrophe und für die Christen in Europa eine Bankrotterklärung. Wo Entwicklungshilfe nur unseren wirtschaftlichen Interessen in Europa nützt, ist ein Protestschrei der Kirchen aller Länder nötig.

Ich breche hier die Beispiele für den sozialethischen Beitrag der Kirchen ab. Ein übergreifendes Problem besteht noch darin, daß es ja die evangelische Sozialethik nicht gibt, sondern von der evangelischen Freiheit her durchaus verschiedene Sozialanalysen und Konfliktlösungen möglich sind. Es stellt sich darum beim Thema Europa die Frage, welche Strukturen die Kirchen brauchen, um sich angesichts ihrer nationalen, konfessionellen und theologisch-ethischen Differenziertheit angemessen zu Wort melden zu können.

Ich habe bisher mehrfach bewußt die Wendung gebraucht „die Christen und die Kirchen". Ich halte von Luthers Rede von den zwei Regierungsweisen Gottes her das Leben der einzelnen Christen im gesellschaftlichen Bereich, in Beruf und Politik zunächst für den wichtigsten Beitrag des christlichen Zeugnissen, für das „Salz der Erde". Alles Reden der Kirchen wird vorrangig die Gewissensschärfung der Christen zum Ziel haben. Der einzelne Christ ist freilich auf Gemeinschaft angewiesen, und so haben die vielen christlichen Vereine und Bewegungen ihren unerläßlichen Wert. Die meisten dieser Verbände und Bewegungen (z.B. von Frauen oder Jugendlichen, für Frieden, Gerechtigkeit oder Ökologie) sind bereits international und europäisch organisiert. Bei dem fast unüberschaubar gewordenen Netzwerk christlicher Organisationen auf europäischer Ebene mag es hier und da Überschneidungen, Doppelarbeit, Konkurrenzdenken usw. geben. Aber alles in allem verdienen diese evangelischen und ökumenischen Bewegungen die ideelle und finanzielle Unterstützung der christlichen Gemeinden.

Was die Kirchen als offizielle Institutionen betrifft, so hat die katholische Kirche mit ihrer römischen Zentrale es wesentlich leichter, sich in Europa zu Wort zu melden als die Vielzahl selbständiger evangelischer Kirchen. Das römische Lehramt und die Bischöfe äußern sich ziemlich homogen, und die Laienverbände sollen die katholischen Anliegen im gesellschaftlichen Leben in die Tat umsetzen. Für den Herbst dieses Jahres hat der Papst eine Europäische Bischofssynode einberufen, die vermutlich klare katholische Signale geben wird. Im Kirche-Staat-Verhältnis hat die katholische Kirche völkerrechtliche Beziehungen: Der Vatikan ist ein souveräner Staat, der für die Diözesen eines Landes Konkordate abschließt. Päpstliche Nuntiaturen wirken auf diplomatischem Wege bei den Regierungen, und der Papst genießt bei vielen Menschen hohes Ansehen wie ein moralisches Weltwissen.

Die evangelischen Christen und Kirchen respektieren dieses katholische Selbstverständnis, aber aufgrund der reformatorischen Sicht von Dienst und Macht, von Evangelium und Kirche, schauen sie nicht neidisch nach Rom und streben keine ebenso imposante evangelische Struktur an. Evangelische Kirchenverfassungen und Ordnungen sind prinzipiell variabel und situationsgerecht so zu regeln, daß das Evangelium richtig verkündigt werden kann. Dazu gehört es heute freilich, über die Kirchturmspitze und die landeskirchliche Grenze hinauszuschauen. Die ökumenische Bewegung hat den Protestanten, Gott sei Dank, langsam ein internationales europäisches und globales Bewußtsein gebracht.

Bei der Frage, wie das evangelische Zeugnis in Europa wirkungsvoller artikuliert werden kann, ist die ökumenische Zusammenarbeit mit den anderen Kirchen unerläßlich. Innerhalb der evangelischen Kirchen bewirkt erfahrungsgemäß das, was bei den kirchlichen Ebenen „unten" in den Gemeinden und „oben" in den Kirchenleitungen sich gegenseitig durchdringt, Beachtung und Geltung. Ein „konziliarer Prozeß" und schließlich eine „Synode" sind angemessene Formen evangelisch-kirchlicher Repräsentanz.

Aus dieser Überlegung ziehe ich zwei Konsequenzen. Die Arbeit der Konferenz Europäischer Kirchen und der ökumenischen Kommission bei der EG muß gestärkt werden. Dazu gehört unter anderem mehr Personal und mehr Geld. Es gibt aber auch eine Menge evangelisch-theologischer Anliegen und praktischen Fragen, die beim multilateralen Dialog mit Orthodoxen und allen Freikirchen schwer zum Zuge kommen. Die Arbeit auf konfessioneller Ebene hat ihren guten Sinn, solange es kofessionell bedingte Haltungen gibt. Wir brauchen dafür keine neue Struktur; solche zu schaffen, hat wohl niemand Lust. Aber die vorhandene gemeinsame Struktur der reformatorischen Kirchen, nämlich die Leuenberger Kirchengemeinschaft, weiter auszubauen, ist sinnvoll.

Stärkung der Leuenberger Kirchengemeinschaft

Sie hätte die Aufgabe, theologisch und praktisch den evangelischen Beitrag in den größeren ökumenischen Gremien zu klären. Sie wäre für die kleinen Minderheitskirchen in Ost- und Südeuropa und für die Landes- und Volkskirchen in Mittel- und Nordeuropa ein Ort evangelischer Selbstbesinnung, ein Kommunikationsorgan für Zeugnis und Dienst der evangelischen Kirchen in Europa.

Ihre Themen ergeben sich aus dem kirchlichen und säkularen Einigungsprozeß in Europa, z.B. das Freiheitsthema: Wie verhält sich die reformatorische Freiheit eines Christenmenschen zur europäischen Freiheits- und Aufklärungsgeschichte, zur Freiheitssehnsucht des modernen Menschen und zur Realität vielfältig bedrohter Freiheit? Welche Sicht haben die evangelischen Kirchen von „Evangelium und Kultur“ in Europa? Was sagt evangelische Theologie und Kirche zu den neuen Ideologien des Nationalismus und des Fundamentalismus (in Religion und Gesellschaft)? Welche theologische Konzeption haben Waldenser und dänische Lutheraner für die Stellung der Kirche im demokratischen Staat? Welche theologischen Voraussetzungen haben die evangelischen Kirchen für den Dialog mit dem Islam und mit neuen religiösen Bewegungen? Welches Kirchenverständnis bringen die evangelischen Kirchen ins ökumenische Gespräch mit der römisch-katholischen Kirche und mit den orthodoxen Kirchen ein? Wie kann die zwischenkirchliche Hilfe bei sozialen Projekten und überhaupt beim Zeugnis der evangelischen Diasporakirchen koordiniert und effektiver werden?

Mit einer evangelischen Blockbildung oder einem neuen Konfessionalismus hat eine Stärkung der Leuenberger Kirchengemeinschaft nichts zu tun. Die Zusammensetzung der Vollversammlung müßte aus autorisierten Vertretern der Kirchen bestehen und „erstrangig“ besetzt sein. Vertreter von gegensätzlichen Lagern und auch wichtige Verbände, Theologische Fakultäten und nichttheologische Experten wären zu beteiligen. Texte müßten langfristig beraten werden, und Qualität wäre wichtiger als Quantität. Ohne in einen Kirchentagsstil zu verfallen, wäre auf die Öffentlichkeit der Vollversammlung zu achten. Ihre juridische Autorität wäre etwa mit der EKD-Synode zu vergleichen, d.h. ihre Beschlüsse bedürften der Zustimmung und Ratifizierung durch die Mitgliedskirchen. Daß freikirchliche und anglikanische Gäste zur Mitarbeit eingeladen werden und auch orthodoxe und katholische Beobachter mitwirken können, ist selbstverständlich.

Die nächste Leuenberger Vollversammlung wird von einem Exekutivausschuß für 1994 in Wien vorbereitet. Falls sie ihr Schattendasein beenden und synodal gestaltet werden soll, ist selbverständlich zuvor eine neue Initiative der Mitgliedskirchen und ein neues Mandat für den Exekutivausschuß nötig. Die Synode der Waldenser hat sich in diesem Sinne Ende August 1990 an alle Kirchen der Leuenberger Gemeinschaft gewandt.

Eine solches Europäisches Forum Evangelischer Kirchengemeinschaft würde keinen neuen organisatorischen Wasserkopf bescheren. Wir brauchen keine evangelische Superkirche und keinen evangelischen Vatikan, wohl aber ein kirchliches Instrument, das mit Glauben und Vernunft das evangelische Zeugnis des Evangeliums in Europa laut werden läßt, etwas lauter als bisher.

Eberhard Jüngel:

Das Evangelium und die evangelischen Kirchen Europas*

A. Evangelische Nüchternheit: illusionslose Freude über das neue Europa

I. Evangelischer Aufbruch statt Rückkehr in die Vergangenheit

Nüchternheit, evangelische Nüchternheit ist angebracht, wenn sich die protestantischen Christen und Kirchen unseres Erdteils versammeln, um ihre „christliche Verantwortung für Europa" wahrzunehmen.[1] Gewiß, die Freude darüber, daß

---

* Vortrag bei der Europäischen Evangelischen Versammlung in Budapest, März 1992.

[1] Eine europäische evangelische Versammlung tut gut daran, sich Rechenschaft darüber abzulegen, was sie eigentlich zu sein beansprucht, wenn sie sich in einem Atemzug *europäisch* nennt und *evangelisch.* Geographisch geurteilt ist Europa der kleinere Teil *Asiens,* nämlich der Teil des *asiatischen* Kontinents, der sich vom Ural aus westwärts erstreckt. Doch kulturell haben sich die Europäer — der Name *Europa* wurde weder in der Antike noch im Mittelalter durchgängig verwendet — zunächst als Bewohner des griechisch-römischen orbis terrarum verstanden, der sich als abgeschlossener Kreis von den ihn umgebenden barbarischen Völkern abgrenzt. Dann haben sich die Europäer über lange Zeit hinweg mit Hilfe des Christentums, also religiös definiert, so daß beachtliche Teile von dem, was geographisch zu Europa gehört, politisch-kulturell als nichteuropäisch betrachtet wurden. Dabei konnte Europa sogar auf den Occident, also auf das lateinische Christentum eingegrenzt und gegen den griechisch-byzantinischen östlichen Kulturkreis abgegrenzt werden: Karl der Große wurde als *pater Europae* gepriesen. Doch die Renaissance schließt das Getrennte wieder zusammen.

— Gott sei Dank! — keine politische Grenze uns mehr trennen, und daß — Gott sei Dank! — keine doktrinäre Ideologie uns mehr daran hindern kann, *in Freiheit* zusammenzukommen, *in Freiheit* zusammen zu reden und *in Freiheit* zusammen zu wirken, die Freude darüber ist groß. Und ich wünsche uns, daß diese Freude nicht wie ein Strohfeuer alsbald ohnmächtig in sich zusammensinkt, sondern eine geistliche und weltliche Langzeitwirkung hat. Doch gerade weil unsere Freude groß ist und bleiben soll, ist jene evangelische Nüchternheit angezeigt, die das Neue Testament nicht nur den Bischöfen (1 Tim 3,2: ein Bischof soll nüchtern sein ...), sondern allen Christen (1 Thess 5,6; 1 Petr 4,8 u.ö.) emp-

---

Und im bewußten Gegensatz zur durch die Reformation bewirkten konfessionellen Spaltung Europas entwickelt sich ein neues, nun emphatisch sich so nennendes Europa als Produkt eines Säkularisierungsprozesses, d.h. „als ein ‚modernes', rational-vernunftrechtliches Gebilde aus und neben der in Bekenntnisse gespaltenen westlichen Christenheit". Um 1800 scheint dieser Europäismus bereits „den Charakter einer Emanzipation vom Christentum angenommen" zu haben (*Heinz Gollwitzer,* Zur Wortgeschichte und Sinndeutung von „Europa", in: Saeculum 2 [1951], 169). Dieses Europa wiederum hat sich in Gestalt seiner spezifischen Rationalität mit der dazugehörigen Wissenschaft, Technologie, Ökonomie, aber auch Ideologie in die ganze Welt exportiert und ist seitdem in gewisser Weise omnipräsent. Nicht zuletzt die heute überall anzutreffenden Gegenbewegungen gegen das „europäische Denken" und seine Implikate (bis hin zum Lebensstil) machen deutlich, in welchem Maße Europa die ganze Welt überzogen, die Oberflächenstruktur aller Weltteile bestimmt und dabei im Guten wie im Bösen Maßstäbe gesetzt hat. Man mag diese globale europäische Omnipräsenz angesichts der problematischen Folgen, die heute überall in die Augen springen, beklagen. Bestreiten kann man sie nicht.

Evangelisch wiederum ist eine konfessionelle Bezeichnung für alle der Reformation nahestehenden Kirchen und Christen, die sich als solche von der römisch-katholischen, aber auch von der griechisch-orthodoxen und russisch-orthodoxen Kirche und ihren Konfessionsverwandten unterschieden wissen. Doch im theologisch strengen Sinne schließt *evangelisch* zu sein durchaus den Anspruch ein, in rechter Weise *katholisch,* nämlich gerade nicht partikulär, sondern in einer alle Grenzen relativierenden Allgemeinheit da zu sein und in einer dem Evangelium entsprechenden Weise recht zu lehren und zu leben, also der *Orthodoxie* (und ebenso der *Orthopraxie*) verpflichtet zu sein. Evangelisch zu sein, schließt Katholizität und Orthodoxie/Orthopraxie nicht aus, sondern ein. Was macht aber dann das Eigentümliche der evangelischen Christenheit aus?

fiehlt. Gemeint ist jene Nüchternheit, die sich zwar sehr wohl mit der Freude, keineswegs aber mit Illusionen verträgt. Vor allem *einer* Illusion, in die die Freude über die neu möglich werdende Einheit Europas umschlagen könnte, muß von vornherein klar widerstanden werden. Wenn sich die evangelischen Kirchen Europas versammeln, dann treffen ja geschichtliche Traditionen aufeinander, die alle ein Stück europäischer Vergangenheit repräsentieren. Und da ist die Gefahr groß, die alten Zeiten zu beschwören, in denen Europa noch christlich und das Christentum noch europäisch war.

Solche Beschwörungen des „christlichen Abendlandes" haben ihrerseits Tradition. „Es waren schöne glänzende Zeiten, wo Europa ein christliches Land war, wo *Eine* Christenheit diesen menschlich gestalteten Welttheil bewohnte" – lautet der beschwörende erste Satz eines berühmten Fragmentes aus der Feder des Romantikers Novalis, der diesem Text den programmatischen Titel *Die Christenheit oder Europa* gab.[2] Novalis hoffte, Europa noch einmal und für immer mit dem Christentum und dadurch auch mit sich selber versöhnen zu können. „Es wird solange Blut über Europa strömen",[3] wagte er zu prophezeien, solange die Christenheit nicht „wieder lebendig und wirksam" wird „und sich eine sichtbare Kirche ohne Rücksicht auf Landesgrenzen" bildet.[4] „Nur die Religion kann Europa wieder aufwecken und die Völker sichern und die Christenheit mit neuer Herrlichkeit sichtbar auf Erden in ihr altes, friedenstiftendes Amt installieren."[5] Eine solche Wiedergeburt des christlichen Europa würde nach Novalis darüber hinaus auf die übrige Welt ausstrahlen, um diese ebenfalls zu verwandeln: „Die anderen Welttheile" – so Novalis – „warten auf Europas Versöhnung und Auferstehung, um sich anzuschließen und Mitbürger des Himmelreichs zu werden."[6]

---

[2] *Novalis,* Die Christenheit oder Europa. Schriften 3. Das philosophische Werk II, hg. von *R. Samuel* in Zusammenarbeit mit *H.-J. Mühl* und *G. Schulz,* ²1968, 507, 4-6.

[3] AaO., 523,6.

[4] AaO., 524,16f.

[5] AaO., 523,11-14.

[6] AaO., 524,9-11.

Eia, wär'n wir da! Doch wir sind weit davon entfernt und werden die Aufstellungen des Novalis als das zu würdigen haben, was sie nun einmal sind: nämlich als eine romantische Beschwörung, wie sie zwar eindrücklicher kaum gedacht werden kann. Doch auch die eindrücklichste Beschwörung ist eben eine – Beschwörung! Der christliche Glaube hat indessen *keine* beschwörende Kraft. Er ermahnt vielmehr zu jener evangelischen Nüchternheit, die ihre Hoffnung nicht auf irgendeine zu restaurierende Vergangenheit, sondern allein auf die uns zuvorkommende Gnade Gottes setzt. In diesem Sinne ermahnt der 1. Petrusbrief auch uns: *Lebet nüchtern und setzt Eure Hoffnung ganz und gar auf die Gnade, die Euch in der Offenbarung Jesu Christi zuteil wird,* heißt es in 1 Petr 1,13.

Verheißung hat eine evangelische europäische Versammlung folglich nur, wenn sie zu einem *Aufbruch* führt, bei dem nicht irgendeine respektable Vergangenheit leitend ist, sondern allein die uns zuvorkommende Gnade Gottes. Ein von der Gnade geleiteter Aufbruch wird freilich immer auch eine *Umkehr* sein. Er wird sich aber auf keinen Fall als bloße *Rückkehr* vollziehen, geleitet vom Heimweh zu dem, was einmal gewesen ist. Ein solcher Aufbruch wäre im Grunde unsere Rückkehr zu – uns selbst. Ein Christenmensch lebt jedoch nach Luthers bekannter Aussage niemals „in ihm selber".[7] Gottes Gnade führt den Menschen gerade von sich selbst weg. Sie führt auch die Kirche weg von sich selbst. Wir würden ekklesiologisch regredieren, wenn wir uns zu einer solchen Rückkehr verführen ließen, bei der wir am Ende nur eben wieder bei uns selbst wären. Die Leitbilder der Vergangenheit mögen noch so verlockend und vielversprechend sein, sie können das Ziel des Aufbruchs nicht sein, das uns verheißen ist.

Wir werden die vergangenen Zeiten in Ehren halten, jedenfalls dann, wenn sie, und soweit, wie sie es verdient haben. Wir werden das Erbe der Mütter und Väter nicht undankbar verachten, sondern mit kritischem Respekt bedenken und weitergeben. Respektlose Kritik der Tradition verbietet sich

---

[7] *M. Luther,* Von der Freiheit eines Christenmenschen, 1520, BoA II, 27,19f = WA 7, 38,7.

für die evangelische Kirche genauso wie kritikloser Respekt. Wir werden hier und da wohl auch ein bißchen stolz sein dürfen auf unsere kirchliche und theologische Herkunft. Aber eine bloße Rückkehr zu unseren konfessionellen und theologischen Anfängen – das wäre ein Aufbruch ohne Verheißung. Das Ziel der Umkehr liegt vor uns, nicht hinter uns. Nur indem wir uns gemeinsam *voran*bewegen, ehren wir auch die ekklesiologischen Ursprünge, Anfänge und Aufbrüche, aus denen wir mit unserer jeweiligen Frömmigkeit, Liturgie, Diakonie und Theologie herkommen: sei es nun in unserem Jahrhundert die dialektische Theologie mit ihrem strengen Ruf zur Sache oder der die soziale Verantwortung der Christen einschärfende religiöse Sozialismus, sei es die aus dem überragenden Geiste Schleiermachers geborene liberale Theologie und Frömmigkeit des 19. Jahrhunderts, sei es der jeden Christen missionarisch verpflichtende Baptismus Onckens und seiner englischen Vorläufer, seien es die älteren und neueren Erweckungsbewegungen herrnhutischer, schwäbischer oder methodistischer Observanz, sei es die alle Konfessionsgegensätze kühn relativierende und den Mut zum eigenen Denken befördernde Aufklärung, sei es die nicht hoch genug zu preisende und doch zugleich nicht tief genug zu beklagende Reformation selbst mitsamt den aus ihr hervorgegangenen lutherischen und reformierten Kirchen der Schweiz, der Niederlande, Schottlands, Skandinaviens, Finnlands, des Baltikums, Polens, Frankreichs, Deutschlands, Rumäniens und Ungarns, seien es die vorreformatorischen Bewegungen der Böhmischen Brüder, der Hussiten, der Waldenser und Katharer usw. Wir wissen, was wir an solchen Ursprüngen haben und was sie uns auch heute noch zu sagen haben. Doch wir bleiben unserer jeweiligen Herkunft nur treu, wenn wir nicht zu *ihr* zurückkehren, sondern *mit ihr* umkehren zu dem einzigen Fundament aller Christen und Kirchen: *Einen anderen Grund kann niemand legen außer dem, der gelegt ist: Jesus Christus* (1 Kor 3,11).

Jesus Christus ist aber nicht nur tragender Grund, sondern zugleich auch die treibende Kraft und das anziehende Ziel der christlichen Existenz. Ist er doch der, *der da war, der da ist und der da kommt* (Apk 1,4). Wer zu ihm umkehrt, der bleibt unvermeidlich in Bewegung und im Aufbruch. Und so gilt für die auf ihn bauende Christenheit die nüchterne Feststellung des Hebräerbriefes, daß *wir hier keine bleibende Polis haben; aber die künftige suchen wir* (Hebr 13,14). Europa ist nicht das Reich Gottes. Europa ist — wie jede andere Weltgegend auch — der *Adressat,* aber nicht das *Ziel* der christlichen Verkündigung. Schon deshalb können die evangelischen Kirchen Europas ihre Verantwortung für Europa nur so wahrnehmen, daß sie Europa bei seiner Verantwortung für die Welt behaften: vor allem für die Teile der Welt, die in den Schatten eines wieder stärker werdenden Europas zu geraten drohen. Europa hat sich seit dem Altertum als weltüberlegener orbis terrarum von seiner Umwelt abgegrenzt; später hat es sich selbst zwar in alle Welt exportiert, dies aber nur, um die übrige Welt der europäischen gleichzuschalten. Die christlichen Kirchen haben das, ihrem eigenen Selbstverständnis zuwider, begünstigt. Um so wichtiger ist es heute, daß sie angesichts der sich ankündigenden neuen Völkerwanderung der naheliegenden Versuchung entgegenwirken, daß die politische europäische Gemeinschaft sich zu einem sich abermals vor der übrigen Welt abschließenden orbis terrarum entwickelt.

Die Situation ist neu. Es ist noch kein halbes Jahrhundert her, als man die Zeichen der Zeit dahin deuten zu müssen meinte, „daß Europa seine einstige politische und kulturelle und glaubensmäßige Zentralstellung in der Welt verloren hat". Im Jahr 1946 schrieb Karl Barth: „Europa war einmal ..., begründet durch die Antike und das Christentum, eine große lebenskräftige leuchtende Einheit der Politik, der Kultur und des Glaubens. Seine Form begann freilich schon früh zu zerfallen, aber noch im Besitz dieses Erbes bekam Europa Weltbedeutung, durfte der europäische Mensch jahrhundertelang in der Vorstellung leben ..., daß Macht und Recht, Wissenschaft und Bildung, Religion und Sitte notwendig das seien, was wir in Europa so nennen ... Diese Vorstellung scheint heute", so Barth damals, „ihre Kraft verloren zu haben."[8] Barth fragte damals besorgt: „Müssen und werden wir uns nun von *Amerika* her erneuern lassen? ... Wird ... von nun an amerikanische Demokratie, amerikanische Wirtschaft, Psychologie und Soziologie, amerikanische Moral

---

[8] *K. Barth,* Die christliche Verkündigung im heutigen Europa, 1946, 5.

und amerikanisches Christentum auch für uns maßgebend ... werden? ... Oder werden wir uns nun von *Rußland* aus erneuern lassen müssen? ... Europa ist heute zwischen zwei Mühlsteine geraten ... Daß so etwas wie ein *Niedergang* Europas vorläufig unaufhaltsam im Gange ist, das werden wir nicht leugnen können."[9] So Karl Barth anno 1946.

Im Jahre 1992 ist die Situation grundlegend verändert. Heute scheint eher ein neuer *Aufgang* Europas aus seinem selbstverschuldeten Verfall im Gange zu sein. Und da könnte es die Kirchen wohl locken, sich im renovierten Europäischen Haus einzurichten und es aufs neue zu „christianisieren". Es könnte die Christenheit wohl verführen, sich dem sich zu einer einzigen Polis vereinigenden Europa als „Zivilreligion" anzudienen, statt an das Bürgerrecht zu erinnern, das alle Glaubenden auf Erden schon jetzt in der kommenden himmlischen Polis haben, von der her dann allerdings auch auf das europäische politische Gemeinwesen ebenso konstruktiv wie kritisch zurückzukommen ist.

II. Evangelische Darstellung Gottes statt kirchlicher Selbstdarstellung

Sind wir der neuen Situation theologisch gewachsen? Sind die evangelischen Kirchen Europas in dem Maße europafähig, daß sie Europa gerade nicht als ihre bleibende Polis, sondern als eine Größe vor Augen haben, die von Gottes kommendem Reich her relativiert, eben deshalb nun aber auch als ein brauchbares irdisches Gleichnis dieses Reiches konzipiert zu werden verlangt?

Oder versammelt sich die evangelische Christenheit Europas nur deshalb, um der eigenen Bedeutungslosigkeit zu entkommen? Oder doch wenigstens dem Anschein entgegenzuwirken und das von verschiedenen Seiten genährte Gerücht zu widerlegen, die evangelische Christenheit sei für die Zukunft Europas eine nicht ernsthaft ins Gewicht fallende *quantité négligeable?*

Der in Frankreich und Deutschland viel beachtete Fernsehjournalist und Bestseller-Autor Peter Scholl-Latour, der

---

[9] AaO., 9ff.

scheinbar überraschende weltgeschichtliche Entwicklungen und Begebenheiten nicht zuletzt auch von den sie tragenden religiösen Überzeugungen her einsichtig zu machen versteht, hat in dieser Hinsicht das derzeitige Christentum mit dem Islam verglichen und dabei allenfalls bestimmten Strömungen innerhalb der römisch-katholischen Kirche noch einige Bedeutung zuerkannt: Dem europäischen Protestantismus attestierte er hingegen, als wirklichkeitsgestaltende Kraft längst irrelevant geworden zu sein. Das harte Urteil verdient deshalb Aufmerksamkeit, weil es die Bedeutungslosigkeit des Protestantismus für das politische Europa darauf zurückführt, daß die europäische evangelische Christenheit als *religiöse* Kraft erlahmt sei, daß sie — mit anderen Worten — ihren eigenen *Glauben* nicht mehr ernst nehme: weil sie *geistlich* (spirituell) nichtssagend geworden sei, deshalb habe sie auch *weltlich* nichts mehr zu sagen.

Wir lassen jetzt dahingestellt, inwieweit solche Urteile gerecht sind, inwieweit sie die wirkliche Lage und Verfassung der evangelischen Kirchen Europas sachgemäß wiedergeben. Wir können aber nicht ignorieren, daß in solchen Urteilen zumindest eine gefährliche Tendenz erfaßt wird, die die religiöse Identität des europäischen Protestantismus ernsthaft bedroht. Die Frage, was wir angesichts dieser Bedrohung zu tun und zu lassen haben, ist unabweisbar.

Ich möchte zunächst sagen, was wir auf keinen Fall zu tun, was wir vielmehr auf jeden Fall zu unterlassen haben.

Es wäre von vornherein *verheißungslos*, wenn die evangelische Christenheit ihre bedrohte religiöse Identität selber sichern und durch allerlei protestantische Kraftanstrengungen ihre bezweifelte Relevanz für das hoffentlich in neuer Weise zu sich selbst findende Europa unter Beweis stellen wollte. Denn das liefe auf evangelische Selbstverwirklichung hinaus. Evangelische Selbstverwirklichung ist jedoch ein fundamentaler Selbstwiderspruch. Eine sich selbst verwirklichende evangelische Kirche hörte auch schon auf, evangelisch zu sein. So wenig die Kirche sich selbst erzeugt, sondern aus dem Worte Gottes geboren wird und nur als Kreatur dieses Wortes existiert, so wenig kann sie sich selbst verwirklichen, ohne sich eben dadurch auch schon selber zu zerstören.

Verdankt doch die evangelische Christenheit ihre Existenz dem Evangelium, insofern sie dem im Evangelium zu uns redenden Gott im Leben und im Sterben vertraut. Hat die evangelische Christenheit so etwas wie ein gesundes Selbstvertrauen, dann nicht *neben* diesem evangelischen Gottvertrauen, sondern *in strenger Identität mit ihm.* Sie kann deshalb auch nicht *abseits* von ihrem Gottvertrauen so etwas wie evangelisches Selbstvertrauen gewinnen. Vertrauen zu sich selbst gewinnt die evangelische Christenheit in genau dem Maße, in dem sie dem im Evangelium zur Sprache kommenden Gott vertraut.

Eben deshalb kann es für den europäischen Protestantismus keine Sicherung seiner religiösen Identität geben: gegenüber der säkularisierten Gesellschaft nicht und schon gar nicht gegenüber der orthodoxen oder der römisch-katholischen Kirche. Die evangelischen Kirchen wollen und können nicht *etwas Besonderes* gegenüber anderen Konfessionskirchen darstellen. Ihr Anspruch greift sehr viel höher. Die evangelischen Kirchen beanspruchen genau das zu sein, was alle christlichen Gemeinschaften zu sein berufen und bestimmt sind, nämlich die ganz und gar menschliche und also irdische *Darstellung Jesu Christi* und des in ihm offenbaren Gottes: eine Darstellung, die aber nur dann gelingt, wenn sie *nicht zur Selbstdarstellung* mißrät. Es gehört deshalb zur eisernen Ration evangelischen Selbstverständnisses, beides so streng wie möglich zu unterscheiden: die der Kirche und allen ihren Gliedern wesentliche *geistliche Auszeichnung,* als Menschen Darsteller Gottes sein zu dürfen einerseits, und der allen irdischen Institutionen und Individuen eigene *weltliche Hang,* sich selber darzustellen andererseits. Dabei droht den evangelischen Kirchen weniger die Versuchung, sich als triumphierende Kirche (ecclesia triumphans) mit dem siegenden Christus zu identifizieren. Die spezifisch protestantische Versuchung besteht vielmehr darin, daß die verfolgte und leidende Kirche (ecclesia pressa) sich mit dem leidenden Christus identifiziert und statt die Passionsgeschichte Jesu Christi zu verkündigen ihre eigene Leidensgeschichte erzählt: eine sehr viel gefährlichere Art kirchlicher Selbstdarstellung als die der ecclesia triumphans (insbesondere dann, wenn dem Leiden der Kirche irgendeine soteriologische Qualität suggeriert wird)!

Nur wenn wir die uns auszeichnende Aufgabe, Jesus Christus zu bezeugen und in Wort und Tat menschlich darzustellen, nicht verwechseln mit der sich ganz von selbst einstellenden kirchlichen Selbstdarstellung, nur dann sind wir evangelische Kirche und evangelische Christen. Denn nur dann gelingt es, den in Christus offenbaren Gott der Welt *darzubieten*: nämlich als die der ganzen Welt zugute kommende *Gabe*, also den Ursprung aller Lebendigkeit als das Leben und Seligkeit gewährende *Lebensmittel* darzubieten: *nimm hin und iß, nimm hin und trink, das stärke und bewahre dich im Glauben zum ewigen Leben.*

Ein solches Evangelium bezeugen wir aber am besten dadurch, daß wir selber davon Gebrauch machen, selber also diese unvergleichliche Gabe hinnehmen, genießen und davon zehren. Wo immer die Gemeinschaft der Glaubenden sich selber an Gott als dem Leben und Seligkeit gewährenden Geheimnis der Welt so freut, wo immer wir selber Gott so genießen, daß in der Welt ein Hunger nach diesem Gott entsteht und anderen Menschen sozusagen vor Appetit das Wasser im Munde zusammenläuft – da geschieht jene *Darstellung* Gottes auf Erden, die ihre Pointe in seiner *Darbietung* hat: *schmecket und sehet, wie freundlich der Herr ist.*

Wenn die europäische Christenheit in Europa so existiert, dann existiert sie zugleich als die große ökumenische Herausforderung und Einladung an alle anderen Konfessionskirchen, gemeinsam in der Gemeinschaft gegenseitigen Andersseins die wahre eine heilige katholische und apostolische Kirche zu sein. In diesem Sinne grüßt die Europäische Evangelische Versammlung die römisch-katholische Kirche, die griechisch-orthodoxe Kirche, die russisch-orthodoxe Kirche und alle anderen nichtevangelischen Kirchentümer Europas, um mit ihnen und nicht etwa gegen sie den Europäern das Evangelium in neuer Weise schmackhaft zu machen.

III. Evangelische Bejahung von Säkularisierung und Pluralismus

Dazu wird allerdings auch gehören müssen, daß die europäische evangelische Christenheit sich *nicht* als Gegensatz zu dem versteht, was man als neuzeitliche *Säkularisierung* zu bezeichnen pflegt und was den modernen *Pluralismus* im Gefolge hat. Eine evangelische Sammlung gegen Säkularisierung und Pluralismus wäre ein schreckliches Selbstmißverständnis. Es ist zwar nicht ganz unverständlich, daß man in der Verweltlichung Europas zugleich seine Entchristlichung erblicken zu müssen meint. Vollzog sich doch unter dem Namen „Säkularisierung" zunächst auf ökonomischer und staatsrechtlicher Ebene, dann aber auch auf kultureller Ebene eine Überführung bisher kirchlicher Güter in einen weltlichen „Besitz". Für die Säkularisierung der ökonomischen Kirchengüter wurden die Religionsgemeinschaften von der weltlichen Macht in der Regel finanziell entschädigt. Für die Verweltlichung der geistlichen und geistigen Schätze der Kirche hingegen, die schon im Spätmittelalter einsetzte und sich dann seit der Aufklärung mit voller Wucht und in großer Breite vollzog, kann es keine Entschädigung geben. Im Gegenteil, die Kirche darf dankbar sein, daß ihre geistlichen Güter nun auch in weltlicher Gestalt existieren. Die weltliche Hochschätzung der Freiheit des Gewissens zum Beispiel (das der Philosoph Fichte für „ein Heiligtum" erklärte, „das anzutasten Frevel wäre"), die weltliche Behauptung der Unverletzlichkeit der Würde der Person, die weltliche Selbstverpflichtung zum Schutz auch des beschädigten Menschenlebens, die allgemeine Schulpflicht und viele andere Errungenschaften des modernen Rechtsstaates sind säkularisierte Schätze der Kirche – nicht zuletzt der evangelischen Kirche: Schätze, die oft sogar erst durch ihre Säkularisierung in ihrer vollen Bedeutung erkannt wurden. Die *Entkirchlichung*, die sich in Gestalt kultureller Säkularisierung vollzog, bedeutet keineswegs notwendig auch *Entchristlichung*.[10] „Säkularisierung ist – auf der Ebene der Kultur begriffen – kein Gegenbegriff zum Christentum."[11]

---

[10] Darauf haben im vorigen Jahrhundert bereits der Philosoph Hegel und der Theologe Richard Rothe, im 20. Jahrhundert vor allem Ernst Troeltsch, Friedrich Gogarten und in unseren Tagen Trutz Rendtorff hingewiesen.

[11] *T. Rendtorff*, Wie christlich wird Europa sein? Zwischen Säkularisation und Re-Evangelisierung, Ev. Komm. 92/2, 99. Fraglich erscheint mir allerdings die These Rendtorffs (ebd.), daß „Säkularisierung als gegenchristlicher oder antichristlicher Prozeß ... nur unter Bedingungen gezielter politischer Pressionen zustande" komme. Nur? Auch unter den Bedingungen eines auf Voltaire oder Nietzsche oder Freud schwörenden europäischen Bürgertums oder einer in Ludwig Feuerbachs Fußspuren wandelnder Arbeiterschaft

Die evangelische Christenheit Europas existiert vielmehr auch in säkularisierter Gestalt. Und die evangelischen Kirchen sollten sich dieses ihres weltlichen Kindes *freuen*, statt es als verlorenen Sohn oder verlorene Tochter zu beklagen. Die Kirche ist nicht das Vaterhaus, in das dieses weltliche Kind zurückzuholen wäre; sie ist im besten Fall, wenn *sie* ihre Sache gut macht, auch für die säkulare Gesellschaft ein Wegweiser hin zu der kommenden Polis Gottes, in der Kirche und Staat ihre gemeinsame Zukunft haben werden. Deshalb sollte die Kirche die recht verstandene Weltlichkeit der Welt nicht als säkularisiertes Christentum mit Argwohn verfolgen. Die Reformation hat mit ihrer Zwei-Reiche-Lehre selber den Grund dafür gelegt, daß es eine von der Kirche emanzipierte Welt gibt, die ihr eigenes Recht und ihre eigene Würde hat. Die evangelische Kirche sollte dieses ihr weltliches Kind *segnen* und ihm wünschen, daß es *wirklich mündig* werde.

Erst wenn wir die säkulare Gesellschaft in diesem *Lichte* positiv zu sehen vermögen, können wir auch den dunklen Schatten der – mit Martin Buber zu reden – *Gottesfinsternis* angemessen wahrnehmen, der als *Säkularismus* die Säkularisierung allerdings unheilvoll begleitete. Doch ihn zu beklagen muß für die europäischen Kirchen zuallererst Selbstkritik bedeuten. Es war ja die konfessionelle Spaltung Europas mit ihren entsetzlichen kriegerischen Folgen, es war die Unfähigkeit aller Kirchen, im Zeichen der Reformation – und nicht etwa gegen sie – für religiösen Frieden zu sorgen, die es notwendig machte, das öffentliche Leben in allen ponderablen Bereichen auf eine von Konfessionsgegensätzen unabhängige Grundlage zu stellen. Auf dieser von allen kirchlichen Wahrheitsansprüchen unabhängigen weltlichen Grundlage mußte man zwar nicht, konnte man aber jene Gottvergessenheit heraufbeschwören, die das bürgerliche Europa zunächst weithin privat, aber durchaus in öffentlichkeitswirksamer Privatheit, das kommunistische Europa dann mit dem die ganze Gesellschaft bestimmenden programmatischen politisch-ideologischen Druck regelrecht inszenierte.

---

kann Säkularisierung durchaus die Richtung eines antichristlichen Prozesses nehmen.

Der Zusammenbruch dieses politisch-ideologischen Systems bedeutet zwar eine unerhörte Chance, aber keineswegs eine Garantie für ein neues religiöses Erwachen oder gar eine kirchliche Erweckungsbewegung. Und sie bedeutet auf keinen Fall, daß die Kirche der weltlichen Gesellschaft die Gesetze ihres Handelns vorzugeben hätte. Schon Melanchthon hat eindeutig erklärt: „Das Evangelium bringt keine neuen Gesetze für das bürgerliche (weltliche) Dasein.“ [12] Das Evangelium enthält zwar *Zumutungen* an den weltlichen Gesetzgeber, aber es ist auf keinen Fall selber ein politischer Gesetzgeber – so wie Christus kein „zweiter Mose“ ist. Die evangelischen Kirchen können und sollen solche *Zumutungen des Evangeliums* an die politische Macht artikulieren. Mehr jedoch wäre weniger. Die evangelische Kirche würde das Evangelium verraten, wenn sie sich mit der politischen Macht identifizieren oder sich ihr als societas perfecta empfehlen wollte.

Evangelische Nüchternheit wird vielmehr die jetzt auch im Osten Europas entstehende *pluralistische* Gesellschaft prinzipiell *bejahen.* Sie wird also den von ihr vertretenen Wahrheitsanspruch des Evangeliums zwar als universalen Wahrheitsanspruch – Gottes Gnade „für alles Volk“ – vertreten, ihn aber innerhalb der Gesellschaft als *einen* Wahrheitsanspruch *unter vielen* bejahen, der keine andere Autorität hat als die der *apostolischen Bitte: So bitten wir denn an Christi Statt: Lasset Euch versöhnen mit Gott* (2 Kor 5,20).

Die evangelische Grundüberzeugung, daß die Wahrheit des Glaubens sine vi humana, sed verbo, [13] also ohne weltliche Gewalt, sondern allein durch das Wort der Verkündigung durchgesetzt werden kann, hat ihrerseits den Pluralismus der neuzeitlichen Gesellschaft vorbereitet, der ein guter Garant dafür ist, daß die Säkularisierung nicht totalitär mißbraucht wird. Schon deshalb muß die christliche Kirche den ihre eigene Existenz relativierenden Pluralismus bejahen wollen. Sie nimmt auf diese Weise ernst, daß das Evangelium von der Rechtfertigung des Gottlosen nur als ein *befreiendes* Wort wirksam wird, das folglich nur von einem *befreiten* Gewissen in *freier* Zustimmung erhört werden kann.

---

[12] Apologie 16, 55; BSLK 308,8.

[13] CA 28, BSLK 124,9.

Von dieser Prämisse aus wird die evangelische Kirche sich auch mit den nichtchristlichen Religionsgemeinschaften um eine Verständigung bemühen müssen, die den Frieden unter den Religionen und den christlichen Missionsauftrag nicht als Alternative gelten läßt. Die protestantische Religion der Freiheit, wie Hegel sie genannt hat, wird auch im Blick auf andere Religionen für die Freiheit des anderen (Rosa Luxemburg) einzutreten haben, um auch auf diese Weise zu bezeugen, daß die Wahrheit des Evangeliums eine befreiende Wahrheit ist. Inwiefern sie es ist, soll nun im zweiten Teil dieses Vortrags noch genauer zur Sprache kommen.

B. Evangelische Leidenschaft: Aufklärung im Lichte des Evangeliums

I. Befreiung von der Lebenslüge, sich selber produzieren zu müssen

Leidenschaft, evangelische Leidenschaft kennzeichnet dasjenige christliche Selbstverständnis, das im Evangelium von der Rechtfertigung des Gottlosen die zentrale Wahrheit des christlichen Glaubens erkennt, ohne die nicht nur der einzelne Mensch, sondern die ganze Welt hoffnungslos der eigenen Widersprüchlichkeit ausgeliefert ist und sich so selbst zugrunde richtet. Ohne die Rechtfertigungsbotschaft, sagt Luther, „ist die ganze Welt nichts als Tod und Finsternis".[14] Daß der mit seinem Gott, mit seiner Welt und mit sich selbst im selbstverschuldeten Widerspruch lebende und durch ein derart widersprüchliches Leben sich letztendlich zeitlich und ewig zugrunde richtende Mensch von einem gnädigen Gott aufgerichtet, zurechtgebracht, für Zeit und Ewigkeit gerechtfertigt und dadurch zu einem freien Herrn über alle Dinge befreit und erhöht wird, ohne dafür irgendetwas tun zu müssen oder auch nur tun zu können, allein durch seinen Glauben, also allein durch sein Vertrauen auf Gottes in der Person

[14] *M. Luther*, Die Promotionsdisputation von Palladius und Tilemann. 1537, WA 39/I, 205,5.

Jesu Christi offenbar gewordene Gnade und auf das uns diese Gnade wirksam zusprechende Wort – das ist für die evangelische Kirche die Mitte der christlichen Botschaft, an der alles, was sonst noch von Gott und der Welt zu sagen ist, gemessen zu werden verlangt. Diese Mitte, die ich soeben in einer erkennbaren Nähe zur Sprache des Apostels Paulus formuliert habe, läßt sich auch johanneisch dahin bestimmen, daß Jesus Christus die über Leben und Tod entscheidende *Wahrheit* ist, von der gilt: *Ihr werdet die Wahrheit erkennen, und die Wahrheit wird Euch frei machen* (Joh 8,32).

Ich möchte im folgenden diesen Satz aus dem Johannesevangelium für das Selbstverständnis der gegenwärtigen evangelischen Christenheit Europas in Anspruch nehmen. *Evangelisch* heißt dann sehr schlicht: der befreienden Wahrheit verpflichtet, die Jesus Christus in Person ist. Von dieser Wahrheit her existiert der evangelische Christ. Und auf diese Wahrheit insistiert er. Auf sie verläßt er sich. Sie trägt ihn. Ihr kann und will er deshalb auch gehorchen, und zwar „sponte, mit Lust".[15] Die Wahrheit, die frei macht, das ist – mit Zinzendorf gesprochen – des evangelischen Christen große *Passion.* Sie gibt der evangelischen Nüchternheit zugleich den Charakter *evangelischer Leidenschaft.*

Wahrheit ist hier allerdings mehr als nur die Richtigkeit einer Erkenntnis oder der Konsens, auf den man sich geeinigt hat. Ist Jesus Christus die Wahrheit in Person, die den an ihn glaubenden Menschen zum Christen macht, dann hat diese Wahrheit eine das menschliche Leben verwandelnde Kraft, dann stellt sie – wie Immanuel Kant einmal gesagt hat – eine Revolution der Gesinnung, ja eine Revolution der menschlichen Existenz dar. Aber wohlgemerkt: Nicht der Mensch begeht hier eine revolutionäre Tat, sondern er *wird* revolutioniert. Wenn ihm diese Wahrheit begegnet und ihn ins Herz trifft, erfährt er sich aus dem das ganze Leben beherrschenden und verfinsternden Zwang zur Lüge in das ihn von innen heraus erhellende Licht der Wahrheit versetzt. Dann ist das Wunder des Heiligen Geistes geschehen. Die Wahrheit des Evangeliums ist deshalb eine befreiende Macht,

---

15 *M. Luther,* Von der Freiheit eines Christenmenschen. 1520, BoA II, 24,18 = WA 7, 34,32f; vgl. 64,36.

weil sie in der Kraft des Heiligen Geistes die vielen *Lebenslügen* aufdeckt und zerreißt, mit denen wir uns selbst belügen und nur zu gern auch belügen und betrügen lassen. Zwei solcher Lebenslügen sollen hier eigens genannt werden.

Die penetranteste unter allen Lebenslügen ist dabei nach reformatorischem Verständnis die große Selbsttäuschung, der Mensch könne durch sein eigenes Tun zu sich selbst kommen, er könne durch seine eigenen, das Leben meisternden Leistungen und durch seine moralischen Anstrengungen den Sinn seines Daseins selbst produzieren. Wird aber der Sinn des Lebens als menschliches Produkt mißverstanden, dann setze ich mich selbst unter den unheimlichen Druck, nicht nur unentwegt etwas, sondern in dem allen zugleich unentwegt mich selbst produzieren zu müssen. Die abendländische Philosophie hat ihrerseits kräftig an dieser Lebenslüge gesponnen und „die Selbsterzeugung des Menschen" als humanistisches Ideal ausgegeben.[16] So wird der Mensch um die Einsicht betrogen, daß er sich seinem Schöpfer verdankt, der als sein Versöhner auch mit seinem verfehlten Leben etwas anzufangen versteht. Und so verfällt eine ganze Gesellschaft der Lebenslüge, der Mensch sei nichts anderes als die Summe seiner Taten. Geraten seine Taten, ist der Mensch geraten. Mißraten seine Taten, ist der Mensch mißraten. Ja, durch sein Tun macht er sich selber menschlich, und wenn er unmenschlich handelt, macht er sich selber zum Unmenschen. Ich bin meine Tat — heißt die Kurzformel dieser Lebenslüge, in deren Bann insbesondere die europäische Gesellschaft lebt, die sich ja nicht zufällig als Leistungsgesellschaft versteht.

Das Evangelium zerreißt diese Lebenslüge. Nicht, indem es die menschliche Arbeit oder deren Erfolg diskreditiert. Ganz und gar nicht! Jeder Arbeiter ist auch nach der Bibel seines Lohnes wert. Leistung soll sich lohnen. Aber sie kann nicht zum Sinn des Lebens werden, ohne das genaue Gegenteil zu bewirken. Wo Leistung zum Sinn des Lebens zu wer-

---

[16] Vgl. *K. Marx,* Die Kritik der Nationalökonomie. Ökonomisch-philosophische Manuskripte (1844), in: Frühe Schriften I, hg. von H.-J. Lieber und P. Furth (Karl Marx, Werke — Schriften — Briefe I), 1962, 645. Karl Marx lobt an Hegel, daß er „die Selbsterzeugung des Menschen" gelehrt und „als einen Prozeß" begriffen habe.

den droht, *verliert* das Leben seinen Sinn. Wer den Sinn des Lebens selber ins Werk setzen will, verwirkt den Sinn seines Lebens. Wer sich selbst produziert, verliert sich selbst (Mk 8,35). Die Wahrheit des Evangeliums klärt darüber auf, indem sie den Menschen von dem wahnhaften Zwang befreit, sich selber produzieren und sich selber menschlich machen zu müssen. Denn diese Wahrheit spricht jeden Menschen als einen menschlichen Menschen an, indem sie ihm die Würde einer von Gott definitiv anerkannten Person zuspricht. Und das ist eine Würde, die durch keine menschliche Tat überboten und durch keine menschliche Untat zerstört werden kann. Ist sie doch nicht nur in den Menschenrechten, sondern im *Recht Gottes* auf den Menschen begründet, das er als Evangelium im Kreuz Jesu Christi unwiderruflich aufgerichtet hat.[17]

Die Verantwortung der evangelischen Kirchen für Europa besteht zuerst und vor allem darin, darüber aufzuklären, also noch einmal Aufklärung, nun aber Aufklärung im Lichte des Evangeliums, zu betreiben. Dazu gehört sehr konkret die nach sozialethischen Folgerungen verlangende Erinnerung daran, daß auch der Verbrecher eine Person ist, die ihre unverletzbare Würde hat. Auch unmenschliche Taten machen den Menschen nicht zum Unmenschen. Die Kategorie des Unmenschen ist vielmehr selber eine unmenschliche Kategorie. Zu solcher Aufklärung im Lichte des Evangeliums gehört wiederum sehr konkret die nach sozialethischen Folgerungen verlangende Erinnerung daran, daß Kinder und Alte, die für ihr Dasein *noch nichts* oder *nichts mehr tun* können, paradigmatisch den unbedingten Vorrang der Person vor ihren Leistungen repräsentieren und auf Lebensbedingungen Anspruch haben, die der Würde ihrer kleinen, heranwachsenden oder aber ihrer alten, verfallenden Person entsprechen. Doch das sind nur einige Beispiele dafür, daß die befreiende Wahrheit des Evangeliums eine auch der weltlichen Gesellschaft zugute kommende Wahrheit ist. Jeder Tag gibt Gelegenheit,

---

[17] Im Unterschied zum Islam, aber auch zu den entsprechenden Verlautbarungen der letzten Päpste wird *das Recht Gottes gegenüber dem Menschen* hier pointiert evangelisch als das den Menschen rechtfertigende Recht Gottes verstanden, das nur deshalb *fordernden* Charakter hat, weil es den Menschen gnädig ins Recht setzt.

dieselbe Wahrheit in andere Problemlagen zu investieren und auf ihre wohltuende Wirkung zu vertrauen.

II. Befreiung von der Lebenslüge, sich selbst erneuern zu können

Zur Aufklärung im Lichte des Evangeliums gehört aber auf jeden Fall auch die Aufdeckung der anderen Lebenslüge, die behauptet, wir könnten aus uns *neue Menschen* machen, wenn wir nur *an uns selber glauben.* Friedrich Nietzsche auf der einen und Karl Marx auf der anderen Seite haben diese Lebenslüge unheimlich intensiviert. An sich selber glauben heißt dann entweder „Gott starb: nun wollen *wir,* daß der Übermensch lebe".[18] Oder es heißt, auf dem Weg über die Diktatur des Proletariats die neue, klassenlose Gesellschaft zu schaffen, in der der als Ensemble der gesellschaftlichen Verhältnisse begriffene Mensch ebenfalls ein neuer Mensch wird. Die faschistischen Diktaturen haben von der einen, die sozialistischen Diktaturen von der anderen Theorie ihren jeweils eigenen Gebrauch gemacht und dabei das Recht entweder in den Dienst der Rasse oder aber in den Dienst der Klasse gestellt und den Staat zum quasireligiösen Gesetzgeber gemacht. Wer den neuen Menschen schaffen will, der muß ja neue Dekaloge schaffen, die den Menschen *total* in Anspruch nehmen und *total* dirigieren. Der Totalitätsanspruch dieses Gesetzgebers usurpiert ganz von selbst pseudoreligiöse Qualitäten, die sich von der wahren Gottesfurcht dadurch unterscheiden, daß sie ihren Totalitarismus mit dem Terror der Lüge verwirklichen. Denn da *in Wahrheit* keine irdische Macht aus dem alten Adam einen neuen Menschen zu machen vermag, läßt sich der Totalitätsanspruch nur mit Hilfe der Lüge und die Lüge nur mit Hilfe des Terrors aufrechterhalten, wobei der sich derart quasireligiös verstehende totalitäre Staat nicht nur seine Bürger, sondern vor allem sich selbst belügt. Aufklärung im Lichte des Evangeliums vollzieht sich auch in dieser Hinsicht als die befreiende Wahrheit, daß aus dem alten Adam, der wir alle sind und in einer peinli-

---

[18] *F. Nietzsche,* Also sprach Zarathustra. Ein Buch für Alle und Keinen. Werke. Kritische Gesamtausgabe, hg. von G. Colli und M. Montinari, Bd. VI/1, 1968, 353.

chen Penetranz auch bis zu unserem Tode bleiben werden, allein Gott einen neuen Menschen schaffen kann: einen neuen Menschen, der dann mit dem alten Adam in uns in einem ehrlichen Streit liegt. Wer durch diese Wahrheit befreit wird, der glaubt an Gott, aber gerade nicht mehr an sich selbst oder an irgendwelche Verheißungen, die den Glauben des Menschen an sich selbst fordern.

Glauben – im strengen, religiösen Sinne des Wortes – heißt ja einem anderen so sehr vertrauen, daß ich mich von ihm schlechthin abhängig mache. Ist der andere, dem ich glaube, Gott selbst, also die befreiende Wahrheit in Person, dann bedeutet die schlechthinnige Abhängigkeit von ihm, daß ich wie Gott selber ein freier Herr über *alle* Dinge werde. So wachsen Abhängigkeit von Gott und menschliche Freiheit in gleichem Maße.

Weil er uns frei macht, deshalb also ist Gott allein anzubeten. Mache ich mich hingegen, weil ich an mich selber glaube, von *mir* abhängig, dann fange ich auch schon an, mich selber anzubeten. Genau das hat denn auch der quasireligiöse Autorität beanspruchende totalitäre Staat auf vielfältige Weise praktiziert: Statt die dem König gebührende Ehre (1 Petr 2,17) hat er Furcht und Anbetung verlangt, indem er den Bürger, aus dem er einen neuen Menschen zu machen versprach, ganz und gar abhängig zu machen versuchte. Doch es war die Abhängigkeit von der Lüge, die er praktizierte. Und so war es denn umgekehrt auch der Mut zur Wahrheit – Gorbatschow nannte ihn Glasnost –, der das ganze mächtige Lügengebäude zum Einsturz brachte. Europa ist nach soviel Lüge wahrheitsbedürftig wie selten zuvor. Und selten hat allein die Wahrheit in der Weltgeschichte so radikal verändernd gewirkt wie in den letzten Jahren.

III. Evangelische Wahrheitsliebe mit politischen Folgen

Die evangelischen Kirchen haben an dieser Veränderung der politischen Landschaft zumindest ein wenig dadurch mitgewirkt, daß sie der Lüge vom neuen Menschen, den der Sozialismus schaffen wollte, keinen Glauben schenkten, sondern der Wahrheit die Ehre gaben, daß Gott allein anzubeten, im Staate hingegen nichts und niemand anzubeten ist. Die Verantwortung evangelischer Kirchen für Europa besteht auch fortan darin, mit der 5. Barmer These der falschen Lehre entgegenzuwirken, „als solle und könne der Staat über seinen besonderen Auftrag hinaus die einzige und totale Ordnung menschlichen Lebens werden“[19] und sich selber religiöse Art und Würde zuschreiben. Nur wenn Kirche und Staat — im Frieden, nicht in Feindschaft, aber eindeutig voneinander getrennt sind, werden die Kirchen — so schon Jakob Burckhardt — „wieder Elemente und Belege der Freiheit sein“.[20] Und der Staat wird es auch sein.

Gerade weil die evangelische Kirche sich dem quasireligiösen Totalitätsanspruch der Diktatur nicht gebeugt, sondern ihn einzudämmen versucht hat, wird sie sich aber auch selbstkritisch fragen und prüfen müssen, wo sie ihre leidenschaftliche Wahrheitsliebe zugunsten einer Überlebensstrategie oder gar um billigerer Vorteile willen verletzt und statt selber der befreienden Wahrheit Gottes zu vertrauen sich dem politischen Halbdunkel anvertraut hat. Auch im Blick auf die Verstrickung kirchlicher Mitarbeiter in das Machtgefüge der totalitären Diktatur ist allein die Wahrheit befreiend. Ihr gilt es Raum zu geben, und zwar nicht nur in den östlichen Kirchenkanzleien, sondern auch in den ökumenischen Zentralen in Genf. Die Kirche darf auf keinen Fall davor zurückschrekken, auch nach innen Aufklärung im Lichte des Evangeliums zu betreiben. Es kommt dann mit ihrer Schwäche ja auch ihre Stärke ans Licht. Und sie vermag dann den zur Zeit grassierenden pauschalen Verdächtigungen um so glaubhafter entgegenzutreten.

Die von der Barmer Synode einst angesichts des Nationalsozialismus verworfene Möglichkeit, daß die Kirche „selbst zu einem Organ des Staates werden“ könne, ist doch wohl, jedenfalls wenn man einzelne Kirchenfunktionäre nicht mit den Gemeinden verwechselt, in den evangelischen Kirchen des sozialistischen Europa Gott sei Dank so gut wie nirgends schlechthin Wirklichkeit geworden.[21] Vielleicht stärker noch

---

[19] Die Barmer Theologische Erklärung. Einführung und Dokumentation, hg. von A. Burgsmüller und R. Weth, 1983, 38.

[20] *J. Burckhardt,* Weltgeschichtliche Betrachtungen, G. W. IV, o. J., 87.

[21] Die Gefahr war vielleicht dort am größten, wo man über den Staatssicherheitsdienst — wie der Leviathan in der DDR hieß — heimlich mitregieren, wenn auch zum Besseren mitregieren zu können meinte.

als Bischöfe und Prälaten haben tapfere Pfarrer und ihre Gemeinden sowie kirchliche Gruppen das verhindert, und nicht zuletzt eine nicht nach dem politischen Effekt schielende, sondern unbeugsam nach Wahrheit fragende wissenschaftliche Theologie! Eine solche Theologie kann freilich für die notwendigerweise immer auch auf Kompromisse bedachte Kirchenleitung recht unbequem werden. Doch die Kirche braucht diesen Pfahl im Fleisch. Ohne eine ordentliche Theologie – es gibt leider auch unordentliche! – werden die evangelischen Kirchen in Europa mehr oder weniger angepaßte, relativ uninteressante Institutionen werden. Es verdient festgehalten zu werden, daß in den zurückliegenden Jahrzehnten nicht nur westlich vom „eisernen Vorhang", sondern auch unter den überaus erschwerten Bedingungen östlich von Mauer und Stacheldraht auf eindrückliche Weise evangelische Theologie getrieben wurde. Im Rahmen des Möglichen wurde in dieser Wissenschaft sogar die Kommunikation zwischen Ost und West gepflegt wie wohl in keiner anderen wissenschaftlichen Disziplin.

Ich möchte deshalb hier meinen tiefen Respekt vor der Arbeit bezeugen, die die hohen theologischen Schulen in den einstigen sozialistischen Staaten getan haben. Wo sie ihre Arbeit recht getan haben – ich weiß, es gab auch hier beklemmende Gegenbeispiele –, da waren sie das Gewissen ihrer Kirchen. Wenn die evangelischen Kirchen dieses ihr theologisches Gewissen auch in Zukunft ernst nehmen, dann können sie ihrerseits zur Gewissensbildung in Europa Erhebliches beitragen.

IV. Evangelische Gewissensbildung statt moralischer Schuldfixierung

Das neu entstehende Europa braucht solche Gewissensbildung: schon allein, damit das werdende Europa nicht nur *verwaltet* wird, sondern damit an die Stelle bloßer Verwaltung wirkliche *Verantwortung* treten kann. Es scheint mir dies eine der großen Gefährdungen des neuen Europas zu sein, daß sich durchgehend politische und gesellschaftliche Strukturen bilden, die keine persönliche Verantwortung mehr zulassen oder ertragen. Dem kann nur durch eine Kultur des Gewissens begegnet werden, für die die Gewissensbildung conditio sine qua non ist. Die evangelischen Kirchen haben dazu vielleicht mehr beizutragen als jede andere europäische Institution. Ja, sie haben dazu vielleicht sogar mehr beizutragen als sie selber wissen.

Sie haben nämlich allen weltlichen Institutionen gegenüber den nicht hoch genug zu veranschlagenden Vorteil, daß sie nicht nur zu sagen vermögen, was sein und was nicht sein soll, sondern daß sie, wenn das Nicht-Sein-Sollende dennoch geschieht, Schuld und Sünde im Namen Gottes *vergeben* dürfen. Erfahrene Vergebung aber schärft das Gewissen und macht sehr viel verantwortungsbewußter als es irgendeinem moralischen Imperativ möglich ist. Erst dadurch werden ja unsere Verfehlungen in ihrer ganzen Tiefe erfaßbar, erst dadurch werden die kleinen und großen Lebenslügen in ihrer verheerenden Wirkung benennbar, daß sie in das Licht der Vergebung rücken. Dann aber kann man sich so mit ihnen auseinandersetzen, daß man in der Verantwortung wächst. Die Kirche entscheidet sich von allen Moralisten, die immer nur anklagen und den Angeklagten auf seine Schuld fixieren, dadurch, daß sie eine befreiende Wahrheit verkündet, die die Lebenslüge dadurch aufdeckt, daß sie den Lügner-Menschen (Röm 3,4) *wahr und wahrhaftig macht.* Deshalb kann die dieser Wahrheit leidenschaftlich ergebene Kirche Schuld wirklich beim Namen nennen, ohne in die Rolle des Moralisten zu verfallen, der in der Regel eher verstockend als hilfreich wirkt.

Dabei „erstrahlt“ die Kirche selber keineswegs – wie Papst Pius XII. zu behaupten sich erkühnte – „ohne allen Fehl“, so daß die makellose „Mutter Kirche“ nicht im eigenen Namen, sondern nur „im Namen ihrer kranken und wunden Glieder täglich betet: Vergib uns unsere Schuld“.[22] Nach evangelischem Verständnis kann sich die Kirche so gerade nicht von ihren Gliedern unterscheiden: als eine makellose Mutter, die sich von ihren sündigen Gliedern strahlend abhebt. Luther hat genau umgekehrt die Heiligkeit der Kirche dahin interpretiert, daß sie ihre Sünde ernst zu

---

[22] *Pius XII.*, Enzyclica, „Mystici corporis“, AAS 35, 225. Das II. Vaticanum hat den Papst vorsichtig korrigiert: vgl. Constitutio dogmatica de ecclesia „Lumen gentium“ c. 1, a. 8; c. 5, a. 40.

nehmen und eben deshalb sich selber als größte Sünderin zu erkennen vermag: „Es gibt keine so große Sünderin wie die christliche Kirche. Wie (ist das möglich, daß) diese heilig und (doch) Sünderin ist? Sie glaubt an die Vergebung der Sünden und sagt: ‚Vergib die Schuld'. Das sagt niemand, der nicht heilig ist."[23] Die Kirche würde ihre Heiligkeit verraten, wenn sie von ihrer eigenen Schuld nichts wissen wollte. Dem allgemeinen Priestertum aller Gläubigen entspricht mit Notwendigkeit, daß die Sünden der Gläubigen auch die Sünden der Kirche sind. Und was sind da nicht für schreckliche Sünden zu nennen, zu denen gerade die europäischen Kirchen verführt haben: Kreuzzüge, Inquisition, Mission als Kolonisierung, Nationalitätenkonflikte mit kirchlichem Segen usw. Die Geschichte Europas ist auch die Geschichte einer schuldig gewordenen Kirche. Nur indem sie selber und im eigenen Namen um die Vergebung der Schuld bittet, kann sie ihres priesterlichen Amtes walten und die Rechtfertigung des Sünders verkündigen.

Das aber ist ihr eigentlicher Auftrag. Um seinetwillen ist sie da. Wenn die Kirche diesem ihrem Auftrag leidenschaftlich treu bleibt, dann bleibt sie nicht nur dem kommenden Himmelreich, sondern auch dem so überaus irdischen Europa treu. Wenn die evangelische Christenheit das Evangelium als Gottes befreiende Wahrheit im liturgischen Gottesdienst dankbar feiert und diese gottesdienstliche Feier im Alltag der Welt als „vernünftigen Gottesdienst" fortsetzt, dann hat das säkularisierte Europa einen „dem Schema dieser Welt" nicht „gleichgeschalteten" Ort (Röm 12,1 f), an dem der europäische Mensch befreit aufatmen kann, weil er, ohne etwas dafür tun zu müssen, von sich selbst entlastet wird. Und wo das geschieht, da gewinnt er, was er sich selber nur sehr bedingt erarbeiten kann: unverbrauchte Zukunft. Die Zukunft, die wir selber machen, tritt ja, weil sie nur als Produkt der Vergangenheit möglich ist, immer schon halb verbraucht zutage. Die aus der Versöhnung mit Gott hervorgehende Zukunft hingegen ist *alle Morgen frisch und neu*. Denn sie entspringt der schöpferischen Gnade Gottes. „All Mor-

---

[23] *M. Luther,* Predigt vom 9. April 1531, WA 34/I, 276, 6-8.

gen ist ganz frisch und neu, des Herren Gnad und große Treu" – wenn die europäischen evangelischen Kirchen das geistlich und weltlich bezeugen, dann tun sie das Beste, was sie für Europa überhaupt tun können.

Lothar Ullrich:

„Allen Europäern beharrlich das Evangelium verkünden"

*Europa und die Kirchen — aus katholischer Sicht**

Das Motto des folgenden Referates stammt von Kardinal Martini, dem Erzbischof von Mailand und derzeitigem Präsidenten des Rates der Europäischen Bischofskonferenz, Consilium Conferentiarum Episcopalium Europae, abgekürzt: CCEE. Es ist dem Vorwort einer umfangreichen Dokumentation zum Thema „Die europäischen Bischöfe und die Neu-Evangelisierung Europas" entnommen. Wörtlich schreibt Kardinal Martini: „Mit Blick auf die zwanzig Jahre, die der Rat der Europäischen Bischofskonferenzen (CCEE) bereits besteht, ... stelle ich beeindruckt fest, wie die anfängliche Idee im Laufe der Jahre immer mehr Gestalt annahm. Von Anfang an läßt sich in der gesamten Tätigkeit des CCEE ein *Leitfaden* erkennen: *allen Europäern beharrlich das Evangelium zu verkünden.* Diese bemerkenswerte Kontinuität kann von allen Lesern der in diesem Band gesammelten Texte bestätigt werden."[1] Am Schluß seines Vorwortes spielt Kardinal Martini auf die Ereignisse des Umbruchs in Europa 1989-1991 an und betont: „Alle sind wirklich herausgefordert, *Europa neu aufzubauen.* Die Christen und die Kirchen müssen hierzu ihren Beitrag leisten, *ohne ihre besondere Sendung außer acht zu lassen, all unseren Mitmenschen Jesus Christus*

---

* Vortrag bei der Generalversammlung des Evangelischen Bundes in Erfurt, Oktober 1992

[1] *Die europäischen Bischöfe und die Neu-Evangelisierung Europas,* Rat der Europäischen Bischofskonferenzen — CCEE (Stimmen der Weltkirche Europa 32), hg. vom Sekretariat der Deutschen Bischofskonferenz und CCEE Sekretariat, Bonn-St. Gallen 1991,7.

zu verkünden." Damit ist im Grund ziemlich präzise die katholische Sicht zum Thema „Europa und die Kirchen" umrissen. Es geht wirklich um einen christlichen Beitrag zum Neuaufbau Europas, den wir allen Menschen in Europa als Christen schuldig sind, aber es geht eben um die besondere Sendung der Christen bei diesem Neuaufbau, und die liegt in der Christusverkündigung an alle Menschen. Es geht um einen Beitrag aus der Mitte des Evangeliums heraus. Wie Kardinal Martini sich das im einzelnen vorstellt, hat er auf dem Studientag bei der Herbstvollversammlung der Deutschen Bischofskonferenz am 25. September 1991 in Fulda vorgetragen.[2]

1. *„Ut crux Christi non evacuetur" (1 Kor 1,17)*

Es ist wohl unbestritten, daß die Europainitiative der katholischen Kirche ursächlich auch mit dem Pontifikat des Papstes aus Polen, mit Johannes Paul II., verbunden ist. Nicht zuletzt waren es die konkreten Erfahrungen des polnischen Widerstandes gegen den totalitären Kommunismus und real existierenden Sozialismus, die eine Bewegung der Befreiung in Ost- und Mitteleuropa in Gang brachten, zumindest aber unterstützten. Schon bei seinem ersten Besuch in Deutschland (15.-19. 11. 1980) mahnte der Papst: „Denkt daran, daß Europa nur aus jenen Wurzeln sich erneuern und einen kann, die Europa werden ließen." Und er nannte zugleich den theologischen Grund für diese Europainitiative: *„Nur aus der inneren Verankerung in Jesus Christus* und nicht aus einem bloß äußeren Mithalten mit anderen Kräften der Gesellschaft erwächst ein glaubwürdiges Zeugnis."[3] Genau um dieses Zeugnis aus der Kraft des Kreuzes Christi ging es dem Kongreß der Theologen aus Ost- und Mitteleuropa im Vorfeld der Europasynode, die der Papst am 22. April 1990 in Velehrad

---

[2] *Carlo M. Martini,* Die Sendung der Kirche im neuen Europa, in: Die Neugestaltung Europas und die Kirche. Studientag bei der Herbstvollversammlung der Deutschen Bischofskonferenz in Fulda 25. 09. 1991 (Arbeitshilfe 94), hg. vom Sekretariat der Deutschen Bischofskonferenz, Bonn 1991, 29-51.

[3] Papst Johannes Paul II. in Deutschland (Verlautbarungen des Apostolischen Stuhls 25), hg. vom Sekretariat der Deutschen Bischofskonferenz, Bonn 1980, 125f.

(CSFR), dem Heiligtum des Patrons der Slawenmission Methodius, angekündigt hatte. „Ut non evacuetur crux Christi“, damit das Kreuz Christi nicht um seine Kraft gebracht wird, war das Motto, unter dem sich im August 1991 über 200 Theologen aus den ehemals kommunistisch regierten Ländern in Lublin an der Katholischen Universität versammelt hatten.[4] Zum ersten Mal kamen in Lublin katholische Theologen aus den leidgeprüften Kirchen Mittel- und Osteuropas zusammen. Die katholische Theologie der bisher weithin schweigenden Kirche erhob zum ersten Mal gemeinsam ihre Stimme. Es vollzog sich so etwas wie eine „Subjektwerdung“ der Theologie dieser Ortskirchen. Absicht ihres Zeugnisses und ihrer Reflexionen war es, den „Ertrag“ ihrer Erfahrungen den anderen Kirchen hörbar und zugänglich zu machen, auch den Vätern der geplanten Sondersynode Europa und dem Papst vor allem. Lassen Sie mich Kernsätze aus der Botschaft dieses Theologen-Kongresses zitieren, um zu zeigen, aus welchen Quellen diese Theologen schöpfen:

„Die Erfahrungen der Kirche in den Ländern mit totalitärem Regime waren verschieden. In allen kam jedoch ein und dasselbe Motiv zur Geltung: die Gnaden des Kreuzes Christi. Gott hat nicht nur die Kirche vor der Überflutung durch den Kommunismus geschützt; Gott hat sein Volk durch die ganze Zeit geführt, wie er einst Israel durch die Wüste ins Gelobte Land geführt hat. Und wie er damals den Israeliten seine Nähe und Macht zu erkennen gab, so hat er es auch jetzt an uns getan. Durch manchmal schmerzvolle Erfahrungen befreite er uns von der trügerischen, auf menschlichen Scharfsinn und menschliche Kraft gestützte Hoffnung, um für uns die Weisheit und die Macht des Kreuzes zu enthüllen. Dieses Kreuz – von den Heiden immer nur für Dummheit gehalten – war der Anfang und das Zeichen der Wiedergeburt der Kirche, die Quelle der Weisheit, der Hoffnung, der Kraft, des Lichtes und der Freude. Die Erfahrung des Kreuzes legte auch die Schwäche der Kirche bloß, die der Kongreß

---

[4] Vgl. *L. Ullrich,* Ut non evacuetur crux Christi. Ein Bericht über den Kongreß der Theologen Mittel- und Osteuropas an der Katholischen Universität Lublin im August 1991, in: Bulletin der Europäischen Gesellschaft für Katholische Theologie 2 (1991) Heft 2, S. 78-90.

mit Demut und Aufrichtigkeit besprochen hat. Neben dem heroischen Glauben fehlte es nicht an Beispielen angstvollen Unterliegens gegenüber dem Regime, einer Kompromißbereitschaft bis zur Kollaboration, mannigfaltiger Demoralisierung, ernster Schwächung des Glaubens bis zu offenem Abfall. Das Kreuz: Zeichen des Entblößtseins und des Vertrauens in Gott, bedeutete die Befreiung von der erdrückenden Angst, die das kommunistische Gewaltsystem durch seinen Terror ununterbrochen auszulösen bemüht war. Sich von dieser Angst immer mehr befreiend, entdeckten die Christen gleichsam ganz neu die wirkliche Tiefe der Worte Christi: ‚Ihr werdet die Wahrheit erkennen und die Wahrheit wird euch befreien'. Mit den Jahren wurde es immer offensichtlicher: Wie den Quellen der Versklavung der Betrug zugrundeliegt, so liegt der Hauptweg zur Befreiung im Aussprechen der Wahrheit und im Leben der Wahrheit."[5]

Aus diesem Zitat wird wohl deutlich, wie stark die in Lublin versammelten Theologen ihre Unterdrückungsgeschichte vom Mysterium des Kreuzes her zu deuten wußten, und daß auch der Neuanfang im Europa von heute und morgen von daher gesehen werden muß. Der Dienst der Christen in der Welt wird auch in Zukunft die Signatur des Kreuzes tragen, freilich des Kreuzes Christi, das auch die Verheißung und die Gewißheit der Auferstehung in sich birgt. Mit der Erinnerung an diesen Theologenkongreß wollte ich das Thema „Europa und die Kirchen — aus katholischer Sicht" einleiten, um das Zeugnis der ehemals schweigenden Kirche als Leitmotiv anklingen zu lassen — und um uns gegen jeden unangebrachten Triumphalismus bei diesem Thema zu wappnen.

Erinnert sei in diesem Zusammenhang auch an das Apostolische Schreiben Pauls VI. „Evangelii nuntiandi" über die Evangelisierung in der Welt von heute aus dem Jahre 1975.[6] Nach Paul VI. kann das tiefste Wesen der Kirche, ihre Identität, von der Evangelisierung her und das heißt von der Wirk-

---

[5] Botschaft der Teilnehmer am Kongreß der Theologen Mittel- und Osteuropas in Lublin, in: aaO. (Anm. 4), 93.

[6] *Paul VI.*, Apostolisches Schreiben „Evangelii nuntiandi" (Nachkonziliare Dokumentation 57), mit Einführung und Kommentar von Albert Brandenburg, Trier 1976, abgekürzt: EN.

samkeit und Kraft des Gotteswortes, dem Evangelium, her beschrieben werden. Kirche gibt es der Evangelisierung wegen: „Evangelisierung ist in der Tat die Gnade und eigentliche Berufung der Kirche, ihre tiefste Identität. Sie ist da, um zu evangelisieren, d. h., um zu predigen und zu unterweisen, Mittlerin der Geschenke der Gnade zu sein, die Sünder mit Gott zu versöhnen, das Opfer Christi in der heiligen Messe immer gegenwärtig zu setzen, welche die Gedächtnisfeier seines Todes und seiner glorreichen Auferstehung ist" (EN 14). Ganz eindringlich stellt der Papst heraus: „Die Kirche evangelisiert, wenn sie sich darum bemüht, *allein durch die göttliche Kraft der Botschaft,* die sie verkündet, zugleich das persönliche und kollektive Bewußtsein der Menschen, die Tätigkeit, in der sie sich engagieren, ihr konkretes Leben und jeweiliges Milieu umzuwandeln" (EN 18). Das gilt auch für die „erneute Verkündigung an die entchristlichte Welt" (EN 52), für die „Neu-Evangelisierung" oder „Re-Evangelisierung".

2. *„Damit wir Zeugen Christi sind, der uns befreit hat" (vgl. Apg 1,8; Gal 5,1)*

Vom 28. November bis zum 14. Dezember 1991 tagte in Rom eine Sonderversammlung der Bischofssynode für Europa, kurz die Europasynode. Am 13. Dezember gab sie eine Deklaration heraus „Damit wir Zeugen Christi sind, der uns befreit hat".[7] Mit der Überschrift ihres Schlußdokumentes wollen die Bischöfe im Anschluß an Apg 1,8 und Gal 5,1 deutlich machen, daß sie ihre Deklaration als Zeugnis für das

---

[7] *Bischofssynode Sonder-Versammlung für Europa,* Damit wir Zeugen Christi sind, der uns befreit hat. Erklärung, 13. 12. 1991 (Verlautbarungen des Apostolischen Stuhls 103), hg. vom Sekretariat der Deutschen Bischofskonferenz, Bonn 1992, abgekürzt: TM (die Anfangsbuchstaben des lateinischen Textes „Tertio millennio"). Vgl. *L. Scheffczyk,* Die Christenheit und Europa. Zum Schlußdokument der Europa-Synode: Forum Katholische Theologie 8 (1992) 134-144; *K. Lehmann,* Was heißt Neu-Evangelisierung Europas?: IKaZ 21 (1992) 312-328; *M. Figura,* Neu-Evangelisierung als zentrale Aufgabe der Kirche. Ein Blick auf neuere kirchliche Verlautbarungen und ökumenische Dokumente, ebd. 329-339; das ganze Heft 4 der IKaZ hat das Thema „Neuevangelisierung einer säkularen Welt?".

Wirken des gekreuzigten und auferstandenen Herrn begreifen, der uns „zur Freiheit befreit hat". Am 8. Dezember 1991 hatten die delegierten Präsidenten namens der Europasynode eine Botschaft an alle Regierungen des Kontinents veröffentlicht „Von der Vergangenheit zur Zukunft". Mit dieser Botschaft und der Deklaration haben sich die Oberhirten aller europäischen katholischen Ortskirchen — das authentische Lehramt der katholischen Kirche in Europa — kirchenoffiziell zum Thema „Europa und die katholische Kirche" geäußert. Die Botschaft nannten die Präsidenten eine „Geste menschlicher und christlicher Solidarität". Damit ist zugleich deutlich gemacht: Die katholischen Ortskirchen in Europa möchten allen Menschen in Europa ihre Hilfe und Solidarität als Menschen und Christen beim Neuaufbau Europas anbieten. Lassen sie mich drei Themenkomplexe aus der Deklaration kurz darstellen.

2.1. Der Kairos für Europa

Die Synodenväter sehen im Lichte des Glaubens den Zusammenbruch des kommunistischen Systems, „an dem das mutige Zeugnis der christlichen Kirchen großen Anteil hatte", als „Zeichen der Gegenwart Gottes und seiner Ratschlüsse":[8] „Für die Christen offenbart sich in diesen Ereignissen ein echter ‚Kairos' der Heilsgeschichte und eine ungeheure Herausforderung zur Fortsetzung des Erneuerungswerkes Gottes, von dem schließlich das Schicksal der Nationen abhängt" (TM 1). Selbstverständlich hatte der Untergang des Totalitarismus ökonomische, soziale und politische Ursachen, aber von innen her gesehen hatte er einen ethischen, anthropologischen und schließlich spirituellen Grund: Aus einer falschen und verkürzten Anthropologie ergaben sich ökonomische und politische Konsequenzen, die zum Untergang führten. Deshalb ruft dieser Untergang auch „zu einem kritischen Nachdenken über den ganzen kulturellen, sozialen und politischen Weg des europäischen Humanismus auf, soweit er durch den Atheismus gekennzeichnet ist; denn es geht nicht an, „die Sache Gottes von der Sache des Menschen

---

[8] Vgl. Vaticanum II, Gaudium und spes, 11.

zu trennen." Allerdings wird auch die Ambivalenz der heutigen geistigen Situation in Europa nüchtern zur Kenntnis genommen: auf der einen Seite die Absolutsetzung der Freiheit im rein immanenten Denken und der praktische Materialismus, auf der anderen Seite die wirkliche Sehnsucht nach religiöser Erfahrung, nach dem „ganz Anderen", die allerdings oft vom echten christlichen Glauben wegführt.

„In der Tat befindet sich Europa heute vor der Herausforderung, eine neue Entscheidung für Gott zu treffen" (TM 1).

2.2. Neu-Evangelisierung aus der Mitte des Evangeliums

In einer ganzen Reihe von Veröffentlichungen zur Situation Europas wird deren Frag-Würdigkeit hervorgehoben. So fragt etwa Kardinal Ratzinger in seinem unlängst veröffentlichten Buch: „Wendezeit für Europa?"[9] Oder in einem französischen Sammelwerk wird im Untertitel gefragt: Geht es „in Richtung der Restauration eines christlichen Europa?"[10] Wenn die Sondersynode für eine „Neu-Evangelisierung Europas" eintritt, dann setzt sie sich bewußt von jeder Art Restauration ab. Es geht ganz und gar nicht um eine „Re-Katholisierung" oder „Re-Konfessionalisierung". Wörtlich heißt es in der Deklaration: „Die Neu-Evangelisierung ist kein Programm zu einer sogenannten ‚Restauration' einer vergangenen Zeit Europas, sondern sie verhilft dazu, die eigenen christlichen Wurzeln zu entdecken und eine tiefere Zivilisation zu begründen, die zugleich christlicher und so auch menschlich reicher ist. Diese ‚Neu-Evangelisiereung' lebt aus dem unerschöpflichen Schatz der ein für allemal in Jesus Christus erfolgten Offenbarung. Es gibt kein ‚anderes Evangelium'" (TM 3). Der Kern der Neu-Evangelisierung ist die Mitte des Evangeliums: „Gott liebt dich. Christus ist für dich gekommen." Es genügt also nicht, sich nur um die Verbreitung der „Werte des Evangeliums" wie Gerechtigkeit und Frieden zu bemühen. „Wir kommen nur dann zu einer wirk-

---

[9] *J. Ratzinger,* Wendezeit für Europa? Diagnosen und Prognosen zur Lage von Kirche und Welt, Einsiedeln 1991.

[10] *R. Luneau-P. Ladrière* (Hg.), Le rêve de Compostelle. Vers la Restauration d'une Europe chrétienne?, Paris 1989.

lich christlichen Evangelisierung, wenn die Person Jesu Christi verkündet wird. Denn die Werte des Evangeliums können nicht getrennt werden von Christus selbst, der ihre Quelle, ihr Fundament sowie die Mitte der ganzen Botschaft des Evangeliums ist" (TM 3).

Die Synodenväter weisen deshalb darauf hin, daß die Erneuerung Europas ihren Ausgangspunkt vom *Dialog mit dem Evangelium* nehmen muß, der die Klarheit der Positionen nicht schmälert und zugleich in gegenseitiger Achtung geführt werden muß. Nur so kommt es zu einer fruchtbaren Begegnung zwischen dem Evangelium und den Kulturen Europas, nur so kann eine „Inkulturation" des Evangeliums noch einmal gelingen.

Sehr ausführlich kommt die Europasynode auf „die Träger der Evangelisierung und die vielen Wege einer Neu-Evangelisierung" (TM 5) zu sprechen. Dabei wird besonders die unaufgebbare Rolle der Laienchristen angesprochen: „Nur durch sie können die Evangelisierung und der Aufbau des neuen Europa möglich werden." Vor allem aber wird die Bedeutung der eigenen Bekehrung als Voraussetzung eines jeden Engagements für eine Neu-Evangelisierung Europas betont. Bevor das Haus Europa neu aufgebaut wird, muß man zuerst sein eigenes Appartement herrichten. Auch die katholische Kirche und jedes ihrer Glieder ist ecclesia semper reformanda. „Um wirklich Apostel zu werden, brauchen wir selbst eine beständige Evangelisierung: durch beharrliches Gebet und die Betrachtung des Wortes Gottes, die uns zur persönlichen Begegnung mit dem lebendigen Gott führen, wie auch durch den täglichen Versuch, all dies in die Praxis umzusetzen" (TM 5).

2.3 Aufbau eines zu universaler Solidarität offenen Europas

Im vierten Teil der Deklaration werden sehr konkrete Aufgaben der Kirche beim Aufbau eines neuen Europa benannt, die in der *katholischen Soziallehre* wurzeln, wie sie in den letzten hundert Jahren entwickelt wurde. Die Europasynode stützt sich dazu auf die Pastoralkonstitution „Gaudium et spes" des Zweiten Vatikanischen Konzils und auf einschlägige lehramtliche Äußerungen Johannes Pauls II., besonders das Apostolische Schreiben Christifideles laici über die Berufung und Sendung der Laien in Kirche und Welt und die Enzyklika Centesimus annus zum hundertsten Jahrestag von Rerum novarum.[11] Summa summarum: Auch die Soziallehre der katholischen Kirche erstreckt sich auf die Aufgabe der Neu-Evangelisierung Europas. Ein ganzer Sachkatalog aus Christifideles laici wird eigens aufgeführt: „Förderung der Würde des Menschen, Ehrfurcht vor dem unantastbaren Recht auf Leben, Recht auf Gewissens- und Religionsfreiheit, Ehre und Familie als primärer Ort des sozialen Engagements und der ‚Humanisierung', caritativer Dienst der Liebe und Werke der Barmherzigkeit, Sorge um das Gemeinwohl und Engagement in der Politik, Verantwortung in der Wirtschaft, Sorge um die Bewahrung der Schöpfung, Evangelisierung im Bereich Kultur, der Bildung und Erziehung sowie der Kommunikationsmittel" (TM 10).

Grundsätzlich wird daran festgehalten, daß die katholische Kirche auf die Wahrnehmung eines eigenen öffentlichen Auftrags nicht verzichten kann. „Die Kirche fördert durchaus eine recht verstandene Demokratie, ist jedoch an kein politisches System gebunden. Sie hat aber ihre eigene Verantwortung für die Gestaltung der Gesellschaft, die sie nicht zurückweisen kann und die sie besonders in ihrer Soziallehre, die sich auf die Aufgabe der Neu-Evangelisierung erstreckt, erfüllt" (TM 10). Als Grundprinzipien ihrer Soziallehre werden die Prinzipien der Würde der menschlichen Person, der Subsidiarität und der Solidarität genannt. Diese *Prinzipien „der Würde der menschlichen Person,* die ihr als Fundamentalrechte vor jeder sozialen Anerkennung zukommen ..., wie auch *der Subsidiarität,* welche die Rechte und Zuständigkeiten aller Gemeinschaften auf allen Ebenen berücksichtigt, sowie der *Solidarität,* welche ein Gleichgewicht zwischen Bedürftigen und Stärkeren fordert, können gleichsam die

[11] *Johannes Paul II.,* Nachsynodales Apostolisches Schreiben Christifideles laici über die Berufung und Sendung der Laien in Kirche und Welt 1988 (Verlautbarungen des Apostolischen Stuhls 87), hg. vom Sekretariat der Deutschen Bischofskonferenz, Bonn 1989; *ders.,* Enzyklika Centisimus annus zum hundertsten Jahrestag von Rerum novarum 1991 (Verlautbarungen des Apostolischen Stuhls 101), hg. vom Sekretariat der Deutschen Bischofskonferenz, Bonn 1991.

Säulen einer neuen Gesellschaft beim Aufbau Europas bilden" (TM 10).

Eine weitere Auflistung wichtiger Einzelfragen, auf die die Europasynode eingeht, erspare ich mir hier. Nur auf eines sei noch hingewiesen: die Öffnung Europas zu weltweiter Solidarität. Der Neuaufbau Europas darf nicht isoliert vom anderen Weltgeschehen gesehen werden und zu einem „Eurozentrismus" führen. Europa muß über die eigenen Grenzen und das eigene Interesse hinausblicken. Das Nord-Süd-Gefälle und die weltweite Migrationsproblematik werden eigens angesprochen.

3. Ökumenische Aspekte von Mission und Evangelisierung

Hier sei etwas weiter ausgegriffen, bevor die Notwendigkeit des Dialogs und der Zusammenarbeit mit den anderen Christen bei der Neu-Evangelisierung Europas dargestellt wird, wie sie die Europasynode herausstellt (TM 7). Zunächst sei ein Blick zurück auf das Missionsdekret des Zweiten Vatikanischen Konzils und das Apostolische Schreiben Pauls VI. über die Evangelisierung geworfen; denn im Zweiten Vatikanischen Konzil öffnete sich die katholische Kirche dem Ökumenismus, und sie hat heute grundsätzlich an dieser Öffnung festgehalten. Dann sei ein Blick auf die konkrete Struktur in Europa geworfen, wie sie sich aus der Zusammenarbeit des Rates der Europäischen Bischofskonferenzen mit der Konferenz Europäischer Kirchen seit 1971 ergeben hat.

3.1. Die Forderung zur ökumenischen Zusammenarbeit in der Mission nach dem Missionsdekret und bei der Evangelisierung nach Paul VI.

Das Missionsdekret des Zweiten Vatikanischen Konzils stellt in seiner theologischen Grundlegung ausdrücklich fest: „Es unterscheidet sich die *missionarische Tätigkeit unter den Heiden* sowohl von der *pastoralen Tätigkeit,* die *den Gläubigen gegenüber* auszuüben ist, als auch von den *Bemühungen,* die *zur Wiederherstellung der kirchlichen Einheit* unternommen werden" (AG 6,6). Die Sendung zu den Heiden, d.h. zu den Nicht-Christen und Noch-nicht-Glaubenden ist missio ad gentes, *Sendung nach außen.* Aber auch die Sendung zu den Neuheiden, den Nicht-mehr-Glaubenden in unseren alten ehemals christlichen Ländern, ist Sendung nach außen als „Neu-Evangelisierung". Die Seelsorgetätigkeit, die den katholischen Gläubigen gilt, ist Auferbauung der Gemeinde, *Sammlung nach innen.* Aber auch alle Bemühungen, die zur Wiederherstellung der Einheit aller Christen unternommen werden, wenden sich an Getaufte und Christgläubige, und so gesehen sind sie auch *Sammlung nach innen.* Denn hier vollzieht sich doch Sammlung auf die Einheit der Kirche hin, wie Gott sie will, im Hinblick auf die volle Gemeinschaft aller Gläubigen, die jetzt noch getrennt in einer unvollkommenen Gemeinschaft miteinander leben. Beides, *die Sammlung nach innen* durch binnenkatholische Pastoral *und* durch vielfältige ökumenische Bemühungen, *dient der Sendung nach außen,* der Heidenmission und der Neu-Evangelisierung. Das Missionsdekret hat allerdings nur die missio ad gentes im Blick, wenn es sagt: „Mithin sind *von der Notwendigkeit der Mission her* alle Gläubigen dazu gerufen, daß sie *in einer Herde vereint* werden und so vor den Völkern von Christus, ihrem Herrn, einmütig Zeugnis ablegen können. Wenn sie den einen Glauben aber noch nicht voll zu bezeugen vermögen, so müssen sie dennoch von gegenseitiger Wertschätzung und Liebe beseelt sein" (AG 6,6). So gesehen fordern die missionarische Sendung der Kirche und auch jede Neu-Evangelisierung als Sendung nach außen die Sammlung nach innen, die Einheit der Kirche *und* die Bemühung um eine Einheit aller Christen, den Ökumenismus und die ökumenische Gesinnung.

Paul VI. nennt ausdrücklich die ökumenische Zusammenarbeit beim Werk der Evangelisierung. Er meint, „daß man mit noch größerer Entschlossenheit mit unseren Brüdern in Christus zusammenarbeitet, mit denen wir noch nicht in einer vollkommenen Gemeinschaft verbunden sind, indem wir uns hierbei auf die Grundlage der Taufe und des Glaubensgutes stützen, das uns gemeinsam ist. Auf diese Weise legen wir schon jetzt vor der Welt *im gleichen Werk der Evangelisierung* ein noch umfassenderes gemeinsames Zeugnis für Christus ab. Dazu drängt uns der Auftrag Christi, das fordert von uns die Pflicht zu predigen und vom Evangelium Zeugnis zu geben" (EN 77). Deutlicher kann wohl nicht gesagt werden, daß jede Evangelisierung – und damit auch die Neu-Evangelisierung, so dürfen wir wohl hinzufügen, – nur im ökumenischen Geist vor sich gehen kann. Bedeutsam erscheint mir auch, daß Paul VI. vom *„gleichen Werk der Evangelisierung"* spricht.

Schon das Missionsdekret hat das brüderliche Zusammengehen bei den Katholiken auch in kleinen und jungen Gemeinden angemahnt „im gemeinsamen Bekenntnis des Glaubens an Gott und an Jesus Christus vor den Heiden", und es verweist auf die Zusammenarbeit „in sozialen und technischen sowie kulturellen und religiösen Dingen". Dieses Zusammengehen im gemeinsamen Bekenntnis und die Zusammenarbeit sollen nicht nur privat, sondern auch kirchenoffiziell geschehen. „Der Grund für diese Zusammenarbeit sei vor allem Christus, ihr gemeinsamer Herr. Sein Name möge sie zusammenbringen" (AG 15,4). Mithin ist nicht allein die Effizienz der Mission und – so dürfen wir heute hinzufügen – die Effizienz der Neu-Evangelisierung das entscheidende Motiv und der Grund einer ökumenisch geprägten Evangelisierung, sondern der gemeinsame Glaube an Christus. Effizienz ist wichtig, das gemeinsame theologische Fundament ist wichtiger, weil Gott selbst es gelegt hat. Aus einer solchen Sicht kann auch eine Neu-Evangelisierung Europas heute nur bedeuten, daß diese Aufgabe ökumenisch angepackt werden muß, d.h. in der Gemeinsamkeit von Katholiken mit Lutheranern, Reformierten, Anglikanern, den Freikirchen und den orthodoxen Kirchen und keinesfalls ohne sie oder gar gegen sie. *Ohne ökumenischen Frieden ist eine Neu-Evangelisierung Europas unmöglich.*

3.2 Formen konkreter ökumenischer Zusammenarbeit von CCEE und KEK

Die Konferenz Europäischer Kirchen (KEK) als ein europäischer ökumenischer Zusammenschluß von orthodoxen, altkatholischen, anglikanischen, lutherischen und reformierten Kirchen und von Freikirchen hat schon 1971 das Entstehen des Rates der Europäischen Bischofskonferenzen begrüßt und auf seiner Vollversammlung die Einrichtung von Beziehungen mit ihm gewünscht.[12]

Zwei Monate nach seiner Wahl zum Papst (am 16. 10. 1978) wendet sich Johannes Paul II. am 19. Dezember 1978 an die Teilnehmer der Vollversammlung des CCEE, dem er „große Bedeutung" beimißt. „So wird die Kollegialität in die Praxis umgesetzt, in deren Rahmen die Lehre des Zweiten Vatikanischen Konzils alle ihre Früchte bringen kann. Kollegialität bedeutet gegenseitige Offenheit und brüderliche Zusammenarbeit unter den Bischöfen im Dienst der Evangelisierung und Sendung der Kirche."[13] Ein halbes Jahr später — noch unter dem Eindruck der Konferenz in Puebla „Die Evangelisierung in der Gegenwart und Zukunft Leiteinamerikas" (27. 01.-13. 02. 79) — spricht Johannes Paul II. am 20. Juni 1979 zu den Teilnehmern des IV. Symposiums des CCEE, er betont die Verantwortung „der nationalen Bischofskonferenzen", sie können und müssen „jenes ‚Schlüsselthema' der Synode von 1974 zum Gegenstand der Reflexion über die Gesellschaft machen, der gegenüber sie die pastorale Verantwortung für die Aufgabe der Evangelisierung haben ... Von großem Gewicht und fundamentaler Bedeutung ist die Beschäftigung mit dem Problem der Evangelisierung im Hinblick auf den europäischen Kontinent ... Ich glaube, daß es nun, im Zeitalter des Ökumenismus, angebracht ist, diese Frage im Lichte der vom Konzil ausgearbeiteten Kriterien zu betrachten: sie zu betrachten im Geiste brüderlicher Zusammenarbeit mit den Vertretern der Kirchen und Gemeinschaften, mit denen wir uns noch nicht der vollständigen Einheit

---

12 Vgl. die Entschließung der Vollversammlung der KEK 1971: „Die Vollversammlung zeigt sich erfreut über die neuen Möglichkeiten, welche der vor kurzem geschaffene Rat der Europäischen Bischofskonferenzen der katholischen Kirche in dieser Hinsicht eröffnet, und entbietet diesem Rat brüderliche Grüße. Die Vollversammlung erteilt dem Präsidium der KEK den Auftrag, unverzüglich Kontakte zu dem neugeschaffenen Rat aufzunehmen, um mit ihm zusammen alle Möglichkeiten gemeinsamen Handelns und Zeugnisses der betreffenden Kirchen zu prüfen und so auf dem Weg des Gehorsams voranzuschreiten, der gebietet, ‚daß alle eins seien, auf daß die Welt glaube'." Zitiert in: Die europäischen Bischöfe und die Neu-Evangelisierung Europas, aaO. (Anm. 1), S. 16.

13 Ebd. S. 61 (Dokument 8).

erfreuen; und zugleich müssen diese Überlegungen im Geist der Verantwortung für das Evangelium geführt werden."[14]

Der Rat der Europäischen Bischofskonferenzen hat das Angebot der KEK zur Zusammenarbeit aufgegriffen und auch dem Wunsch des Papstes entsprochen. Sechs gemeinsame ökumenische Veranstaltungen haben seit 1978 bis heute stattgefunden, fünf Europäische Ökumenische Begegnungen: 1978 in Chantilly (Frankreich) „Eins sein – damit die Welt glaube", 1981 in Logumkloster (Dänemark) „Berufen zu einer Hoffnung", 1984 in Riva del Garda (Italien) „Gemeinsam den Glauben bekennen – Quelle der Hoffnung", 1988 in Erfurt (DDR) „Dein Reich komme" und 1991 in Santiago de Compostela (Spanien) „Auf dein Wort – Mission und Evangelisierung in Europa heute"[15] und 1989 die Europäische Ökumenische Versammlung „Frieden in Gerechtigkeit" in Basel (Schweiz).[16]

---

[14] Ebd. S. 66f (Dokument 9).

[15] Vgl. die Dokumentationen zu den fünf Europäischen Ökumenischen Begegnungen:
Eins sein, damit die Welt glaube. Bericht der Europäischen Ökumenischen Begegnung CCEE / KEK, Chantilly/Frankreich, 10.-13. 04. 1978, Genf und St. Gallen 1978.
Berufen zu einer Hoffnung. Bericht über die Zweite Europäische Ökumenische Begegnung, 16.-20. 11. 1981, Logumkloster/Dänemark, Genf und St. Gallen 1982.
Gemeinsam den Glauben bekennen – Quelle der Hoffnung. Bericht über die Dritte Europäische Ökumenische Begegnung, 03.-08. 10. 1984, Riva del Garda/Italien, Genf und St. Gallen 1985.
„Dein Reich komme". Bericht über die Vierte Europäische Ökumenische Begegnung, 28. 09.-02. 10. 1988, Erfurt/DDR, Genf und St. Gallen 1989.
„Auf Dein Wort" – Mission und Evangelisierung in Europa heute. Bericht über die Fünfte Europäische Ökumenische Begegnung, 13.-17. 11. 1991, Santiago de Compostella/Spanien, Genf und St. Gallen 1992.

[16] *Europäische Ökumenische Versammlung „Frieden in Gerechtigkeit"*, Basel, 15.-21. 05. 1989. Das Dokument. Die Botschaft. Brief von Johannes Paul II. Anhang: Gottes Gaben – unsere Aufgaben. Die Erklärung von Stuttgart (Arbeitshilfen 70), hg. vom Sekretariat der Deutschen Bischofskonferenz, Bonn 1989, bzw. die „DDR-Ausgabe": *Gerechtigkeit – Frieden – Bewahrung der Schöpfung.* Die Ergebnisse der Ökumenischen Versammlungen von Dresden-Magdeburg und Basel, hg. von der Arbeitsgruppe „Justitia et Pax" der Berliner Bischofskonferenz, Leipzig 1990 (mit einem Begleitbrief und den Bestätigungen der einzelnen Texte von der Berliner Bischofskonferenz).

Im Blick auf diese konkrete 15jährige Zusammenarbeit von CCEE und KEK zeigt sich, daß hier eine arbeitsfähige europäische Struktur für die Ökumene entstanden ist. Die Dokumente dieser sechs gemeinsamen europäischen ökumenischen Veranstaltungen bieten ein reiches Anschauungsmaterial, so daß man meinen könnte, es sei im Laufe der Zeit ein gutes ökumenisches Klima zwischen der katholischen Kirche und den nichtkatholischen Kirchen in Europa entstanden. Doch dies trifft wohl hauptsächlich nur für diejenigen zu, die an diesen Begegnungen aktiv teilgenommen haben, die führenden Kirchenleiter und Bischöfe und eine Reihe von Theologen und Laienchristen aus den verschiedenen Regionen Europas. Es gilt von diesen Versammlungen, was von jeder „Konferenz-Ökumene" im allgemeinen gilt: Sie erreicht nur schwer die Menschen, die nicht an diesen Begegnungen und am Dialogprozeß mit seinen Höhen und Tiefen teilgenommen haben. Leider sind die Dokumente dieser europäischen Ökumene aber noch viel zu wenig bekannt, geschweige denn rezipiert. Gerade an der noch mangelhaften Rezeption dieser Dokumente – wie bei vielen anderen ökumenischen Dokumenten auch – wird deutlich: Nur wer selbst bereit ist, in den ökumenischen Prozeß einzutreten, am Dialog und der Zusammenarbeit zwischen den Kirchen aktiv teilzunehmen, gewinnt die notwendige Erfahrungsgrundlage und eine reale Chance für eine mögliche Rezeption. Dennoch sollte man die Treffen von Kirchenleitern und Bischöfen wegen ihrer bewußtseinsbildenden Kraft auch nicht zu gering einschätzen. Man spricht anders über den anderen, wenn man ihn kennen und schätzen gelernt hat.

3.3 Die Notwendigkeit des Dialogs und der Zusammenarbeit mit den anderen Christen bei der Neu-Evangelisierung Europas

Die Europasynode spricht auch von den besonderen Beziehungen zum Judentum und der gemeinsamen Verantwortung aller, die an Gott glauben, und nennt besonders die Muslime. Doch an erster Stelle wird die Zusammenarbeit mit den anderen Kirchen und kirchlichen Gemeinschaften herausgestellt. Ihre Ausführungen dazu beginnen die Synodenväter zwar mit dem kühnen Satz: „In der Synode haben wir *erfahren,* wie sehr die Neu-Evangelisierung Europas *das gemeinsame Werk aller Christen* ist und wie sehr davon die Glaubwürdigkeit der Kirche im neuen Europa abhängt" (TM 7), holen aber diese Erfahrungswirklichkeit mit ihren Ausführungen leider nicht ganz ein.

Im Blick auf die orthodoxen Kirchen wird davon gesprochen „wie reich Europa durch die einander sich ergänzenden, im Wesentlichen gleichen Traditionen des Christentums ist, nämlich die westliche und die östliche Überlieferung mit ihren entsprechenden theologischen, liturgischen, geistlichen und kanonischen Besonderheiten". Es wird „das Bild von ‚der einen Seele, die mit zwei Lungen atmet'," genannt, und es wird anerkannt, „wie die besonderen Gaben der jeweiligen Tradition die andere Überlieferung bereichern und auch korrigieren können" (TM 7).

Allerdings sind diese Feststellungen angesichts der besonders zwischen der Russischen Orthodoxen Kirche und der katholischen Kirche 1991 aufgebrochenen Schwierigkeiten eher Ideal als Wirklichkeit. In Santiago de Compostela hat Archimandrit Iosif aus Moskau einmal das Problem der katholischen Ostkirchen („Uniaten") besonders in der Westukraine und zum anderen die „Schaffung von parallelen kanonischen Strukturen" mit Hinweis auf die Ernennung von drei römisch-katholischen Bischöfen für Moskau, Nowosibirsk und Karagunda deutlich angesprochen.[17] Bischof Pierre Duprey vom Päpstlichen Rat für die Einheit der Christen hat sofort nach der Rede des Archimandriten noch im Konferenzsaal darauf reagiert. Neben einer differenzierenden Darstellung, in der er auch plausible Gründe für die entstandenen Schwierigkeiten nennt und auf klare Abmachungen hinweist, sagt er: „Irrtümer sind begangen worden und werden auch noch in unseren Tagen begangen", und versichert „ohne Furcht vor einem Dementi, daß nach der Überzeugung Papst Johannes Pauls II. in der Zusammenarbeit und in der Wiedererreichung eines vollen brüderlichen Vertrauens unter unseren Kirchen der notwendige und einzig mögliche Weg für die Christen besteht. Ist die Einheit der Kirchen nicht das große

---

[17] *Archimandrit Iosef,* Die orthodoxe Sicht der Mission heute, in: Auf dein Wort hin ... (s. Anm. 15), S. 76f.

Zeichen, welches gegeben werden kann, um zu evangelisieren? Es gibt Irrtümer, es wird immer noch Irrtümer geben. Keine historische Bewegung ist von Fehlern ausgenommen und das, was wir leben, ist eine historische Bewegung von großer Bedeutung. Aber es ist ganz wesentlich, daß wir gemeinsam alles daran setzen, um Fehler zu vermeiden und um sie zu korrigieren."[18]

Angesichts der offenen Sprache Bischof Dupreys nimmt sich der entsprechende Passus zu den „neuerdings wieder

---

[18] Reaktion von Bischof Duprey (Vatikan), in: aaO. 85f. — Inzwischen ist am 1. Juni 1992 von der *Päpstlichen Kommission für Rußland* ein Dekret erlassen worden. Es trägt den Titel *„Allgemeine Prinzipien und praktische Normen für die Koordinierung der Evangelisierung und des ökumenischen Engagements der katholischen Kirche in Rußland und in den anderen Ländern der GUS"*, spricht die Fragen des friedlichen Zusammenlebens der orthodoxen Kirchen mit den katholischen Gemeinschaften prinzipiell und praktisch an und versucht durch die Anregung vertrauensbildender Maßnahmen den ökumenischen Frieden wiederherzustellen. Zur Frage der Reorganisation der Osthierarchie heißt es u.a.: „Ziel der apostolischen Strukturen, die von den Bischöfen und den Apostolischen Administratoren in den ihnen anvertrauten Gebieten errichtet werden, ist es, den Bedürfnissen der katholischen Gemeinschaften in diesen Gebieten gerecht zu werden. Hierdurch soll die katholische Kirche keinesfalls mit der russisch-orthodoxen Kirche oder mit anderen christlichen Kirchen dieser Gebiete in Konkurrenz treten. Die sogenannte Proselytenmacherei — d.h. jedweder Druck, der auf das Gewissen von Menschen ausgeübt wird, ungeachtet dessen, wie und durch wen dies geschieht — ist etwas völlig anderes als das Apostolat und sicherlich nicht die Methode, die von den Hirten der katholischen Kirche angewandt wird. In diesem Zusammenhang erklärt das II. Vatikanische Konzil feierlich: ‚Die Kirche verbietet streng, daß jemand zur Annahme des Glaubens gezwungen oder durch ungehörige Mittel beeinflußt oder angelockt werde'" (AG 13). (I.3) Zur Frage des ökumenischen Engagements heißt es u.a.: „Das apostolische Wirken in den Gebieten der GUS und Osteuropas verlangt von den Katholiken, sowohl ihrem Auftrag treu zu sein als auch echte Sorge um ihre orthodoxen Schwestern und Brüder zu zeigen und dabei deren Glauben zu achten, um gemeinsam mit ihnen die von Christus gewollte kirchliche Einheit vorzubereiten. Es geht, genauer gesagt, um die Verwirklichung der Einheit in der Wahrheit, für die Christus gebetet hat (EN 54). Diese Vorbereitung der so sehr gewünschten Einheit wird durch die Entfaltung eines brüderlichen Vertrauens zwischen Bischöfen, Priestern und Gläubigen beider Kirchen erfolgen" (I,4).

aufgebrochenen Schwierigkeiten" im Text der Europasynode etwas mager aus. Allerdings wird zu Recht auf das allen Kirchen gemeinsame Glaubenszeugnis in der Verfolgung abgehoben und der Wunsch nach einer neuen Basis der Ökumene damit in Verbindung gebracht: „Ebensowenig wollen wir das mutige Glaubensbekenntnis vergessen, das Orthodoxe und Protestanten gegeben haben. Die gemeinsame Erfahrung der Verfolgung möge zur neuen Basis eines tieferen ökumenischen Verständnisses und eines gerechten Friedens werden." Und es wird mit der Papstrede anläßlich des Ökumenischen Gebetsgottesdienstes am 7. Dezember 1991 vor unbegründeten Beschuldigungen gewarnt. Die Forderungen des Evangeliums nach Wahrheit und Liebe „setzen die treue Anerkennung der Fakten, die Bereitschaft zur Vergebung und zur Wiedergutmachung der vergangenen eigenen Fehler voraus. Sie verhindern, daß man sich in Vorurteile verschließt, die oft Quelle von Bitterkeit und sterilen gegenseitigen Vorwürfen sind; sie führen dazu, daß man keine unbegründeten Beschuldigungen gegen den Bruder erhebt und ihm Absichten und Vorsätze unterstellt, die er nicht hat" (TM 7).

Relativ kurz ist der Passus über die Zusammenarbeit „mit den Kirchen aus den reformatorischen Traditionen". Es wird der Wille zur Fortsetzung des Dialogs mit allen Kräften kundgetan und „die Sorge für die Menschen und die Völker, vor allem für die Bedürftigen, und besonders das Bemühen für den Aufbau einer wahrhaften Gemeinschaft der Völker" als gemeinsame Aufgabe der Ökumene bestätigt. Man fragt sich etwas verwundert, warum die Europasynode die Zusammenarbeit zwischen KEK und CCEE nicht in ihre Deklaration einbezogen hat.

4. Problem- und Konfliktfelder

Die Europainitiative der katholischen Kirche hat nicht überall eitle Wonne ausgelöst, sondern ist mancherorts mit Mißtrauen registriert oder sogar als Neuaufnahme der Gegenreformation oder als eine Strategie der „Re-Katholisierung" beargwöhnt worden. Ganz sicher müssen wir Katholiken uns auch fragen, warum wir mit dem Konzept einer Neu-Evangelisierung Europas fast automatisch Ängste bei den anderen Kirchen ausgelöst haben. Als ehemaliger DDR-

Katholik — also als Diasporakatholik — kenne ich die Probleme einer Minderheitskirche ziemlich gut. Auch in meiner Jugend im preußischen Berlin bin ich als Katholik nicht gerade verwöhnt worden, sondern mußte mich manchmal meiner Konfession wegen wehren. Drei Konfliktfelder werden für mich nach der Wende allerdings immer offensichtlicher. Über sie sollte der ökumenische Dialog möglichst bald aufgenommen werden

- das noch lange nicht überwundene Cuius-regio-eius-et-religio-Denken,
- konfessionelle Differenzen in sozialethischen Grundkonzepten und Einzelfragen und
- der sensible Bereich des Staat-Kirche-Verhältnisses.

Die folgenden Ausführungen dazu sind eher Problemanzeigen, als daß sie schon Lösungen anbieten könnten.

4.1. Cuius regio eius et religio?

Im Augsburger Religionsfrieden von 1555 erstrebte man „einen kirchenpolitischen Dauerfrieden zwischen konfessionsverschiedenen Reichsständen".[19] Nach dem Grundsatz „ubi unus dominus, ibi una sit religio" galt die freie Wahl des Glaubensbekenntnisses nur für die Reichsstände, nicht für die Untertanen. Diese hatten den Glauben der Obrigkeit anzunehmen. Konnten sie sich nicht dazu entschließen, stand ihnen das Recht der Auswanderung nach Verkauf ihrer Güter zu. So in Augsburg 1555 beschlossen, § 11. Erst Anfang des 17. Jahrhunderts kam bei den Juristen für diesen Tatbestand die Formel „cuius regio eius et religio" auf, und es wurde vom „ius reformandi" gesprochen.[20] Die Religionskriege des 17. Jahrhunderts konnte der Augsburger Religionsfriede nicht verhindern; aber im Denken nachgewirkt hat die juristische Formel offensichtlich bis in unsere Tage. Wie erklärt man sich sonst manche Empfindlichkeit gegenüber religiösen Minderheiten, besonders wenn es um politische Mandate geht? Kann man heutzutage in Europa ganze Gebiete, Länder oder Regionen exklusiv für eine Konfession reklamieren? Leben

---

[19] So *E. Iserloh* im HKG(J) IV, 309.
[20] Vgl. LThK V, 825; TRE 19,63.

wir nicht in pluralistischen Demokratien, in denen das Recht auf Glaubens- und Gewissensfreiheit auch das Recht der freien Religionsausübung einschließt — und damit auch die Sorge, daß diese dem jeweiligen Glauben entsprechend sichergestellt werden kann? Brisant wird das alles jedoch besonders dann, wenn die nationale Identität mit der Konfession angeblich so verkoppelt ist, daß es um die Frage des nackten Überlebens geht. Daß Religionskriege in Europa wieder möglich geworden sind, ist die furchtbare Konsequenz solchen Denkens.

4.2. Konfessionelle Differenzen in sozialethischen Grundkonzepten und Einzelfragen

Der ökumenische Prozeß für Gerechtigkeit, Frieden und Bewahrung der Schöpfung hat gezeigt, daß in sozialethischen Fragen so mancher ökumenische Sprengstoff liegt. Der ökumenische Dialog sollte deshalb über diese Fragen unbedingt weitergehen. Die lutherische Zwei-Reiche-Lehre und die katholische Soziallehre etwa sind zwei Grundkonzeptionen, die nur partiell deckungsgleich sind. Die gesellschaftlichen Verhältnisse in den Ostblockstaaten sind weithin zerrüttet.[21] Wie nach einem verlorenen Krieg sind Wertmaßstäbe verschoben, ethische Haltungen fragwürdig geworden und die Gesellschaft tief erschüttert. Deshalb wollen fast alle Kirchen am Aufbau einer neuen Gesellschaft auf der Grundlage der christlichen Ethik mitwirken und ein gutes Stück weit im Sinne einer christlich-politischen Kultur begleiten. Es geht um Arbeits- und Lebensmoral, um den Neubau des Schulwesens usw. Hier erhebt sich wie von selbst die Frage: Macht jede Kirche ihr eigenes Konzept, oder versucht sie der Gesellschaft ökumenisch zu dienen? Müßte es zur Lösung in vielen Problemen nicht zu einer „Handlungseinheit der noch getrennten Kirchen" kommen? Ein Konzept für eine solche Handlungseinheit noch getrennter Kirchen hat der konziliare

---

21 Im folgenden greife ich zurück auf meine Darstellung: Ökumene in Europa — Rückblick und Ausblick, in: Die Neugestaltung Europas (s. Anm. 2), S. 67f.

Prozeß aufzustellen versucht: im europäischen Rahmen die Basler Ökumenische Versammlung 1989 „Frieden und Gerechtigkeit", in der Bundesrepublik 1988 die „Stuttgarter Erklärung" und in der DDR die Dresdner Ökumenische Versammlung 1989. Gegen politische und nationale Polarisierungen, aber auch gegen den Alleingang von Kirchen sollte man sich auf diese Ereignisse und ihre Dokumente besinnen, auch wenn manches schon überholt zu sein scheint und sicher weiter gedacht werden müßte.

4.3. Das Staat-Kirche-Verhältnis

Als besonders sensibler Bereich ist auch das Staat-Kirche-Verhältnis anzusehen, jedenfalls meiner Erfahrung nach. In der DDR waren und in den neuen Bundesländern sind kirchenpolitische Grundoptionen oft stärker konfessionstrennende Gründe als manche Glaubenslehren. Vor der Wende war die kirchenpolitische Standortsuche der evangelischen Kirchen eine sehr starke ökumenische Bremse für viele Katholiken. Nach der Wende ist das überproportionale starke politische Engagement der Katholiken der Grund für ökumenische Ärgernisse und massive Vorbehalte auf seiten vieler evangelischer Christen. Beide Haltungen sind nicht sachgemäß. Aber darüber muß gesprochen werden können, ohne daß die Ökumene darunter leidet.

5. Und die Chancen einer Neu-Evangelisierung Europas?

Lassen Sie mich zum Schluß in eigener Sache sprechen. Ich meine über die Erfahrungen, die wir in der katholischen Kirche während der DDR-Zeit von 1949 bis 1990 gemacht haben. Mir scheint, es sind Erfahrungen einer Minderheitskirche, die auch für andere Christen in Europa heute und morgen eine Hilfe sein können.[22]

---

22 In meinen Ausführungen greife ich hier auf meinen Beitrag beim o.g. Theologenkongreß in Lublin zurück, der in der FS für Ulrich Kühn schon veröffentlich worden ist. *L. Ullrich,* Kirche in ideologischer und säkularer Diaspora. Das Zeugnis der Katholischen Kirche in der DDR (1949-1990), in: *H. Franke/Th. Krobath/M. Petzoldt/W. Pfüller* (Hg.), Veritas et communicatio. Ökumenische Theologie

5.1. Der Kontext einer sich wandelnden Diaspora

Als 1988 die Vierte Europäische Ökumenische Begegnung in Erfurt stattfand, haben es vielleicht nicht alle Teilnehmer wirklich zur Kenntnis genommen, daß wir uns in einer entchristlichten Stadt getroffen haben. Erfurt zählte damals wie heute ca. 220000 Einwohner, davon waren 1988 nur 30000 evangelisch und 20000 katholisch. Getauft wurden damals in der katholischen und evangelischen Kirche zusammen nur 6,8 % der Neugeborenen. Diese Zahlen haben sich bis heute kaum verändert, vielleicht sogar abgenommen; denn die politische Wende hat keinen religiösen Neuaufbruch gebracht. Diese Minderheitensituation der Christen im allgemeinen und der katholischen Kirche im besonderen ist während der DDR-Zeit noch durch zwei Eigenschaften zu spezifizieren. Es war und ist ein säkulares Milieu, in dem Kirche bei uns lebt, und es war ein von der Ideologie des Marxismus-Leninismus geprägtes Milieu. Zwar sind die Fesseln der Ideologie nach dem Sturz des Ancien-Régime abgestreift, so daß aus der säkularen und ideologischen Diaspora eine säkulare Diaspora in einer pluralistischen Gesellschaft geworden ist; aber die Folgen der vierzigjährigen Zwangsideologisierung wirken nach und werden noch täglich offenbar.

Trotz der Anfechtung des Glaubens durch Ideologie und Säkularismus haben unsere Gläubigen in den vierzig Jahren als Kirche in ideologischer und säkularer Diaspora ein Zeugnis abgelegt, das sich sehen lassen kann. Allerdings war die katholische Kirche in der DDR mehr eine Kirche „nach innen“ als „nach außen“. Wir waren keine Widerstandskämpfer, aber wir wurden auch nie Claqueure des Systems. Die Aufgabe, auch Kirche nach außen, in die Gesellschaft hinein zu sein, wurde hauptsächlich im karitativen Bereich wahrgenommen. Erst am Ende der DDR wurde die Ökumenische Versammlung in Dresden/Magdeburg/Dresden 1988/89 der Ort, wo wir zum ersten Mal auch öffentlich über die Situation des Christen im sozialistischen Staat nachgedacht haben.

---

auf der Suche nach einem verbindlichen Zeugnis, Göttingen 1992, 227-237. Vgl. auch meinen Beitrag „Ekklesiologische Reflexionen aus katholischer Sicht“, in: Auf dein Wort (s. Anm. 15), 93-98.

Damals haben uns die evangelischen Schwesterkirchen in der DDR geholfen, unser auch oft selbstgemachtes Getto zu verlassen. Daß unsere katholischen Laienchristen in den Diasporagemeinden ihr gesellschaftliches Engagement aus christlicher Sicht durchaus leisten können, zeigten sie während und nach der Wende 1989/90. Angesichts unserer geringen Zahl von Katholiken ist ein unverhältnismäßig hoher Prozentsatz bereit gewesen, politische Verantwortung zu übernehmen. Wenn ich das Fazit ziehe und sagen sollte, was das Zeugnis der katholischen Kirche in der DDR für das Christentum und die katholische Kirche in Europa einbringen kann, dann möchte ich das mit den Worten eines unserer engagierten Laien tun. Prof. Dr. Hans-Joachim Meyer, Minister im Kabinett Biedenkopf, sagte bei der Frühjahrsversammlung des Zentralkomitees der deutschen Katholiken im Mai 1991: „*Erstens* gilt es, sich in aller Nüchternheit auf die Diaspora als Normalfall christlicher Existenz in einer modernen Gesellschaft einzustellen. Dadurch dürfen wir uns jedoch *zweitens*, nicht zu einer defensiven und lediglich konservierenden Nischenposition verführen lassen, sondern wir müssen durch Wort und Tat unseren Mitmenschen bezeugen, daß für uns die Sorge um den Nächsten und der Dienst an der Gesellschaft durch das Vertrauen auf Gottes Erlösungstat eine Kraft erhält, die Menschen über sich hinauswachsen läßt, sie aber vor Unmenschlichem bewahrt."[23] Damit ist sehr präzise der Dienst des Christen an der Gesellschaft beschrieben. Doch Neu-Evangelisierung Europas muß noch tiefer greifen: allen Europäern das Evangelium verkünden, sie für Christus gewinnen.

5.2. Diasporakirche als „Werkzeug der Erlösung aller" und als Kirche der Stellvertretung

In unserer Diaspora entdeckten wir zwei theologische Kategorien neu, die das Leben jeder Diasporakirche bestimmen, und an die sie sich auch bei ergebnisloser Mission und Evan-

---

23 *H.J. Meyer*, Herausforderungen an Katholizismus und Kirche im Prozeß der deutschen Einigung, in: Informationen für Mitarbeiter und Gemeinden im Bistum Berlin, Nr. 29 (Juli 1991), 33.

gelisierung im Glauben festhalten kann. Auch die kleinste Diasporagemeinde ist von Gott als „*Werkzeug der Erlösung aller*“ ausersehen, und sie tritt ein in den *Stellvertretungsdienst Jesu Christi,* der für alle Menschen gestorben ist.

In der Kirchenkonstitution des Zweiten Vatikanischen Konzils lesen wir: „So ist denn (die Kirche), dieses messianische Volk, obwohl es in Wirklichkeit nicht alle Menschen umfaßt und gar oft als kleine Herde erscheint, für das ganze Menschengeschlecht die unzerstörbare Keimzelle der Einheit, der Hoffnung und des Heils. Von Christus zur Gemeinschaft des Lebens, der Liebe und der Wahrheit bestellt, wird es von ihm auch als *Werkzeug der Erlösung aller* angenommen und als Licht der Welt und Salz der Erde in alle Welt gesandt“ (LG 9,2). Es ist die erste Stelle, wo innerhalb der Konzilstexte die Diaspora erwähnt wird. Genau da wird sie auf ihre Heilssendung verwiesen. Auch die noch so angefochtene „kleine Herde“ wird „Werkzeug der Erlösung aller“. Gott nimmt Minderheiten ernst und mutet ihnen etwas zu.

Schließlich sei noch auf das *Prinzip der Stellvertretung* hingewiesen. Schon Abraham erfährt, daß er „ein Segen für alle Völker“ sein soll (Gen 12,3). Der Mose des Deuteronomium wird als der große Stellvertreter seines Volkes geschildert, und ein Höhepunkt der Stellvertretertheologie im Alten Testament ist die Gestalt des Gottesknechtes (Jes 52f). Alle diese Linien münden in den Stellvertretungsdienst Jesu ein, der für alle Menschen gestorben ist. In der Nachfolge des Einen, der sich für alle hingab, und in der Bevollmächtigung durch ihn (vgl. 2 Kor 5,19f) tritt die Gemeinde der wenigen für alle vor Gott ein. Die Gemeinde wird so in den Stellvertretungsdienst gerufen, den Jesus vollzogen hat und immer noch vollzieht. Deshalb steht Kirche für die ganze Menschheit, auch wenn sie nicht alle Menschen umfaßt und vermutlich auch nie umfassen wird. „Um die Rettung aller sein zu können, muß sich die Kirche nicht auch äußerlich mit allen dekken. Kirche ist nicht alles, aber sie steht für alle.“[24] Das heißt nun ganz und gar nicht, daß wir aufhören könnten oder überhaupt nicht anzufangen brauchten zu evangelisieren und uns

---

[24] *J. Ratzinger,* Kein Heil außerhalb der Kirche?, in: *Ders.,* Das neue Volk Gottes, Düsseldorf ²1972, 358f.

in unserer Gemeinden einigeln können. Aber das heißt sehr wohl: Bei allen unseren Bemühungen um das Leben in unseren Gemeinden und um die Ausbreitung dieses Lebens und des Glaubens, bei allen Versuchen einer Neu-Evangelisierung stehen wir niemals unter Erfolgszwang. Auch eine anscheinend ergebnislose Evangelisierung ist noch einmal unterfangen vom Prinzip der Stellvertretung.

Das Prinzip Stellvertretung darf jedoch nicht als eine fromme Immunisierungsstrategie mißverstanden oder mißbraucht werden, die eine Flucht vor der Anstrengung der Neu-Evangelisierung oder gesellschaftlichem Engagement legitimiert. Notwendiges Korrelat ist das *Prinzip der Solidarität.* Nur wer wirklich in seinem Kontext, in seiner Gesellschaft lebt und mit den Menschen in seinem Land oder seiner Stadt alle Sorgen und Nöte geteilt hat, kann stellvertretend für diese Menschen vor Gott hintreten. Stellvertretung setzt so gesehen Solidarität voraus.

Lassen Sie mich zum Abschluß dieses Referates noch dieses sagen. Die vierzig Jahre der DDR waren für mich keine verlorenen Jahre! Es waren Jahre intensiver theologischer Arbeit und geistlicher Erfahrung in der ideologischen und säkularen Diaspora. Das Prinzip Stellvertretung haben wir nicht am Schreibtisch entdeckt, sondern es half uns sehr konkret, unsere Situation vom Glauben her zu deuten und in der Praxis des Glaubens zu bestehen. Die Gefahr der Isolation war auch gegeben; aber wir haben uns immer bemüht, aufmerksam aufzugreifen und kritisch fruchtbar zu machen, was in den Kirchen und der Theologie um uns herum geschah. Und wir haben das in enger ökumenischer Tuchfühlung mit unseren evangelischen Schwestern und Brüdern getan. Nach der Wiedervereinigung unseres Vaterlandes dachten wir keinen Augenblick daran, etwa dorthin zurückzukehren und wieder anzufangen, wo wir vor fast fünfzig Jahren getrennt wurden. Unsere Eigenheit und Selbständigkeit haben wir in die katholische Kirche der Bundesrepublik und in die Ökumene eingebracht. Aber im Kontakt mit unseren Schwestern und Brüdern in den Nachbarländern und den anderen Kirchen und kirchlichen Gemeinschaften geht es darum, *Europa in den Blick zu nehmen* und mit ihnen gemeinsam unsere Erfahrungen allen mitzuteilen und in die gemeinsame Zukunft aller Kirchen voranzugehen, die Gott selbst uns in seinem Reich bereitet.

Reinhard Frieling:

Europa braucht Gott

*Zum evangelischen Beitrag in Europa**

Der Europa-Euphorie Ende 1989 ist rasch eine Europhobie gefolgt. Im Osten wird die Freiheit noch nicht als wirtschaftlicher Segen erfahren, der Aufbau der Demokratie klappt nicht von heute auf morgen, neues ethnisches Bewußtsein führt zu nationalen Konflikten. Im Westen fürchtet die Hälfte der Bürger, über die Europäische Gemeinschaft die nationale Identität zu verlieren. „Europa" suggeriert in Hoffnung und Sorge also mehr als nur den Gemeinsamen Markt. Welcher Geist wird Europa prägen? Welche Ideologien setzen sich in Ost und West durch? Was haben die Kirchen dazu zu sagen und beizutragen?

Aufgrund der europäischen Geschichte ist die Versuchung groß, Visionen über ein christliches Europa auszuarbeiten, in dem die kirchlichen Institutionen wieder viel gesellschaftlichen Einfluß haben. Doch die Sache der Kirche ist nicht die Kirche selbst, sondern Gottes Wort zu den Lebensfragen der Menschen und der Gesellschaft. Der evangelische Beitrag zu Europa trägt darum streng theologische Züge: Von Gott wird die Rede sein und davon, daß Europa Gott braucht. Aus dem Gottesbild ergeben sich sodann Folgerungen für das Menschenbild und das Gesellschaftsbild.

Hauptsächlich werde ich mich auf die Ergebnisse der ökumenischen Konferenzen dieses Jahres beziehen: in Budapest die Europäische Evangelische Versammlung und in Prag die Konferenz Europäischer Kirchen. Um die Fülle von Aspekten und Herausforderungen zu erfassen, reicht kein Vortrag. Zu jedem Stichwort könnten Akademietagungen gehalten oder Bücher geschrieben werden. Ich habe mich entschieden, einen Überblick zu geben und insgesamt zwölf Thesen kurz zu erläutern.

---

* Vortrag mit 12 Thesen bei der Generalversammlung des Evangelischen Bundes in Erfurt, Oktober 1992

GOTT

1. Europa braucht Gott: Mitgeprägt durch Aufklärung und Säkularisierung setzen wir Gottvertrauen gegen Gottvergessenheit.

Die europäische Freiheits- und Aufklärungsgeschichte, die das Bild der Moderne prägt, hat ihre Wurzeln im kulturellen, sozialen und politischen Humanismus Europas sowie im christlichen Glauben, wie er vor allem seit der Reformation in der evangelischen Freiheit und der Betonung des an Gottes Wort orientierten Gewissens sich äußerte.[1] Die dadurch entstandene Entflechtung von Kirche und Staat, die Säkularisierung, der Pluralismus und die kritische Rationalität sind mündige Kinder der Reformation. Die Unterscheidung von Evangelium und Gesetz hat mit dazu beigetragen, „daß es eine von der Kirche emanzipierte Welt gibt, die ihr eigenes Recht und ihre eigene Würde hat".[2] In dieser Welt können evangelische Christen gerne leben.

Allerdings gibt es Strömungen der Säkularisierung, die christlichem Glauben entgegenstehen, indem theoretisch und praktisch im Namen der Freiheit und der Vernunft das Leben ohne Gott bewältigt wird. Gottvergessenheit ist eine verbreitete Realität und die erste große Herausforderung der Christen in Europa. Gott läßt Gottvergessenheit zu. Aber Gottes Wort sagt uns, daß eben hier die Wurzel aller Übel liegt: Autonomer Liberalismus und Libertinismus lassen das Böse herrschen; die Vernunft wird unvernünftig, wenn sie die Sinnfrage von der Wahrheitsfrage abkoppelt und menschliche Ideologien absolut setzt; die Freiheit wird unfrei, wenn Menschen andere Menschen ausbeuten.

Gott können wir nicht beweisen. Aber Gott offenbart sich, wo sein Wort der Heiligen Schrift gemäß verkündigt

---

[1] Der Begriff „evangelische Freiheit" kennzeichnet zwar den Protestantismus, aber die evangelische Freiheit ist kein Proprium der evangelischen Kirchen, sondern begegnet überall, wo evangeliumsgemäß Freiheit erfahren wird.

[2] Eberhard Jüngel: Das Evangelium und die evangelischen Kirchen Europas. Vortrag bei der Europäischen Evangelischen Versammlung in Budapest im März 1992, in: epd-Dokumentation 17/92, S. 53.

wird und Menschen mit Herz und Verstand zum Glauben kommen. Die vom Glauben erleuchtete Vernunft manifestiert sich in unerschütterlichem Gottvertrauen. Die Antwort auf die Sinnfrage lautet: „Ich glaube, daß mich Gott geschaffen hat samt allen Kreaturen, mir Leib und Seele, Augen, Ohren und alle Glieder, Vernunft und alle Sinne gegeben hat und noch erhält."[3] Freiheit lebt von der Liebe Gottes, des Schöpfers, die leibhaftig in alltäglichen Erlebnissen erfahren wird. Sie ist Freiheit zur Gemeinschaft statt zum reinen Individualismus. Gottvertrauen und so inspirierte Vernunft sind das christliche Angebot für ein Europa der Zukunft, in dem einerseits das Böse gewiß immer wieder aufbricht, andererseits aber die Menschen jederzeit durch Buße und Vergebung neu anfangen und die europäische Gesellschaft erneuern können. Europa braucht nicht zu einem Corpus Christianum restauriert zu werden, aber die Menschen in Europa brauchen Gott. Mit allen Menschen, die gottvergessen wahre Humanität leben, arbeiten wir zusammen und offenbaren ihnen, daß Gott ihnen ihre Humanität ins Herz gegeben hat (Röm. 2, 12-16) und sie nicht gottvergessen sind. Das zu bezeugen, ist das Beste, was Christen zum Geist Europas beitragen können.

2. Europa braucht Christus: In der Begegnung mit Fremd- und Ersatzreligionen lehrt Christus uns, zwischen Gott und Götzen zu unterscheiden.

Die zweite Herausforderung der Christen in Europa ist die religiös und weltanschaulich plurale Gesellschaft, die wir akzeptieren und in der wir evangelisieren wollen. Wir machen Gebrauch von der Religionsfreiheit, indem wir Christus als das Ebenbild Gottes vorstellen und in seinem Streben und Auferstehen das Tor zum wahren und ewigen Leben erkennen. Luther sagte in einer Katechismuspredigt: „Das Glauben des Herzens macht beides: Gott und Abgott ... Woran du nun dein Herz hängst und dich darauf verlässest, das ist eigentlich dein Gott."[4] Gläubige, Halbgläubige und

---

[3] Martin Luther: Kleiner Katechismus, Erklärung zum ersten Artikel des Glaubensbekenntnisses.
[4] WA 30, I, 133 (1528).

Ungläubige sind daraufhin anzusprechen. Europa ist Missionsland. Wir dürfen uns nicht in allen möglichen ethischen Appellen erschöpfen, sondern müssen wieder mutig die Alternative von Gott und Götzen aufdecken und Glaubensentscheidungen hervorrufen.

Alltägliches kann zum Gottes- oder Götzendienst werden, je nachdem ob es an Christus orientiert oder autonom ist, ob wir damit frei als Gabe Gottes umgehen oder ob es uns beherrscht. Sind der Wohlstand, die Marktwirtschaft, Nation und Vaterlandsliebe, Sport, Tourismus, Sex usw. anvertraute Gaben Gottes oder Ersatzreligionen? Die eine Haltung macht frei, die andere zerstört auf Dauer den Menschen und die menschliche Gemeinschaft. Gottes Menschwerdung und Kreuz und Auferstehung Jesu Christi befreien uns vom götzenhaften Gebrauch irdischer Dinge und Ideen. Das Christusbild prägt unser Gottes- und Weltbild und somit auch das Bild Europas. Dabei geht es nicht um christliche Gesellschaftsstrukturen, sondern um die Herzen der Menschen, die an Christus hängen.

Europa ist auch Missionsland für andere Religionen und neue religiöse Bewegungen, welche die religiöse Sehnsucht vieler Menschen stillen wollen, die es neben der Gottvergessenheit ebenfalls gibt. In jeder Groß- und Kleinstadt Westeuropas machen Informationsstände auf sie aufmerksam. Osteuropa wird von ihnen überschwemmt, weil man gerade dort nach der Wende angesichts des ideologischen Lochs und neuer Werteorientierungen Missionserfolge erhofft. Es widerspricht der Religionsfreiheit, wenn mit dem Hinweis auf die christliche Kultur Europas solche Aktivitäten mit staatsrechtlichen Mitteln unterbunden werden. Christen müssen hier für Begegnungen und Dialoge sorgen. Neben der Offenheit, auch von anderen lernen zu können, geben die Begegnungen auch Gelegenheit zum christlichen Zeugnis. Denn wir sind überzeugt, daß das Evangelium von Jesus Christus alle Religionen und Ideologien in Ost- und Westeuropa überragt.

Innerhalb der Christenheit gibt es bei der Evangelisierung freilich noch ungelöste ökumenische Probleme. Während die orthodoxen Kirchen in Osteuropa diese „Länder als orthodox“ ansehen und jetzt allein die Evangelisierung der Millionen ungetaufter und säkularisierter Menschen betreiben wollen, lehnen die Protestanten die Vorstellung ab, daß es im pluralen Europa noch angestammte konfessionelle Gebiete gibt. Ungetaufte zu evangelisieren (etwa durch Baptisten aus Rußland), ist kein Proselytismus (= Abwerben von Gliedern anderer Konfessionen).[5] Die Konferenz Europäischer Kirchen (= KEK) hat in Prag im September 1992 beschlossen, einen Prozeß ökumenischer Evangelisierung einzuleiten. Das wird nicht einfach sein, solange die Orthodoxie ihr konfessionelles und nationales Erbe strikt durchhält. Die Aufklärung mit ihrem pluralen Denken hat bis heute die orthodoxen Kirchen weniger geprägt als die westlichen Kirchen. Im Blick auf das römisch-katholische Programm einer Re- oder Neu-Evangelisierung gibt es nach ersten großen Sorgen über katholische Alleingänge, die als Re-Katholisierung interpretiert wurden, inzwischen ökumenisch offene Türen.[6] Aber aus einigen Gegenden, vor allem Osteuropas, werden auch deutliche Rückschritte gemeldet, weil das Hegemoniestreben der katholischen Kirche unübersehbar sei.[7]

3. Europa braucht Heiligen Geist: Umgeben von säkularem und religiösem Fundamentalismus leben wir vom Geist evangelischer Freiheit.

Eine dritte und geistliche Herausforderung stellt in Europa der säkulare und religiöse Fundamentalismus dar, genauer eine Bandbreite verschiedenartiger Fundamentalismen. Es gibt einen religiösen, politischen, moralischen und kulturellen Fundamentalismus, der jeweils als Reaktion auf die pluralistische Wirklichkeit entstand und der durch ein unbeirrbares Festhalten an einigen Grundprinzipien und deren aggressiver Verteidigung gegenüber aller Kritik gekennzeichnet ist. Dogmatismus und Fanatismus sind die Geschwister des Fundamentalismus, so daß Fundamentalisten kaum *mit* jemandem,

---

[5] Vgl. die Sektionsberichte der Europäischen Evangelischen Versammlung in Budapest: „Evangelisierung", epd-Dokumentation 17/92, S.6-11, „Interkonfessionelle Beziehungen", ebd. 34.

[6] Vgl. die Erklärung der römischen Bischofssynode vom 13. 12. 1991 Abschnitt III. 7, in: Verlautbarungen des Apostolischen Stuhls Nr. 103, S. 24ff.

[7] Vgl. Budapest, epd-Dokumentation 17/92, S. 35.

sondern meist nur *zu* jemandem reden wollen. Was sich als Heilung der kranken europäischen Gesellschaft versteht, erweist sich als dialogunfähig, aber doch als attraktiv, weil viele Menschen so ihre Sehnsucht nach Autorität und Geborgenheit gestillt bekommen. Für die Kirchen ist der Fundamentalismus kein fremdes, sondern ein internes Phänomen, weil ein erheblicher Teil der konservativen Christen fundamentalistischen Grundhaltungen zuneigt.[8]

Der Großteil der reformatorisch geprägten Theologie erkennt in den Fundamentalismen eine Wurzel von Unfreiheit, welche dem Evangelium nicht entspricht und menschliches Zusammenleben erschwert. Pluralität ist durch die Vielfalt der Schöpfungsgaben und der Gaben des Heiligen Geistes vorgegeben, und das göttliche Fundament, auf welchem der menschliche Geist ruht, besteht nicht aus Sätzen der Tradition, sondern es ist der lebendige Gott selbst: eine Person, die dem Menschen in personaler Weise begegnet und Vertrauen schenkt, ein Heiliger Geist, der dem menschlichen Geist im Glauben die Freiheit gibt, das Leben in Liebe vielfältig zu gestalten. Diesen Geist evangelischer Freiheit tragen reformatorische Christen zum Fundament des europäischen Hauses bei. Gewissens- und Religionsfreiheit, der Schutz der Freiheit anderer, kritische Rationalität, Gemeinschaftsfähigkeit — das macht den zu evangelischer Freiheit evangelisierten „neuen Menschen" aus, den eine neue Gesellschaft in Europa braucht.

Hierüber muß in Kirche und Theologie das Gespräch gesucht werden, sei es mit unseren evangelikalen Fundamentalisten, sei es mit den römischen Lehramtsfundamentalisten. Dabei und auch in der Begegnung mit den säkularen Fundamentalisten kann deutlich werden, daß evangelische Freiheit zwar Pluralismus ermöglicht, dieser aber nicht eine Relativierung der fundamentalen personalen Gottesbeziehung voraussetzt oder zur Folge hat. Der Heilige Geist eint alle, die sich von ihm inspirieren lassen. Das ist die christliche Botschaft

---

[8] Vgl. das Concilium-Heft 28, 1992, H. 3: Fundamentalismus als ökumenische Herausforderung; ferner die Lit.-Übersicht in MdKI 43, 1992, Heft 3, S. 57f (von Erich Geldbach).

für eine Spiritualität Europas, die sich der Präsident der Europäischen Kommission, Jacques Delors, wünscht.[9]

MENSCH

4. Europa braucht freie Menschen: Im Netz von Bedürfnissen und deren Befriedigung und bei allem Drang nach individueller Selbstverwirklichung finden Christen ihre Lebensmitte in Glaube, Liebe und Hoffnung.

Die Sache Gottes ist nicht von der Sache der Menschen zu trennen. Darum ist von den Aussagen über Gott in Europa die Konsequenz für ein entsprechendes Menschenbild zu ziehen. Es sind vor allem zwei Bereiche, die in der europäischen Gesellschaft die Freiheit bedrohen, obwohl sie gerade umgekehrt suggerieren, in ihnen manifestiere sich die menschliche Freiheit schlechthin: Die eine ist die Realität unserer Konsumgesellschaft, in der die Befriedigung aller Bedürfnisse das höchste Glück auf Erden ist; im bisher zu kurz gekommenen Osteuropa läuft diese Bewußtseinswelle an. Der andere Bereich ist das allseits propagierte Bestreben, den Sinn des Lebens in der Selbstverwirklichung zu sehen.

Beide Bereiche haben eng mit dem zu tun, was mit der Unterscheidung von Gottes Gabe und Ersatzreligion angedeutet wurde. Weder Bedürfnisse zu befriedigen noch sich selbst zu verwirklichen, ist an und für sich schlecht. Jeder Mensch braucht das, und jeder Christ hat das Recht, sich selbst zu lieben, ohne sogleich schief angesehen zu werden. Aber Glück und Lebenssinn allein in der Bedürfnisbefriedigung zu suchen und zu finden, verkümmert den Menschen. Der Hedonismus ist eine Ersatzreligion, welche die Maßstäbe für ein erfülltes Leben verkürzt. Statt frei zu sein, wird der Hedonist zum Knecht seiner Bedürfnisse. Und wenn der Drang nach individueller Selbstverwirklichung dazu führt, daß der Mensch meint, er „könne durch sein eigenes Tun zu

---

[9] Grußadresse bei der Europäischen Evangelischen Versammlung in Budapest im März 1992 und ebenso bei der Konferenz Europäischer Kirchen in Prag im September 1992.

sich selbst kommen, er könne durch seine eigenen, das Leben meisternden Leistungen und durch seine moralischen Anstrengungen den Sinn seines Lebens selbst produzieren", dann „verfällt eine ganze Gesellschaft der Lebenslüge, der Mensch sei nichts anderes als die Summe seiner Taten".[10]

Diese „Lebenslüge" deckt das Evangelium von Jesus Christus auf: Evangelische Freiheit besteht darin, daß der Mensch die Würde einer von Gott anerkannten Person hat, bevor er selber sein Leben zu meistern sucht. Selbstverwirklichung bedeutet dann, diese Würde als Gottes Geschöpf anzunehmen und die Lebensmitte in Glaube, Hoffnung und Liebe zu finden. Diese Geborgenheit gibt Gelassenheit im Umgang mit eigenen Bedürfnissen, und sie wird zum Antrieb vielfältiger sozialethischer Konkretionen, etwa bei der Realisierung von Menschenrechten oder bei einer Sozialcharta in Europa.

5. Europa braucht soziale Menschen: Christen treten ohne jede Vorbedingung für die unantastbare Würde jedes Menschen als Gottes Ebenbild und für den Schutz der Menschenrechte ein.

Im biblischen Menschenbild ist eigentlich angelegt, was in der europäischen säkularen Geschichte seit der Aufklärung an Menschenrechtskonzeptionen entwickelt wurde. Es ist eine tragische Schuld der Kirche — „der Kirche", nicht nur einzelner Christen in der Kirche! —, häufig an der Verletzung von Menschenrechten schuldig geworden zu sein. Kreuzzüge, Konfessionskriege, Hexenverbrennungen, Sklaverei, Zwangschristianisierungen und manches andere mehr geschahen im Namen des Dienstes am Evangelium oder wurden zumindest toleriert. Sie lassen die Rede von einer angeblich christlichen Seele Europas verstummen. Bevor wir uns also zum Sprecher der Menschenrechte in Europa machen, sollten wir vor der Welt diese christliche Schuldgeschichte eingestehen, und wir sollten Gott dankbar sein, daß er in der säkularen europäischen Geschichte am breiten Strom von Theologie und Kirche vorbei sein Recht und die Entwicklung der Menschenrechte durchsetzte. Solches Eingeständnis

[10] Eberhard Jüngel, aaO. 58.

kann uns befreien, ohne Vorbehalte mit den humanitären Menschenrechtsgruppen zusammenzuarbeiten, die unsere theologische Anthropologie nicht teilen.

Die neu entstandene Situation in Europa stellt einen Durchbruch im Bereich der Menschenrechte dar. Mit dem Zusammenbruch des atheistisch-materialistischen Systems haben jahrelange Unterdrückung und konsequente Einschränkung der freiheitlichen Rechte ein Ende gefunden. „Christen sehen darin Gottes Werk, der die Geschichte lenkt."[11] Daß die neu gewonnenen Freiheiten keine Garantie für die Zukunft bedeuten, beweisen die jüngsten Entwicklungen im ehemaligen Jugoslawien und in einigen Ländern Osteuropas. Die KEK-Konferenz in Prag im September 1992 ließ erkennen, daß die Kirchen in diesen Ländern einerseits das Engagement für die Menschenrechte grundsätzlich als christliches Zeugnis bejahen, andererseits aber auch nur beschränkten Einfluß haben und selber in den ethnischen Konflikten Partei sind. Hier müßte sich die Ökumene bewähren, indem sie die Christen dort ermutigt, für die Menschenrechte aller zu kämpfen, die ethnische Säuberung zu verhindern, die Lager aufzulösen und die Flüchtlinge und Vertriebenen in ihre Heimat zurückkehren zu lassen. Die Kirchen anderer Länder müssen diakonisch und politisch alle Möglichkeiten nutzen, dieser Verhöhnung der Menschenwürde ein Ende zu bereiten, angerichteten Schaden zu mildern und im eigenen Lande konsequent gegen Menschenrechtsverletzungen vorgehen.

Die Europaliste von Diskriminierungen aufgrund von Rasse, Staatsangehörigkeit, Körperbehinderungen, Geschlecht usw. ließe sich leider noch länger ausfüllen. Das Problem ist heute nicht mehr ein ideologischer Streit über individuelle und kollektive Menschenrechte, das Problem ist die menschliche und politische Unfähigkeit, gute Einsichten zu verwirklichen. Die Kirchen Europas haben dafür keine Patentlösung, aber sie haben durch ihre Verkündigung in Wort und Tat viele Möglichkeiten, soziale Menschen zu bilden und zur öffentlichen Bewußtseinsbildung beizutragen. Hierfür sind europäische ökumenische Foren unerläßlich.

---

[11] Vorbereitungsdokument für die Europäische Evangelische Versammlung in Budapest, epd-Dokumentation 5a/92, S. 15.

6. Europa braucht verantwortliche Menschen: Angesichts des umfassenden gesellschaftlichen Umbruchs in Europa und einer sich verschärfenden weltweiten ökologischen und ökonomischen Krise ist ein christlich verantwortlicher Lebensstil nicht einfach ein Protest gegen das Bestehende, sondern ein konstruktiver Beitrag im Aufbau der Gesellschaft.

Für die Zukunft Europas ist die Frage entscheidend, welchen Lebensstil wir uns noch leisten können. Zu Recht richten sich Hoffnungen auf neue technologische Mittel, um die vielschichtigen Probleme in den Griff zu bekommen. Es ist auch richtig, daß wirkungsvolle Maßnahmen vom Staat, der Wirtschaft und anderen öffentlichen Instanzen ergriffen werden müssen. Doch diese Hoffnungen dürfen den einzelnen nicht von seiner Verantwortung dispensieren, seinen eigenen Lebensstil und seine Einflußmöglichkeiten in der Gesellschaft verantwortlich wahrnehmen. Statt gleichgültige und resignierende braucht Europa verantwortliche Menschen, die die Herausforderungen ihrer Lebenswelt und die Umweltprobleme als ein Wort Gottes und ihre Lebensgestaltung als Antwort darauf verstehen. Verantwortung heißt also nicht, daß wir weltverbesserisch alle Last Europas auf unseren Schultern tragen sollen. Aber wir sollen mit gutem Gewissen das uns Mögliche tun, z. B. im persönlichen Verhalten (beim Energieverbrauch usw.) und bei der Förderung des Gesamtbewußtseins in Gesellschaft und Kirche. Verantwortung im Neoliberalismus heißt, das Wertesystem der Industriestaaten kritisch zu prüfen, angebliche Sachzwänge als Denkfaulheit oder Egoismus zu entlarven und die Lebensmöglichkeiten der künftigen Generationen nicht kurzfristigen Interessen zu opfern. Wir müssen kritisch daran erinnern, daß der Lebensstil der industrialisierten Nationen Europas einzig auf Kosten der armen Länder des Südens möglich ist.[12]

Verantwortlicher Lebensstil setzt den friedlichen und

[12] Vgl. den Beschluß der Synode der EKD vom 8. 11. 1991, „Über die Zukunftsfähigkeit wirtschaftlichen Handelns", in: epd-Dokumentation 50/91.

gesprächsbereiten Umgang mit den Menschen voraus und hat nichts mit borniertem Fanatismus zu tun. Verantwortliche Christen beweisen denen ihre Solidarität, die sich unabhängig von der christlichen Botschaft für die Erhaltung der Welt einsetzen; sie suchen im Gespräch mit ihnen, ihr Verständnis von Schöpfung und Freiheit geltend zu machen.

Die geplante Zweite Ökumenische Versammlung in Europa, welche die KEK und der katholische Europäische Bischofsrat tragen, sollte der Frage des verantwortlichen Lebensstils höchste Priorität einräumen.

GESELLSCHAFT

7. Europa braucht eine demokratische Gesellschaft: Christen vertreten eine politische Ethik der Gleichberechtigung aller Bürger, der Gewissens- und Religionsfreiheit, der Subsidiarität und der Toleranz gegenüber Andersdenkenden.

Es gibt keine endgültige christliche Gesellschaftsordnung und Staatsform. Doch hat sich im Laufe des 20. Jahrhunderts allgemein in der Theologie die Auffassung durchgesetzt, daß die Demokratie dem christlichen Menschenbild besonders nahekommt. Wir sagen heute ein klares Ja zur demokratischen Ordnung in Europa.

In Osteuropa ist der großen Freude über die gewonnene Freiheit rasch eine Ernüchterung über die Schwierigkeiten beim demokratischen Aufbau gefolgt. Im Westen macht sich eine große Politik-Müdigkeit und Skepsis gegenüber den politischen Institutionen breit. Für die Gemeinschaft der europäischen Völker wäre jetzt das Prinzip der Subsidiarität wichtig: „Angesichts der zunehmenden Undurchsichtigkeit und Anonymität der politischen Prozesse muß die Entscheidungsfindung möglichst auf die jeweils orts- und sachnächste Ebene verlagert werden, um die persönliche Teilnahme am demokratischen Leben erlebbar zu machen."[13] Dabei kann

---

[13] Budapest, Sektionsbericht „Kirche, Staat, Wirtschaft", epd-Dokumentation 17/92, S. 18.

unsere politische Ethik zum Tragen kommen, indem die Christen von den Betrieben und Vereinen bis hinauf zu der höchsten politischen Ebene sich engagieren und indem die Kirchen mit ihrem Wort in der Öffentlichkeit Einfluß nehmen auf die Führungskräfte in Politik, Wirtschaft und Kultur.

Im weltanschaulich neutralen Staat machen die Kirchen den Staat auf Grundwerte und Menschenrechte aufmerksam, die dem demokratischen Konsens vorgegeben sind (z. B. das Lebensrecht). Sie manifestieren damit ihren Verkündigungsauftrag, daß eine Gesellschaft am besten funktioniert, wenn sie sich am Willen Gottes für die Menschheit orientiert. Die Kirchen dürfen keine Privilegien suchen, machen aber demokratisch von den Rechten und Möglichkeiten Gebrauch, die der Staat prinzipiell auch anderen Körperschaften gewährt (schulischer Religionsunterricht, diakonische Einrichtungen usw.). Ein vereintes freies Europa muß Raum lassen, daß in jedem Land auf dem Hintergrund der eigenen Geschichte auch eigene staatskirchenrechtliche Regelungen getroffen werden. Keine europäische politische Instanz darf beispielsweise über die Legitimität der dänischen Staatskirche, der französischen Konfessionsschule oder des deutschen Kirchensteuersystems entscheiden.

Bei dem Neuaufbau der Kirchen im demokratischen Osteuropa wird dringend der Erfahrungsaustausch mit den Kirchen im Westen gesucht. Darum ist die Europäisierung der kirchlichen und ökumenischen Strukturen unerläßlich. Partnerschaften von Kirche zu Kirche oder von Stadt zu Stadt helfen auch dem neuen demokratischen System.

Die Kirchen sind jedoch nicht zuständig, für Europa eine bestimmte politische Struktur zu favorisieren. Vielmehr sollten sie mit den bestehenden Organisationen effizient zusammenarbeiten. Eingespielt hat sich, daß die evangelischen Kirchen Westeuropas durch die Ökumenische Kommission für Kirche und Gesellschaft und die römisch-katholische Kirche durch ein entsprechendes Büro bei der EG und beim Europa-Rat in Brüssel und Straßburg vertreten sind. Die KEK und der Vatikan unterhalten – natürlich mit unterschiedlichem Status – Beziehungen zur Konferenz für Sicherheit und Zusammenarbeit in Europa (KSZE). Die Idee zur Bildung der KSZE kam übrigens in den sechziger Jahren bei der KEK auf, als die Regierungschefs aller europäischen Länder zu einer gemeinsamen Konferenz aufgefordert wurden.

8. Europa braucht eine versöhnte Gesellschaft: Mitgeprägt von Vaterland und Muttersprache vertreten Christen eine Friedensethik, die Nationalismus, Rassismus und Diskriminierung von Minderheiten ausschließt. Die Kirchen müssen lernen, Agenten der Versöhnung zu werden.

Die Vielfalt der nationalen und kulturellen Traditionen gehört zum Reichtum Europas. Wir sehen darin Gaben Gottes. Die Identifikation des einzelnen Menschen mit seiner nationalen und ethnischen Kultur hat einen tiefen Sinn, weil sie die Bildung von Gemeinschaft und gesellschaftlicher Verantwortung in einem geprägten und überschaubaren Raum ermöglicht. Doch zwischen dem legitimen Anspruch eines Volkes auf nationale Identität einerseits und selbstbezogenem Nationalismus andererseits ist zu unterscheiden.[14]

In den letzten Jahren haben in Europa parallel und im Gegensatz zum Einigungsprozeß ethnische Konflikte und Nationalismus an Bedeutung gewonnen. Im Osten wurden aus ideologischen Gründen die ethnischen Realitäten lange unterdrückt, so daß die gewonnene Freiheit sich jetzt gerade hier manifestiert und zum Anlaß für brutale Kriege wird. Im Westen sind seit langem ähnliche, wenn auch anders gelagerte, Phänomene festzustellen. Fremdenfeindlichkeit und Ausländerhaß, neuer Antisemitismus und Rassismus überhaupt sind Belege dafür.

Die Kirchen tun sich leicht, mit ihrer Botschaft von der Liebe Gottes allgemeine Sätze zu Gewaltlosigkeit, Frieden und Versöhnung zu sagen. Aber sie wirken in der Praxis oft ohnmächtig, weil sie selbst durch ihre Geschichte in vielen Fällen aufs engste mit nationalen Traditionen verbunden sind.

---

[14] Vgl. Vorbereitungsdokument Budapest, epd-Dokumentation 5a/92, 17f, und Budapest, Sektion IV „Nation, Nationalismus, Minderheiten", epd-Dokumentation 17/92, S. 21-24.

Als Landes-, National- oder Staatskirchen – also als russisch-orthodoxe, polnisch-katholische, englisch-anglikanische, dänisch-lutherische oder preußisch-evangelische Kirche – dienten und dienen sie gelegentlich sogar als ein Element der nationalen Identifikation. Bei der Konferenz Europäischer Kirchen in Prag zeigte sich eine Verbindung von Konfession und Nationalkultur, welche bei nahezu allen aktuellen Krisen in Europa einen echten Dialog verhinderten und die Kirchen in deprimierender Weise zum Spiegelbild der säkularen Gesellschaft machte.

Mit dieser Situation dürfen wir uns nicht abfinden. Wir müssen (1) jedem Versuch widersprechen, nationale Differenzen religiös zu legitimieren und damit zu verschärfen. Da ethnische und konfessionelle Minderheiten häufig identisch sind, sind hier die Kirchen unmittelbar mitbetroffen. Unausgesprochen belasten neue Formen von Konfessionalismus die Ökumene. Nach dem Willen der KEK-Versammlung in Prag soll künftig eine „Ökumenische Schlichtungskommission" vermittelnd eingreifen. Für den weiteren Versöhnungsdienst der Kirchen in der Gesellschaft müssen (2) die Kirchen selber und auch die übernationalen ökumenischen Institutionen in Europa sich mehr als bisher einfallen lassen. Sogenannte „Rundetischgespräche" können beispielsweise vor allem auf örtlicher und nationaler Ebene durch Kirchen initiiert werden. Für die Friedensarbeit ist es ferner nötig (3), Modelle des Zusammenlebens mit Minderheiten zu entwickeln. „Ethnische und religiöse Minderheiten haben sowohl Pflichten als auch Rechte. Sie haben die Verpflichtung, ein Gleichgewicht herzustellen zwischen der Bewahrung ihres eigenen Erbes und angemessenen Beziehungen mit der weiteren Gemeinschaft, so daß Brücken gegenseitiger Achtung und Annahme von beiden Seiten her entstehen können."[15] Es ist deutlich: Die versöhnte Gesellschaft ist nicht allein ein Ziel für Jugoslawien oder Nordirland. Die Arbeit dafür beginnt vor den Asylantenheimen irgendwo in Deutschland. Schließlich ist (4) zu empfehlen, daß alle Kirchen auf den verschiedensten Ebenen gründlich theologisch, rechtlich und praktisch das Verhältnis Heimat, Nation, Volk, Staat und Kirche

---

[15] Budapest, aaO. 23.

bedenken. Was bedeutet die Bejahung von Nation und Volk als Ordnung Gottes für die konkrete Frage von Staatsgrenzen, die im Laufe der Geschichte wechselvoll sich entwickelten? Wie finden Nationalkirchen ihre Identität im Lande und gleichzeitig in der europäischen und weltweiten Ökumene der einen Kirche Christi?

9. Europa braucht eine gerechte Gesellschaft: Die christliche Sozial- und Wirtschaftsethik nimmt das System der Marktwirtschaft sozial und ökologisch in Pflicht.

Das System der Marktwirtschaft hat sich in Europa weitgehend durchgesetzt. Wenn in kirchlichen Voten bisweilen von einer nötigen „Alternative zur Marktwirtschaft" die Rede ist, so richtet sich die Kritik gegen einen ungezügelten neoliberalen Markt, der dringend sozial und ökologisch gezügelt werden muß, um Gerechtigkeit zu ermöglichen. Der Marktmechanismus reagiert nämlich einseitig auf menschliche Bedürfnisse und kann von Habgier und Eigeninteressen mißbraucht werden. Er kann nicht unterscheiden, was für die Menschen insgesamt gut und gerecht oder schlecht und ungerecht ist. Darum muß um der Gesellschaft willen der freie Markt eine verbindliche soziale Rahmenordnung erhalten. In der Bundesrepublik Deutschland und in der Europäischen Gemeinschaft ist das prinzipiell nicht strittig, aber im Detail oft umstritten und unvollkommen. Im Blick auf Gesamteuropa ist die Sorge berechtigt, daß die Vollendung des Binnenmarktes der Europäischen Gemeinschaft nicht nur neue Chancen bietet, sondern auch neue Barrieren aufrichtet, nun nicht zwischen verschiedenen Ideologien, sondern zwischen Reich und Arm. Bisher entfaltet sich in Richtung Osten ein ungezügelter freier Markt, die „soziale" Marktwirtschaft ist kaum im Blick. Das bezieht sich sowohl auf das West-Ost-Gefälle in Europa als auch auf das Verhältnis Europas zu den Ländern im Süden der Welt.

Die Europakonferenzen der Kirchen in Rom, Budapest und Prag im Jahre 1991/92 haben einmütig zwei Aufgaben hervorgehoben, bei denen die Kirchen all ihre Einflußmöglichkeiten aufbieten müssen, daß sie realisiert werden: die Einführung von öffentlicher Rechenschaft und eine verbindliche europäische Sozialcharta.

Zum Prinzip der öffentlichen Rechenschaft heißt es im Sektionsbericht III von Budapest: „Das immer wichtiger werdende Handeln von Konzernen und Verbänden, zumal multinationalen, kann nicht ausreichend durch nationale Regierungen überwacht werden. Erforderlich ist, daß das Handeln dieser Organisationen darauf verpflichtet wird, für die Folgen ihres Tuns öffentlich Rechenschaft abzulegen. Sowohl rechtliche Auflagen wie Selbstverpflichtungen, aber auch öffentliche Einflußnahme sind hier unentbehrlich. An allen diesen Punkten muß die protestantische Berufsethik neu entdeckt werden."[16]

Eine europäische Sozialcharta ist bei der EG erst im Anfangsstadium. Bisher streitet man sich über die Rechte von Arbeitnehmerinnen und Arbeitnehmern und Gewerkschaften, während viele andere soziale Fragen noch nicht im Blick sind (Behinderte, Alte usw.). Was hier in Westeuropa formuliert wurde, müßte dann wohl auch auf ganz Europa bezogen werden, wenn das Ziel eine gerechte Gesellschaft sein soll. Zugleich ist es Aufgabe der Kirchen, darauf zu achten, daß Europa seine neuen Chancen nicht wieder auf Kosten der Dritten Welt nutzt. Das wäre eine menschheitliche Katastrophe und für die Christen in Europa eine Bankrotterklärung.[17]

---

[16] Budapest, aaO. 18.

[17] Vgl. zum Ganzen den Beschluß der EKD-Synode 1991 (s. a. Anm. 12). — EKD-Denkschrift: Verantwortung für ein soziales Europa. Herausforderungen einer verantwortlichen sozialen Ordnung im Horizont des europäischen Einigungsprozesses (Eine Denkschrift der Kammer der EKD für soziale Ordnung), Gütersloh 1991. — EKD-Denkschrift: Gemeinwohl und Eigennutz. Wirtschaftliches Handeln in Verantwortung für die Zukunft, Gütersloh 1991. — Studientext des ÖRK (Zentralausschuß 1992): Leben und volle Genüge für alle. Der christliche Glaube und die heutige Weltwirtschaft, in: epd-Dokumentation 40/92.

KIRCHEN

10. Europa braucht die dienende Kirche:
Ohne Vorherrschaftsstreben sollen die Kirchen in der säkularen und pluralen Gesellschaft soweit wie möglich präsent sein. Als ein Ferment der Solidarität sind sie besonders für die Menschen verantwortlich, denen sonst keiner hilft.

Mit dem Begriff „Dienst“ wurden in der europäischen Geschichte häufig bedeutende Machtpositionen beschrieben. Auch die Kirchen üben durch ihre „Dienste“ viel gesellschaftliche „Macht“ aus, vor allem wo sie in Europa als Staats- oder Volkskirchen existieren. Das ist ein höchst sensibles Thema, weil Macht immer Beherrschung und Unterdrückung implizieren kann. Wir müssen kritisch sehen, wo in der europäischen Geschichte die geistigen und geistlichen Wurzeln des imperialen Denkens lagen, welches sich nicht nur als Segen, sondern als Leid und Schuld des christlichen Abendlandes niedergeschlagen hat. Meine These lautet: Wo die Institution Kirche in ihrem gesellschaftspolitischen Wirken sich weniger von der Nachfolge des gekreuzigten Christus leiten läßt und sich mehr als irdische Repräsentanz der Königsherrschaft Christi, des Pantokrators, versteht, da liegt die theologisch falsche Wurzel der Verwechslung von Dienst und Macht. Mit diesem Maßstab ist der Dienst der Kirche zu messen.

Auf Europa bezogen bedeutet das, nicht mehr strukturell von einem „christlichen Europa“ zu träumen, in dem die Kirche eine geistige Führungsrolle beansprucht, weil allein sie die ewigen Wahrheiten besitzt und die Grundwerte authentisch interpretiert. Nein, die Kirche bringt ihre Sache dienend und dialogisch ohne Anspruch auf Vorherrschaft und Privilegien anderen gegenüber in das pluralistische Ensemble der gesellschaftlichen Kräfte ein. Jeder Hauch von Klerikalismus muß vorbei sein. Die Kirche ist „Salz der Erde“, nicht jedoch darf der Gesellschaft durch kirchliche Führungsansprüche die politische Suppe versalzen werden. Konkret heißt das: Den Kirchen stehen nur zwei Mittel für ihren Dienst zur Verfügung: Zuerst das argumentierende Wort und keine andere Gewalt — und das Wort ist auch in der Postmoderne noch eine unvergleichliche Macht, weil es Gewissen bildet, Menschen prägt, Revolutionen initiieren kann. Und zum andern besteht der Dienst im eigenen vorbildlichen Leben, welches anderen etwas von Gottes Liebe zu vermitteln vermag — und hier ist jeder Christ und jede Kirche gefragt, inwiefern wir für uns selbst leben oder für andere da sind.

In Europa sieht die so dienende Kirche recht unterschiedlich aus. „Kirche für andere" zu sein, gestaltet sich in einer kleinen Diasporakirche anders als in einer großen Volkskirche mit Kirchensteuern. Doch überall gilt das Prinzip, daß die Kirchen sich insbesondere um die Menschen kümmern, denen sonst keiner hilft. Bei uns heißt „Volkskirche": Kirche für das Volk; präsent sein, wo Dienst möglich ist. Die Kirchen in Osteuropa haben unerwartet neue Möglichkeiten der Diakonie bekommen, die sie oft weder personell noch finanziell nutzen können. Hier ist dringend Hilfe von westlicher Seite nötig, sowohl im Bereich des Know-how wie im personellen und finanziellen Einsatz. Die Glaubwürdigkeit der Kirchen in Europa hängt davon ab, ob sie diesen Herausforderungen nachkommen. Wir müssen uns auf den Weg zu einem diakonischen Netzwerk der europäischen Kirchen machen. Ein erster Schritt hierzu ist die kürzlich gegründete „Eurodiaconia", ein Zusammenschluß diakonischer Organisationen mit der Europäischen Ökumenischen Kommission für Kirche und Gesellschaft, mit der KEK und mit dem Internationalen Verband für Innere Mission und Diakonie.[18]

11. Europa braucht die ökumenische Kirche: Ohne konfessionelle Selbstbehauptung sollen die Kirchen bei allen Dingen zusammenarbeiten, die sie nicht aus Lehr- und Zweckmäßigkeitsgründen getrennt tun müssen.

Was bisher über das Gottes-, Menschen- und Gesellschaftsbild gesagt wurde, welches Europa braucht, können im großen und ganzen vermutlich Vertreter aller christlichen Kirchen in ähnlicher Weise sagen. Hier und da betonte ich freilich schon einen spezifischen Beitrag der evangelischen

[18] Vgl. Budapest, Sektion II „Diakonie", aaO. 12-15.

Kirchen, weil ich vermute, daß römisch-katholische oder orthodoxe Christen die Akzente anders setzen. Von außen gesehen, d. h. vom Großteil der säkularen, religiös ungebundenen Menschen und von den anderen Religionen her, wird die europäische Christenheit als Einheit gesehen. Man fragt nach der christlichen Stimme in Europa, weniger nach der katholischen, orthodoxen oder protestantischen Akzentuierung.

Die Ökumeniker in den Kirchen und die meisten Kirchenmitglieder denken ebenfalls von der Übereinstimmung im Fundamentalen des Glaubens her und fordern die eine ökumenische Kirche, die in sich durchaus plural ist, d. h. national, kulturell und in einigen Lehrfragen verschieden geprägt, die aber in der Lage ist, das Christliche in der europäischen Gesellschaft zu artikulieren und zu realisieren. Zumindest soll das sogenannte „Lund-Prinzip" gelten (1951 in Lund bei der Weltkonferenz für Glauben und Kirchenverfassung formuliert), daß man alles gemeinsam macht, was nicht unbedingt getrennt geschehen muß. Die katholische Würzburger Synode hatte 1975 das Lundprinzip mit dem Zusatz aufgegriffen, sofern die „Verantwortung für das notwendige Eigenleben der Gemeinden" dem nicht entgegensteht.

Heute gewinnt man in Europa den Eindruck, daß das Eigenleben der einzelnen Kirchen so stark betont wird, daß die Ökumene sich weitgehend im Austausch von Höflichkeiten erschöpft. Vor allem in Osteuropa gibt es parallel zur Re-Ethnisierung eine gewisse Re-Konfessionalisierung. Jede Kirche ist so sehr mit eigenen Aufgaben befaßt, daß für Ökumene oft keine Zeit und Lust vorhanden ist. Ferner gibt es auch ausgesprochen antiökumenische Tendenzen. Der scharfe Protest der orthodoxen Kirchen gegen die römisch-katholischen Bemühungen, in Osteuropa neue missionarische Strukturen zu errichten und die alten mit Rom unierten Kirchen massiv zu unterstützen, läßt das Ende oder zumindest eine Unterbrechung des orthodox-katholischen Dialogs befürchten. Und die vielen evangelischen Minderheitskirchen in Ost- und West-Europa klagen, sie würden von den jeweiligen Großkirchen permanent übergangen oder gar unterdrückt.

Solches Gegen- und Nebeneinander ist kein fruchtbarer Pluralismus. Die Wirkung der christlichen Botschaft in

Europa wird dadurch erheblich geschwächt. Das Lund-Prinzip muß wieder ernstgenommen werden. Dazu gehört es, die bilateralen Beziehungen zu intensivieren und die vorhandenen ökumenischen Strukturen und Institutionen in Europa zu stärken. Die KEK hat sich in Prag noch als ohnmächtig erwiesen, weil die geschilderten Probleme in den Kirchen den Dialog erschwerten und weil bei dem alten Stil der Konferenz-Ökumene nur kleine Wörter, aber kein klares gemeinsames Wort zu Europa formuliert werden konnte. Es gibt jedoch keine Alternative zur KEK! Ohne Eisernen Vorhang muß sie aus ihrem Schattendasein heraus und von den orthodoxen und protestantischen Kirchen als Instrument des gemeinsamen Zeugnisses und Dienstes genutzt werden.

Die KEK arbeitet seit Jahren mit dem katholischen Europäischen Bischofsrat (CCEE) zusammen. Höhepunkt war die Ökumenische Versammlung in Basel 1989 mit dem Thema „Frieden in Gerechtigkeit". Zum ersten Mal seit der Reformation hatten hier nahezu alle Kirchen Europas gemeinsam etwas unternommen. In solcher Form muß sich die ökumenische Kirche in Europa demnächst wieder zusammenfinden. Das Evangelium duldet angesichts der Herausforderungen der säkularen Welt und auch der anderen Religionen keine nationale und konfessionelle Enge!

12. Europa braucht die evangelische Kirche: Ohne provinzielle Enge muß die reformatorische Sicht von Freiheit und Gemeinschaft, die Europa mitgeprägt hat, vernehmbar bleiben. Dafür ist ein europäisches Forum für Evangelische Kirchengemeinschaft nützlich.

Die aus der Reformation hervorgegangenen Kirchen betonen die evangelische Freiheit. Sie verwirklicht sich ganz persönlich und zugleich gemeinschaftlich. Sie wurzelt gleichzeitig in dem an Gottes Wort gebundenen Gewissen des einzelnen und in der kirchlichen Gemeinschaft, die sich am Zeugnis der Heiligen Schrift und an der Vernunft orientiert.[19]

[19] Vgl. Luther vor dem Wormser Reichstag 1521: „Wenn ich nicht durch das Zeugnis der Heiligen Schrift oder Gründe der Vernunft überwunden werde ..., so ist mein Gewissen im Gotteswort gefangen ..." (WA 7, 831).

Diese Freiheit eines Christenmenschen hat den mittelalterlichen institutionellen Kirchenbegriff entmythologisiert, den Klerikalismus abgeschafft und den Weg frei gemacht für die Idee einer freien Kirche in einer freien Gesellschaft. Die Europäische Evangelische Versammlung formulierte in Budapest das Selbstverständnis der geschichtlich gewordenen reformatorischen Konfessionskirchen so: „Die evangelischen Kirchen sind Kirche Jesu Christi. Ihnen ist jedoch bewußt, daß die eine Kirche Christi umfassender ist als sie selbst. Sie wissen sich zur Verkündigung des Wortes Gottes als Rechtfertigung aus Gnaden im Glauben berufen. Sie wissen daher, daß überall, wo Gottes Wort in dieser Weise verkündigt wird, Gemeinschaft des Glaubens über alle konfessionellen Unterscheidungen und Trennungen besteht."[20]

Das reformatorische Erbe zu bewahren, hat also nichts mit Konfessionalismus zu tun: Pro-evangelisch sein schließt ein, pro-ökumenisch zu sein. Angesichts des in sich stark zersplitterten evangelischen Kirchentums ist die erste ökumenische Aufgabe immer noch die Einigung des Protestantismus. Dem Dialog und der Zusammenarbeit mit den orthodoxen Kirchen und mit der römisch-katholischen Kirche kann ein klar profilierter Protestantismus nur nützlich sein. Das Plädoyer für eine Europäische Evangelische Synode[21] löste darum 1990 ein lebhaftes Echo aus. Der Begriff „Synode" erwies sich zwar nicht als konsensfähig, aber 1992 kam schließlich die „Europäische Evangelische Versammlung" in Budapest zustande als eine ad-hoc-Beratung nahezu aller evangelischen Kirchen, von den Anglikanern bis zur Heilsarmee (einige freilich nur als Beobachter). Man beschloß, keine eigene neue Struktur aufzubauen, aber die bestehenden zu stärken, konkret: (1) innerhalb der KEK die Zusammenarbeit der evangelischen Kirchen zu fördern und (2) durch die „Leuenberger Kirchengemeinschaft lutherischer, reformierter und unierter Kirchen" den Prozeß zu mehr evangelischer Einheit auch mit Anglikanern, Methodisten und anderen

[20] Budapest, Sektion VI, aaO. 32.

[21] Reinhard Frieling: Plädoyer für eine Europäische Evangelische Synode, in: epd-Dokumentation 21/90; etwas gekürzt in: MdKI 41, 1990, 47-51.

Freikirchen fortzusetzen. Die KEK-Vollversammlung in Prag griff diese Empfehlungen auf und schlug vor, es sollten evangelische Kirchen, „die sich in solchen Übereinkünften zusammengeschlossen haben, ein eigenes Forum erhalten".[22] Es liegt nahe, die nächste Vollversammlung der Leuenberger Kirchengemeinschaft in Wien 1994 so offen und repräsentativ zu gestalten, daß daraus ein neues Forum für Evangelische Kirchengemeinschaft entstehen kann. Dies würde allen aus der Reformation hervorgegangenen Kirchen, die untereinander Kirchengemeinschaft vereinbart haben, Gelegenheit zu gemeinsamem Zeugnis und Dienst geben — in genauer Absprache mit der KEK, damit jede Doppelarbeit vermieden wird.

Zum evangelischen Selbstverständnis gehört es, die Strukturfragen nicht zu wichtig zu nehmen, aber doch immer dafür zu sorgen, daß die Ordnung der Kirche nicht der Sache der Kirche im Wege steht. Um die Sache geht es: daß Gott uns durchdringt, daß Gott durch uns zur Sprache kommt, daß die Menschen und die Gesellschaft in Europa durch uns etwas von Gottes Liebe erfahren. Das ist das Beste, was wir für Europa tun können.

---

22 Beschluß über den Bericht des Weisungsausschusses, S. 3.

DOKUMENTE

Evangelische Freiheit

Das Evangelium

Vorbereitungsausschuß für die
Europäische Evangelische Versammlung in Budapest:
Text zur Vorbereitung, 19. Dezember 1991
(epd-Dok. 5a/92, 2-6)

Das Evangelium — Quelle von Freiheit und Gemeinschaft

(4) Eine radikale Wende in den bestehenden Verhältnissen ist für die Kirche in erster Linie eine Einladung zur Selbstbesinnung. Bevor sie sich auf irgendwelche Überlegungen und Beurteilungen der neu entstandenen Situation einläßt, hat sie sich einmal mehr und mit neuem Nachdruck nach der Quelle zu fragen, aus der sie lebt. Die Kirchen mögen zwar „Visionen" entwickeln und sich allerlei Projekte ausdenken, die dem künftigen Europa zugutekommen sollen. Ihre eigentliche Aufgabe besteht aber darin, sich angesichts der neuen Situation neu vom Evangelium durchdringen zu lassen. Einzig aus der radikalen Konzentration auf das Evangelium werden sie Klarheit darüber erhalten, welche Schritte sie heute zu vollziehen haben.

(5) Die Reformation ist der Einsicht zu verdanken, daß die Erneuerung der Kirche Gottes eigenes Werk ist. Sie war nicht die Frucht eines Manifests, eines Programms oder eines Katalogs von einzelnen Reformen, sondern kam durch die Bereitschaft zustande, Gottes Wort im Leben der Kirche Raum zu geben. Diese Erfahrung bleibt für die evangelischen Kirchen bestimmend: die Kirche Jesu Christi lebt aus Gottes Wort und muß darum alles daran setzen, es richtig zu hören. In der Vielfalt von Stimmen und Visionen muß sie sich von dieser einen Stimme leiten lassen.

(6) Die tragende Mitte der Reformation war die Botschaft der Rechtfertigung aus Gottes Gnade allein im Glauben. So fragen wir zuerst, welche Bedeutung dieser Botschaft heute zukommt. Die Tagung in Basel (Ende August 1991) sagte dazu: „Die Rechtfertigung ist Ausdruck der Gratuität der Gnade Gottes. Sie muß Früchte tragen, denn der Glaube ist nicht ohne die Liebe, aber nicht die Liebe macht den Glauben, sondern das, was er von der Liebe Gottes hört. Ebenfalls bedarf die Rechtfertigung eines kirchlichen Ausdrucks, denn der Glaube ist nicht ohne Gemeinschaft, aber nicht die Gemeinschaft macht den Glauben, sondern das, was er in Wort und Sakrament empfängt."

(7) Die Rechtfertigung stellt uns in ein neues, heiles und freies Verhältnis zu Gott. Sie ist so zugleich Quelle von wahrer Freiheit und echter Gemeinschaft unter den Menschen. Rechtfertigung wird erfahren im Hören auf Gottes Wort und im Empfangen und Feiern der Sakramente – sie wird genährt und gefeiert im Gottesdienst, im Dank, in der Bitte und im Lobpreis gegenüber dem dreieinigen Gott.

(8) Die Botschaft der Rechtfertigung aus Gottes Gnade allein im Glauben schenkt Befreiung von der Sünde. So tief wir in Schuld verstrickt sind, dürfen wir auf Vergebung zählen, wenn wir uns Gott anvertrauen.

– Der Umbruch in Europa hat uns dessen bewußt gemacht, wieviel Schuld sich in den letzten Jahrzehnten unter uns angehäuft hat. In den osteuropäischen Ländern ist die Diskussion darüber ausgebrochen, wem die Verantwortung für das Unheil des kommunistischen Systems zukommt und wie mit denen umzugehen ist, die im Namen dieses Systems Unrecht begingen. Auch die Kirchen selbst sind vor die Frage gestellt, inwieweit sie sich schuldig gemacht haben. Sowohl im Westen als auch im Osten haben wir uns mit den Tatsachen der Ungerechtigkeit gegenüber den armen Nationen des Südens und der zerstörerischen Ausbeutung der Natur auseinanderzusetzen. Die Art des Denkens und Handelns, die uns bisher geleitet hat, wird durch die Folgen, die sie mit sich gebracht hat, zutiefst in Frage gestellt.

Was sagt uns die Botschaft der Rechtfertigung in dieser Hinsicht? Sie macht uns frei sowohl von der Versuchung, Schuld nicht wahrzunehmen oder zu verdrängen, als auch von dem Bedürfnis, sie durch Selbstrechtfertigung zu überspielen. Schuld wird einzig dadurch bewältigt, daß sie offen anerkannt wird. Die Kirchen bekennen ihre Schuld und treten dafür ein, daß sie beim Namen genannt wird. Sie werden aber zugleich daran erinnern, daß alle mit je ihrer Schuld vor Gott zu treten haben und niemand die Schuld des andern zu seiner eigenen Rechtfertigung mißbrauchen darf. Wer zu stehen scheint, sehe zu, daß er nicht falle.

Jesus Christus tritt vor Gott für uns ein. Im Glauben an ihn brauchen wir die Mächte der Zerstörung und des Todes nicht mehr zu fürchten. Gott schenkt uns Freiheit von allem, was uns fesselt, und vor allem von uns selbst. Indem wir seinen Namen durch unser ganzes Leben preisen, öffnet sich die Zukunft.

Die Botschaft der Rechtfertigung ist die Grundlage für einen gemeinsamen Neuanfang.

(9) Die Botschaft der Rechtfertigung schafft Gemeinschaft sowohl in den Kirchen und zwischen den Kirchen als auch im Verhältnis zur Welt. Die Freiheit, die Gott schenkt, ist zugleich eine Freiheit für die andern. Indem wir in Christus frei werden vor Gott, werden wir auch frei füreinander: Freiheit und Liebe, Freiheit und Dienst, Freiheit und Verzicht gehören letztlich zusammen. Auch freie Menschen sind nicht autark. Sie bleiben angewiesen auf andere Menschen und auf Mittel, die zum Leben nötig sind. Deshalb kann individuelle Freiheit nicht ohne Rücksicht, Selbstbeschränkung, Takt und unter Umständen auch verzichtenden Umgang mit den endlichen Ressourcen der Natur bestehen. Ohne all dies würde die individuelle Freiheit sich selbst zerstören.

– Diese Freiheit in der Gemeinschaft gilt es heute in besonderer Weise zu bewähren – sowohl gegenüber Bewegungen, die die Verheissung des Heils mit autoritären Ansprüchen verbinden, als auch vor allem gegenüber dem zunehmenden Individualismus, der die moderne Gesellschaft kennzeichnet.

Der Zusammenbruch des kommunistischen Systems, das die letzten Jahrzehnte beherrschte, hat ein Vakuum hinterlassen: ein fruchtbarer Boden für neue totalitäre Bewegungen und fanatische Nationalismen. Und vielleicht noch verheerender wirkt sich in West und Ost die Verstrickung in die Ideologie des Wachstums und des Konsums aus: die evangelische Freiheit wird de facto durch den Lebensstil gelähmt, der in der herrschenden Ordnung stillschweigend erwartet wird.

Die evangelische Freiheit stellt aber mit gleichem Nachdruck die Privatisierung der Freiheit in Frage, die sich heute sowohl in West als Ost beobachten läßt. Sie ruft zur verantwortlichen Teilnahme an der Gemeinschaft – sowohl im kleinen Kreise als auch in der Öffentlichkeit. So verständlich der Rückzug in die persönliche Sphäre in der Zeit der totalitären Regime in den osteuropäischen Staaten war, jetzt ist eine neue Betonung der Gemeinschaft und der öffentlichen Verantwortung erforderlich.

– Die Betonung der evangelischen Freiheit gehört zum Erbe der Reformation. Die reformatorischen Kirchen haben mit dieser Betonung etwas zur Geltung kommen lassen, das in der biblischen Tradition zutiefst verankert ist und auch von andern Kirchen vertreten wird. Die Bedeutung der evangelischen Freiheit wurde in den reformatorischen Kirchen allerdings besonders hervorgehoben. Diese Betonung hatte geschichtliche Wirkungen, die auch zu einer besonderen Prägung der säkularen Gesellschaft und Kultur beitrugen. Die allmähliche Anerkennung allgemeiner Gewissens- und Religionsfreiheit und daraus folgender anderer freiheitlicher Menschenrechte; die Kultur des freien Wortes, die Autorität der Vernunft in weltlichen Dingen, die Kritik des bloßen Traditionsarguments, der Geist des Dialogs und das Modell der Einheit in Verschiedenheit, das Ja zum weltanschaulich neutralen Staat bis hin zur sozialen Marktwirtschaft – all das sind auch Nachwirkungen des reformatorischen Zeugnisses von der Freiheit eines Christenmenschen und Folgen wahrgenommener evangelischer Verantwortung in der Welt. Dieses Erbe gilt es heute, in kritischer und konstruktiver Weise neu aufzunehmen.

(10) Die Botschaft der Rechtfertigung aus Gottes Gnade allein aus Glauben legt den Grund für Hoffnung und Vertrauen. Sie schafft Freiheit für die Zukunft. Sie stellt uns keine heile Welt in Aussicht. Diese zu schaffen ist Sache Gottes allein. So sehr sie von Vergebung spricht, hebt doch Gottes Rechtfertigung die Folgen der Sünde nicht einfach auf. Sie kündigt uns aber mit Gewißheit an, daß die Zukunft der Welt in Gottes Händen ist, und wir sie darum nicht zu fürchten haben. Sie gibt uns die Freiheit, Gottes Liebe in einer von der

Sünde und der Vergänglichkeit gezeichneten Welt zu bezeugen und den Mächten der Zerstörung und des Todes immer wieder entgegenzutreten.

– Während einer kurzen Weile schienen durch den Zusammenbruch der bisherigen politischen Konstellation neue Kräfte freigesetzt zu werden. Inzwischen ist deutlich geworden, daß die Zahl der zu bewältigenden Probleme übergroß ist. Die Tatsache, daß Altes zu Ende gegangen ist, bedeutet noch nicht, daß neue Menschen entstanden wären. Entmutigung und Müdigkeit sind die Folge.

Gottes Gnade macht uns frei sowohl von der Last der Vergangenheit als auch der Angst vor der Zukunft. Sie schafft eine Gemeinschaft, die von Hoffnung und Vertrauen getragen ist. Sie gibt den Mut zu immer neuem Widerstand für das Leben.

Im Kontext von Aufklärung und Säkularisierung

Europäische Evangelische Versammlung in Budapest:
„Botschaft“, 29. März 1992
(epd-Dok. 17/92, 3)

(10) Als Kirchen reformatorischen Ursprungs haben wir ein Erbe fruchtbar zu erhalten. Wir sind in der Tradition der Reformation verwurzelt und durch die Tradition der Aufklärung mit geprägt. Wir werden aus der Spannung zwischen Glauben und Vernunft nicht entlassen. Der Christus-Glaube trägt und erleuchtet die Vernunft, wie umgekehrt die Vernunft den Glauben kritisch begleitet. Diesem Erbe haben wir uns in Auseinandersetzung mit den Widersprüchen des Säkularismus zu stellen.

Vorbereitungsausschuß für die Europäische Evangelische Versammlung in Budapest: Text zur Vorbereitung, 19. Dezember 1991 (epd-Dok. 5a/92, 7f)

(16) Die Säkularisierung ist ein vielschichtiges Phänomen. Sie trägt insbesondere in West und Ost unterschiedliche Züge. Alle Formen haben die Überzeugung gemeinsam, daß der Mensch das Leben ohne Gott zu bewältigen vermag oder doch zu bewältigen hat. Während aber der Kirche in der freiheitlich-demokratischen Ordnung, die sich in den westeuropäischen Ländern mehr und mehr durchsetzte, Raum für ihre Verkündigung blieb, wurde in den kommunistischen Ländern des Ostens der Bezug auf die Transzendenz bekämpft: Die Kirchen wurden im Namen des menschlichen Fortschritts unterdrückt und verfolgt. Die Zuordnung des Glaubens zur privaten Sphäre des Menschen, die die Säkularisierung zur Folge hat, erfolgte darum auf unterschiedliche Weise, und selbst wenn sich jetzt das westliche System in ganz Europa durchzusetzen scheint, bleiben Unterschiede bestehen.

(17) Die Verkündigung kann nicht zum Ziele haben, den Prozeß der Entflechtung von Kirche und Gesellschaft ungeschehen zu machen. Die Kirche kann nicht in eine Zeit zurückführen wollen, in der christliche Lehre und gesellschaftliche Ordnung unmittelbar miteinander verbunden waren. Die christliche Botschaft hat ohne Zweifel untergründig mit dazu beigetragen, daß es im Laufe der letzten Jahrhunderte zu einem Vorgang menschlicher Befreiung gekommen ist, und die Kirchen werden zum mindesten heute mit Nachdruck anerkennen wollen, daß durch die Aufklärung auch wesentliche Werte, die im Evangelium angelegt waren, zur Entfaltung gebracht wurden. Solche Werte sind z. B. die Kultur des freien Wortes, die Kritik des bloßen Traditionsargumentes, die Freiheit von fremd- und selbstverschuldeter Unmündigkeit, der Geist des Dialogs und der Toleranz gegenüber Andersdenkenden, das Ja zum säkularen Staat (vgl. oben Nr. 9). Das Evangelium Jesu Christi macht frei, und insofern der Prozeß der Säkularisierung die Menschen von Vorurteilen und Tabus befreit, muß er die Zustimmung der Kirche finden.

(18) Die Verkündigung führt allerdings unausweichlich auch zu einer kritischen Auseinandersetzung mit der säkularisierten Welt. Sie weiß, daß Freiheit in grenzenlose Selbstherrlichkeit umschlagen kann und damit zerstörerisch wird. Die Kirche hat unablässig die Frage nach der wahren Freiheit des Menschen aufzuwerfen. Sie verkündigt Jesus Christus, der auch den „freien" säkularisierten Menschen „zur wahren Freiheit befreit". Sie erinnert mit Nachdruck daran, daß diese Freiheit unabhängig von Gott keinen wirklichen Bestand haben kann. Die Freiheit, zu der Christus befreit, bewährt sich darin, daß sie sich aus Liebe zum Nächsten und in Verantwortung für die Schöpfung Grenzen auferlegt.

(19) Gerade weil es den Kirchen um wahre Freiheit geht, werden sie das Evangelium nicht auf autoritäre Weise verkünden können. Wenn auch der Wahrheit des Evangeliums gewiß, werden sie gut daran tun, jeden Eindruck zu vermeiden, daß sie über die Wahrheit verfügen. Sie werden im Gegenteil die Freiheit des säkularisierten Menschen anerkennen und ihm in der Bereitschaft zum Dialog entgegentreten. Die Verkündigung ist nicht ein Einbahnweg, auf dem nur die andern zu lernen hätten. Wir müssen aufeinander hören, mit anderen teilen und die Gemeinschaft mit ihnen vertiefen.

Kálmán Csiha (Rumänien):
Referat bei der Europäischen Evangelischen Versammlung
in Budapest, 26. März 1992
(epd-Dok. 23/92, 31-34)

Die Säkularisierung und die Stellung der Kirche gegenüber der Säkularisierung in theologischer Perspektive

[...] Mit Bonhoeffer sprechen wir heute oft von der „mündigen Welt". Die Welt, so sagen wir, ist durch die Säkularisierung mündig geworden, sie ist aus der Bevormundung durch die Kirche herausgewachsen und sucht ihre eigenen Wege. In mehr als einer Hinsicht nimmt sie Anstöße auf, die einst von der Kirche gegeben wurden; sie finden sich in den allgemeinen humanitären Vorstellungen, in der politischen Verwirklichung der Menschenrechte, in sozialen Forderungen usw. In gewissem Sinne kann gesagt werden, daß die von der Kirche begonnene Arbeit von der Welt weitergeführt wird.

Diese Feststellung darf aber nicht zu Illusionen führen. Die säkularisierte Gesellschaft räumt in ihrer Mündigkeit zugleich mit der christlichen Ordnung des Lebens und vor allem mit der christlichen Spiritualität auf; sie entfernt sich von der Quelle, deren Kraft die Gedanken hervorbrachte und die Ausübung jener selbstlosen Liebe ermöglichte, die sich in Menschlichkeit, Gewissensfreiheit und Diakonie äußerte. Die säkularisierte Gesellschaft hat ihren grundlegenden Charakter darin, daß sie zur Gleichgültigkeit gegenüber der Offenbarung, zur Selbständigkeit und Mündigkeit führt und die Abhängigkeit von Gott und Jesus Christus aufhebt.

Was sagt Gott dazu? „Wer nicht in mir bleibt, der wird weggeworfen wie eine Rebe und verdorrt, und man sammelt sie und wirft sie ins Feuer, und sie müssen brennen" (Johannes 15,6). Die Kirchen dürfen diese Aussage gegenüber der säkularisierten Welt nicht verschweigen. Sie müssen die Gesellschaft, die sich von Gott entfernt hat, darauf aufmerksam machen, daß die Umkehr zu Christus eine Frage von Leben oder Tod darstellt. [...]

Das europäische Christentum ist heute, nachdem es die Massen der Bevölkerung verloren hat, von einer inneren Säkularisierung bedroht, die noch gefährlicher ist als die äußere. Denken wir an das Gleichnis vom untreuen Haushalter (Lukas 16, 1-13): er verliert seine Anstellung; damit er in der Gnade der Schuldner bleiben kann, greift er zu einem letzten Mittel: er findet sich mit den Schuldnern seines Herrn ab, indem er den größten Teil der Forderungen abschreibt. Jesus richtete dieses Gleichnis in erster Linie an die Jünger. Dieses Nachlassen der Schulden könnte auch heute im säkularisierten Europa die Versuchung der Kirche sein. Die geistige Haltung der Kirche kann durch die innere Säkularisierung, durch die Unsicherheit unter den Dienern der Kirche und die Interesselosigkeit vieler Menschen gegenüber dem Evangelium von innen her unterhöhlt werden — so wie das Wasser, das durch die Risse einsickert, das Kalkgestein allmählich zersetzt. Die Kirche kann in dieser Lage — vielleicht in der Absicht, die säkularisierte Welt zu gewinnen — leicht der Versuchung erliegen, die Forderungen des Evangeliums ein Stück weit zu reduzieren — sowohl auf der Ebene des

Glaubens als auch auf der Ebene der Moral und des Lebensstils; sie versucht so, der entfremdeten Welt nachzulaufen. Sie vertauscht die Verkündigung des Evangeliums mit dem Einsatz für Sozialpolitik, für brennende politische Tagesfragen usw. Sie vergißt dabei, daß sie damit in Gefahr ist, sich selbst zu verlieren. Denn wenn dieser Einsatz für gesellschaftliche und politische Ziele auf der Ebene des Humanismus auch durchaus vernünftig und nötig ist, darf sie doch darüber die spezifische Verkündigung nicht vergessen, die ihr außer diesen und über diese Aufgaben hinaus aufgetragen ist. Wenn sie ihre ureigenste Aufgabe mit ihnen vertauscht, wird sie sie verlieren, und selbst die Welt wird schließlich nichts mehr von ihr wissen wollen: „Denn wenn das Salz kraftlos wird, ist es hinfort zu nichts mehr nütze, als daß man es hinausschütte und lasse es die Leute zertreten“ (Matthäus 5,13).

Wie soll sich nun die Kirche gegenüber dem heutigen Europa verhalten? Die Kirche muß sich zwischen dem untreuen Haushalter und dem treuen Diener entscheiden. Die wahre Kirche kann den Auftrag des Herrn nicht verändern. Sie kann nicht mit einem Mal erklären, daß sie ein christliches Europa überhaupt nicht will. Denn es ist der Wille Christi; er selbst hat ja gesagt: „Gehet hin und machet zu Jüngern alle Völker“ (Matthäus 28,19) und „Ihr werdet meine Zeugen sein ... bis an die Enden der Erde“ (Apostelgeschichte 1,8). Diesen Zeugendienst muß die Kirche auf sich nehmen. Wie könnte sie sagen, daß sie keine christliche Welt will, wenn Gott doch seinen Sohn in die Welt gesandt hat, „damit die Welt durch ihn gerettet werde“ (Johannes 3,17)? Die Kirche kann an diesen Zumutungen des Evangeliums nicht vorbeigehen. Und es ist eine alte Regel: eine Kirche, die ihre Minderwertigkeitsgefühle dadurch zu überwinden sucht, daß sie ihre göttliche Sendung in Frage stellt, wird die säkularisierte Welt niemals gewinnen können.

Zugleich müssen wir uns aber auch nach der andern Seite abgrenzen: der Versuchung der Kirche, zu neuer Herrschaft zu gelangen. Es geht bei der Evangelisierung ganz und gar nicht um den Traum einer christlichen Herrschaft über die Gesellschaft. Dagegen haben wir uns mit aller Entschiedenheit zu wehren.

Das Christentum würde gerade dadurch den größten Schaden nehmen. Seelen können nur mit den Waffen des Geistes gerettet werden. Die Kirche kann und darf ihrer Verkündigung in der säkularisierten Welt nicht mit Mitteln der Macht nachhelfen. Sie hat die Verlorenen allein mit der Macht der Liebe zu suchen und zu finden. Der Vater hat keine Polizisten nach dem verlorenen Sohn ausgeschickt. Als er ihn kommen sah, ist er ihm vielmehr entgegengelaufen und ihm um den Hals gefallen, damit er keine Angst habe, das Haus zu betreten. Auch der Hirte im Gleichnis geht dem verlorenen Schaf nach und, nachdem er es gefunden hat, legt er es auf seine Schultern und bringt es nach Hause (Lukas 15,6). [...]

10. Vollversammlung der Konferenz Europäischer Kirchen in Prag: Bericht der Arbeitsgruppe 2 „Visionen für Europa", 1.-11. September 1992 (Konferenz-Dokument)

[...] In der Einschätzung von Aufklärung und Rationalismus gehen die Meinungen weit auseinander; auch deswegen, weil die verschiedenen Teile Europas unterschiedlichen Anteil an dieser Tradition haben. [...]

Europa hat ein Erbe, das zwiespältig ist, aber gerade darum auch zukunftsträchtige Aspekte hat. Das gilt vor allem von der aufklärerischen und rationalistischen Tradition. Haben wir es nicht ihr zu verdanken, daß Themen wie die Menschenrechte, die Rechte der Frauen auf die Tagesordnung der Welt gesetzt wurden? Muß nicht der mörderische und selbstmörderische Haß zwischen den Völkern durch Vernunft gebannt werden? Ist nicht Vernunft für Christen das Erleuchtetsein durch den Heiligen Geist? Dazu ist zu lernen, ob und in welcher Weise dieses Erbe unverzichtbar ist. [...]

Dazu kommt, daß gerade die Kirchen sich allzu oft der analytischen Arbeit dadurch entziehen, daß sie schnell zu Visionen greifen und Imperative aussprechen. Die Kirchen bedürfen dringend des notwendigen sozio-ökonomischen und sozio-politischen Wissens, auch, um ihre eigene Rolle und Wachsamkeit kritisch beurteilen zu können.

Die gemeinsame Studienarbeit ist die unbedingte Voraussetzung für alle Versuche des Brückenbauens.

Daher halten wir eine intensive Studienarbeit für nötig, an der alle Kirchen gleichrangig partizipieren, bei der wir sorgfältig aufeinander hören und voneinander lernen. Dabei müssen die Probleme in all ihren Facetten gesehen werden. [...]

Evangelisierung

Europäische Evangelische Versammlung in Budapest:
Bericht der Sektion I „Evangelisation" (= Evangelisierung),
24.-30. März 1992
(epd-Dok. 17/92, 9-11)

IV. Was ist bei der Evangelisation zu beachten?

7. Die Botschaft der Liebe ist ein Angebot, das der Mensch frei und mündig annehmen soll. Daher wird die Evangelisation nicht durch Macht oder Geld oder aufgrund von Vorteilen geschehen, sondern einladend und werbend in der Demut und Offenheit, mit der im zweiten Korintherbrief der Apostel Paulus spricht: „So bitten wir nun an Christi Statt, laßt euch versöhnen mit Gott." (2. Korinther 5,20).

Solche Evangelisation nimmt den Dialog auf, ist selber lernbereit und kann auch Ablehnung ertragen.

8. Wie es in der Gemeinde hauptamtliche und ehrenamtliche Mitarbeiter und Mitarbeiterinnen gibt, so gibt es auch den allgemeinen und ständigen Auftrag zur Evangelisation für jedes Gemeindeglied neben dem besonderen Auftrag zur Evangelisation durch einzelne und bestimmte Programme oder Projekte in der Gemeinde und darüber hinaus.

9. Wir haben über das Verhältnis von Evangelisation und sozialer Verantwortung gesprochen. Uns war dabei wichtig, daß beide zusammengehören. Doch ist Evangelisation, die die Botschaft der Liebe vermitteln möchte, zu unterscheiden von dem Tun, das aus der Botschaft der Liebe folgen kann. Beide, Evangelisation und soziale Verantwortung, wie sie beispielsweise in dem ökumenischen Prozeß zu Gerechtigkeit, Frieden und Bewahrung der Schöpfung wahrgenommen wird, sind so zu unterscheidende und doch zusammengehörende Antworten auf Gottes Wirken in dieser Welt.

10. Immer wieder wurde darauf hingewiesen, daß das Problem von Mehrheit und Minderheit für das Miteinander der Kirchen eine Rolle spielt. Mehrheitskirchen sollten Minderheitskirchen im jeweiligen Land nicht mit Argwohn betrachten oder praktisch gar nicht zur Kenntnis nehmen. Die in Jesus Christus erfahrene Liebe Gottes befähigt dazu, gleichberechtigte Beziehungen zwischen Mehrheits- und Minderheitskirchen in einem Gebiet oder Land in gegenseitigem Respekt und Anerkennung als Voraussetzung für die Evangelisation zu schaffen. Die eigene Kirche wirkt überzeugend nur in der Gemeinschaft der Kirchen, nicht gegen sie oder an ihr vorbei. Und sie wirkt unabhängig von der zahlenmäßigen Größe.

11. Wir haben auch festgestellt, daß die Diasporasituation nicht zu beklagen ist, sondern eine von Gott gewährte Gelegenheit darstellt. Gott will die Evangelisation, auch und gerade in der Diaspora. Sie ist eine Chance, von der es in Apostelgeschichte 8,4 heißt: „Die nun zerstreut worden waren, zogen umher und predigten das Wort."

In diesem Zusammenhang wird immer wieder der Proselytismus angesprochen. Wir müssen dieses Thema vordringlich in der ökumenischen Gemeinschaft der Kirchen besprechen. Aber wir meinen, daß das Zeugnis des Glaubens auf vielfältige Weise gegeben wird, und es auch unterschiedlich gelebt werden kann, sofern die Botschaft der Liebe dadurch weitergegeben und nicht verleugnet wird. Sie wird nach unserer Meinung verleugnet, wenn einzelne oder sogenannte evangelistische Gruppierungen andere christliche Kirchen oder Frömmigkeitsstile verurteilen.

V. Empfehlungen

12. Wir empfehlen gemeinsame Studien- und Bildungsprogramme. Das ist nötig, um die Bedeutung von Evangelisation in den Kirchen bewußter zu machen und den Zusammenhang von Mission und Evangelisation zu vertiefen. Solche Studien- und Bildungsprogramme sind für die Ausbildung und Fort- und Weiterbildung ebenso wie für die Schulung von haupt- und ehrenamtlichen Mitarbeiterinnen und Mitarbeitern sowie Gemeindegliedern wichtig.

Der Austausch von Erfahrungen und Materialien zwischen Kirchen sollte ebenfalls gefördert werden durch gegenseitige Konsultationen, Besuche und finanzielle und personelle Unterstützung.

13. Wir schlagen gemeinsame Aktionen mit Vertretern und Vertreterinnen von Kirchen aus verschiedenen Ländern Europas vor. Sie können einen Prozeß einleiten, bei dem Evangelisation und missionarischer Gemeindeaufbau in Europa als gemeinsame Verantwortung der Kirchen zu erkennen sind und erlebt werden.

14. Wir begrüßen es, wenn die durch die Europäische Ökumenische Versammlung in Basel (1989) erreichte Zusammenarbeit zwischen KEK und CCEE zu einer weiteren gemeinsamen Versammlung führt, auf der die gemeinsame christliche Verantwortung für die Evangelisation oder Evangelisierung Europas behandelt wird.

15. Wir empfehlen zwischenkirchliche Visitationen, die durch Hospitation und Beratung dazu helfen, daß der missionarische Auftrag in den Gemeinden geweckt, gestärkt und erneuert wird.

16. Da für die Evangelisation der ökumenische Friede von entscheidender Bedeutung ist, stimmen wir dem Vorschlag der 5. Begegnung von KEK und CCEE in Santiago de Compostela zu, der empfiehlt, „Räte der christlichen Kirchen" auf der nationalen Ebene und oft auch im lokalen Bereich als ein wichtiges Mittel im Dienst des ökumenischen Friedens zu schaffen. „Wir fordern die Kirchen auf, dort, wo diese Räte noch nicht existieren, die notwendigen Schritte zu tun, um eine solche permanente Struktur des Dialogs und der Zusammenarbeit zu schaffen."

17. Wir möchten daran erinnern, daß für Evangelisation das Gebet und die Fürbitte zu Gott Voraussetzung und Grundlage sind.

Vorbereitungsausschuß für die Europäische Evangelische Versammlung in Budapest: Text zur Vorbereitung, 19. Dezember 1991 (epd-Dok. 5a/92, 9)

(22) Die Evangelisierung Europas ist nicht nur die gemeinsame Aufgabe der evangelischen Kirchen allein, sondern auch der gesamten Christenheit. So weit als nur möglich werden die evangelischen Kirchen darum die Zusammenarbeit mit andern christlichen Kirchen suchen. Die evangelischen Kirchen haben zwar einen spezifischen Beitrag zu leisten; sie würden ihre Aufgabe nicht erfüllen, wenn sie aus Rücksicht auf das gemeinsame Zeugnis der Kirchen auf diesen Beitrag verzichteten. Die Voraussetzung für dieses evangelische Zeugnis ist es, daß sich die evangelischen Kirchen über ihren Auftrag gemeinsam ins Klare kommen und sich die Strukturen geben, die für eine wirksame Präsenz in Europa erforderlich sind. Sie werden aber zugleich der Gefahr einer konfessionellen Restauration mit allem Nachdruck widerstehen. Jede Gelegenheit, bereits jetzt gemeinsam zu sprechen und zu handeln, muß wahrgenommen werden. Das gemeinsame Zeugnis im heutigen Europa ist umso wichtiger, als die konfessionellen Gegensätze unendliches Leid über Europa gebracht haben und auch heute noch Ursache von zerstörerischen Konflikten sind.

Fünfte Europäische Ökumenische Begegnung von der Konferenz Europäischer Kirchen (KEK) und dem Rat der Europäischen Bischofskonferenzen (CCEE) in Santiago de Compostela, 12.-18. November 1991: Schlußbericht „Auf Dein Wort!" (KEK-Dokumentationsdienst Nr. 16,31/32, Genf, Juni/Dezember 1991, 45-50)

Wir haben das Ausmaß unserer Verantwortung angesichts des Evangeliums erkannt.

10. Evangelisieren ist für uns eine fundamentale Verantwortung. Als freies Geschenk haben wir das Wort erhalten,

und so wollen wir es auch als freies Geschenk weitergeben. Das ist für uns eine Quelle der Freude. Gemeinsam sehen wir den Inhalt der Evangelisation in der Bekanntmachung Jesu Christi, ‚des Weges, der Wahrheit und des Lebens' (Joh. 14,6) an alle Kreatur. Die theologische Reflexion hat uns nach dem Erfahrungsaustausch dazu gebracht, unsere Verantwortlichkeit an wenigstens vier Punkten zu erkennen:

a) jedes kollektive Wort und jede kollektive Handlung, die unser christliches Zeugnis Lügen straft, zu unterlassen.

Die Ablehnung des christlichen Glaubens durch die Aufklärung hatte einen Grund in den Religionskriegen. Würden wir nun erneut miteinander konkurrieren, diesmal in der Evangelisierung, dann würden wir riskieren, die ablehnende Haltung unserer Mitmenschen dem christlichen Glauben gegenüber noch zu verstärken.

b) zusammen über alle Probleme zwischen uns zu sprechen und uns gegenseitig die Hand entgegenzustrecken.

Wir sollten so miteinander weitersprechen, wie wir dies in Santiago de Compostela getan haben. Besonders haben alle den Wunsch zum Ausdruck gebracht, daß wir uns über unsere jeweiligen Unternehmungen in der Evangelisierung informieren.

Es ist auch schon deshalb notwendig, sich einander die Hand entgegenzustrecken, weil sich das Bedürfnis für Evangelisierung als außerordentlich stark in ganz Europa gezeigt hat. Wir meinen, daß in dieser Zusammenarbeit eine Goldene Regel beachtet werden sollte:

Niemals die Lokalkirchen ersetzen, diesen auf ihre Bitte hin helfen, nichts ohne sie oder gar gegen sie tun. Ohne ökumenischen Frieden wird es in Europa weder Evangelisierung noch gemeinsames Zeugnis geben.

Auf diese Weise entfernt man sich vom Proselytismus. Was diesen anbelangt, so halten wir den Text der Vollversammlung des ÖRK von Canberra (1991) für zutreffend: Die Sektion III bezeichnete dort „Proselytismus unter den Kirchen einerseits als Skandal, andererseits als Herausforderung". Der ÖRK hat Proselytismus 1960 definiert und abgelehnt. An diesem Thema muß weiter gearbeitet werden, damit zwischen den Kirchen weder Bitterkeit aufkommt, noch die Tendenz, die Interessen einer bestimmten Gruppe auf Kosten einer anderen zu fördern (Bericht Sektion III „Geist der Einheit versöhne dein Volk!“, Bericht aus Canberra, hg. von W. Müller-Römheld, Frankfurt 1991, S. 105).

(c) unser Handeln unter das Zeichen von Gerechtigkeit, Frieden und Versöhnung zu stellen.

Im Kontext der Gegenwart, wo viele ihre nationalen, kulturellen und ethnischen Werte wiederentdecken, sollten wir als Christen alles daransetzen, daß diese Werte nicht zu totalitären Prinzipien werden und zu Ungerechtigkeiten gegenüber anderen Menschengruppen führen, ob diese auch unsere Gegner oder gar unsere Feinde sein mögen.

Das Evangelium, das wir verkündigen, ist wirklich das Evangelium von der Versöhnung durch den Vater in seinem Sohn für die Brüder und Schwestern, die untereinander getrennt sind und die infolge dieser Versöhnung den Geist Gottes empfangen. Das Evangelium ist das Evangelium der Liebe: „Liebt eure Feinde; tut denen Gutes, die euch hassen“ (Lk 6,27). „Wie ich euch geliebt habe, so sollt auch ihr einander lieben. Daran werden alle erkennen, daß ihr meine Jünger seid: wenn Ihr einander liebt“ (Joh 13,34 f).

(d) in der ökumenischen Bildung der Seelsorgenden und der Laien fortzufahren.

Über ihre Sorge um die Rezeption der theologischen Konsensdokumente hinaus sollten die Kirchenleitungen Maßnahmen ergreifen, die geeignet sind, die gegenseitige Kenntnis und Wertschätzung von Christen verschiedener Traditionen zu wecken. Die Erfahrungen der Gegenwart zeigen deutlich, daß Spannungen zwischen Christen dort am stärksten sind, wo die ökumenische Bildung am schwächsten war.

Das Evangelium hat Zukunft in Europa

11. Die Evangelisierung der Europäer hat dann eine Zukunft, wenn wir der geistlichen Bestimmung unseres Kontinents in ihrer ganzen Vielschichtigkeit Rechnung tragen. Als Christen haben wir dabei die lebendigen Wurzeln wiederzuentdecken, die wir im Volk Israel haben (vgl.Röm 11-13). Als Bürger in Europa sind wir zugleich Erben des Hellenismus und der Aufklärung. Heute leben wir Seite an Seite mit dem Islam. Unser Projekt der Evangelisierung hat kein religiöses Monopol zum Ziel, es stellt vielmehr die Verkündigung der Gnade Gottes für alle Menschen dar.

Auch wenn sich die Distanz zwischen dem Evangelium und einigen Bereichen der Kultur oder manchen Schichten der Bevölkerung vergrößert hat, so können wir doch auch feststellen, daß es in manchen Regionen des Ostens, aber auch des Westens einen ausgeprägten religiösen Durst gibt, was für die Verkündigung des Reiches Gottes günstige Voraussetzungen schafft. In den Veränderungen, die Europa gegenwärtig kennzeichnen, ist es unsere Pflicht und unsere Freude, „von der Hoffnung Zeugnis abzulegen, die in uns ist".

10. Vollversammlung der Konferenz Europäischer Kirchen in Prag, 1.-11. September 1992: Beschluß über den Bericht des Weisungsausschusses (Konferenz-Dokument)

1. Mission

Die Einheit der Kirche und die Mission der Kirche gehören untrennbar zusammen. Schritte auf dem Wege zu gemeinsamer Mission dürfen nicht von Schritten zur Einheit der Kirche getrennt werden. Doch um welche Einheit für welche Mission geht es?

Wir sehen hier eine grundlegende Frage für die Arbeit der KEK im kommenden Jahrzehnt.

Deshalb empfehlen wir,

1. daß die KEK auf der Grundlage dessen, was bisher erarbeitet worden ist, die *Studienarbeit* „über den Weg zu einer gemeinsamen Mission: Zeugnis und Auftrag der Europäischen Kirchen" fortsetzt. Dabei soll der Mission unserer jeweiligen Kirchen ebenso wie der gemeinsamen Mission der Kirchen Aufmerksamkeit und Beachtung geschenkt werden. Bei den Bemühungen um ein gemeinsames Zeugnis sollte das Ergebnis der Studie „Den einen Glauben bekennen" (Kommission für Glauben und Kirchenverfassung, ÖRK) berücksichtigt werden. Die Herausforderungen, die unserem Glauben heute durch die Säkularisierung, die Gleichgültigkeit, den Atheismus etc. erwachsen, sollten in dieser Studie ebenso zur Sprache kommen wie die positiven Aspekte der

Aufklärung und der wissenschaftliche und technische Fortschritt. Auch eine sorgfältige Definition und Analyse des Proselytismus und der Beziehungen der Mehrheits- und Minderheitskirchen zueinander sollten in der Studie enthalten sein, wobei deutlich werden muß, daß Proselytismus und Konkurrenzdenken unter den Kirchen das glaubwürdige Zeugnis des Evangeliums untergraben. Die KEK sollte solchen Proselytismus entschlossen verurteilen.

2. Im Rahmen des Studienprozesses

– sollte eine enge Zusammenarbeit mit dem ÖRK bei der Fortsetzung der bereits geleisteten Arbeit angestrebt werden;

– sollte eine Konsultation zwischen Missionsgesellschaften und etablierten Kirchen stattfinden, bei der die Trennungslinie zwischen wahrhafter Evangelisation und zerstörerischem Proselytismus herausgearbeitet werden sollte. Dabei sollte sowohl den Belangen der Minderheitskirchen als auch denen der Mehrheitskirche in den verschiedenen Regionen Rechnung getragen werden;

– sollten die Kirchenräte einbezogen werden, und diese wiederum sollten Gemeinden und ökumenische Gruppen zur Mitarbeit gewinnen. Diese Überlegungen sollten auch Eingang in Bildungsprogramme finden;

– sollte die KEK den Kirchen den Informationsaustausch darüber ermöglichen, wie die Kirchen in den verschiedenen Regionen der Herausforderung der Neuen Religiösen Bewegungen begegnen und wie sie denen Seelsorge zuteil werden lassen, die durch diese Bewegungen zu Schaden gekommen sind;

– sollten Hearings zur Auswertung des Prozesses stattfinden;

– sollte mit dem CCEE eine enge Zusammenarbeit angestrebt werden, und es sollte eine weitere Zusammenkunft stattfinden, bei der über die gemeinsame christliche Verantwortung beraten werden soll;

– sollte das Programm der nächsten Vollversammlung eine ausführliche Berichterstattung über den Studienprozeß vorsehen.

Zum Proselytismus

Aus der Botschaft der Oberhäupter
der Heiligen Orthodoxen Kirchen,
Phanar/Istanbul, 15. März 1992
(hg. vom Orthodoxen Zentrum Chambésy/Genf 1992)

Mit großer Betrübnis und mit Herzweh stellen wir fest, daß gewisse Kreise innerhalb der römisch-katholischen Kirche zu Aktivitäten schreiten, die dem Geist des Dialogs der Liebe und Wahrheit absolut entgegenstehen. Wir haben getreulich an den ökumenischen Treffen und bilateralen Dialogen teilgenommen. Nach dem Zusammenbruch des kommunistischen Regimes, unter dem viele orthodoxe Kirchen fürchterlich verfolgt und gequält worden waren, hatten wir brüderliche Hilfe oder wenigstens Verständnis für die schwierige Situation erwartet, die nach 50, ja sogar 70 Jahren unbarmherziger Verfolgung entstanden war. Diese Situation ist – im Blick auf die wirtschaftlichen und pastoralen Mittel der orthodoxen Kirchen – in vielerlei Hinsicht tragisch.

Statt dessen – zum Nachteil der gewünschten Reise auf die christliche Einheit zu – werden die traditionellen orthodoxen Länder als „Missionsgebiete" betrachtet, und infolgedessen baut man in ihnen missionarische Netzwerke auf, und der Proselytismus mit all seinen Methoden, die vor Jahrzehnten von allen Christen verurteilt und zurückgewiesen wurden, wird praktiziert. Insbesondere erwähnen wir und verurteilen zugleich die Tätigkeit der Uniaten unter der Kirche von Rom, die sich in der Ukraine, in Rumänien, der Ostslowakei, im Mittleren Osten und anderswo gegen unsere Kirche richtet. Dies schuf eine Situation, die unvereinbar ist mit dem Geist des Dialogs der Liebe und Wahrheit, und der initiiert und vorangetrieben worden war von den christlichen Führern, dem verstorbenen Papst Johannes XXIII. und dem verstorbenen Ökumenischen Patriarchen Athenagoras I. Dies hat dem Dialog eine sehr ernste Verwundung zugefügt, die zu heilen sehr schwierig sein wird. In der Tat ist dieser Dialog jetzt schon beschränkt worden auf die Diskussion über das Uniatenproblem, bis in dieser Sache Übereinstimmung erzielt wird.

Dasselbe kann im Hinblick auf gewisse protestantische Fundamentalisten gesagt werden, die sich befleißigen, in Ländern unter ehemals kommunistischem Regime zu „predigen". Die Betrachtung dieser Länder als „terra missionis" ist unannehmbar, da in diesen Ländern das Evangelium schon viele Jahrhunderte lang gepredigt wird, und gerade wegen ihres Glaubens an Christus haben die Gläubigen dieser Länder oft ihr Leben geopfert. Bezüglich dieses Themas erinnern wir alle daran, daß jede Form von Proselytismus — klar unterschieden von Evangelisation und Mission — von den Orthodoxen absolut verurteilt wird. Proselytismus, der in bereits christlichen Nationen und in vielen Fällen sogar in orthodoxen betrieben wird, manchmal mittels materieller Lockmittel, manchmal durch verschiedene Formen der Gewalt, vergiftet die Beziehungen unter Christen und zerstört den Weg hin auf ihre Einheit.

Europäische Evangelische Versammlung in Budapest:
Bericht der Sektion VI
„Interkonfessionelle Beziehungen", 24.-30. März 1992
(epd-Dok. 17/92, 34)

Aufgrund der politischen Umwälzungen in Europa haben sich für die christlichen Kirchen neue Möglichkeiten der Evangelisierung eröffnet. Die Schritte, dieser Herausforderung gerecht zu werden, sind in der größeren ökumenischen Gemeinschaft noch umstritten. Es gilt, sich dabei in den Kirchen des Ostens wie des Westens mehr als je zuvor der Tatsache zu stellen, daß wir nicht mehr von angestammten konfessionellen Gebieten ausgehen können, in denen anderen christlichen Kirchen das Recht zur Evangelisierung bestritten werden könnte. Die Kirchen müssen lernen, diese veränderte Situation als gemeinsame Herausforderung zur Zusammenarbeit und Erneuerung des kirchlichen Lebens zu sehen. Wo wir als Kirchen vor Ort neue Möglichkeiten der Verkündigung des Evangeliums in der säkularen Gesellschaft erkennen, sollte jegliche Form des Proselytismus, des Abwerbens von Gliedern anderer Kirchen, vermieden werden. Es sollte das Bestreben sein, Evangelisation in ökumenischer Absprache, und wo möglich in Zusammenarbeit der Kirchengemeinden am Ort zu tun. Auch in der Art und Weise, wie sich die zwischenkirchlichen Beziehungen in diesen konkreten Fragen gestalten lassen, geben wir entweder ein glaubwürdiges Zeugnis der verbindenden Kraft des Evangeliums oder wir verdunkeln die Botschaft, die wir weiterzugeben haben.

ZUR DISKUSSION

Anregungen von Beatus Brenner

Die in diesem Buch dokumentierten Texte evangelischer, katholischer und ökumenischer Versammlungen in Europa enthalten viel Material zur Diskussion in Gemeindeveranstaltungen und im Religionsunterricht. In den folgenden Abschnitten „Zur Diskussion" werden die Kernaussagen der Texte in Thesen[1] zusammengefaßt und kurz erläutert. Damit soll es dem Leser erleichtert werden, mit dem Material zu arbeiten.

Auf eine didaktische Aufbereitung mit Gliederungen für Gemeindekreise und Schule wurde verzichtet, weil vermutlich die Interessen und Vorkenntnisse recht unterschiedlich sind. Die Diskussionsthesen versuchen, die evangelische Stimme in Europa profiliert zusammenzufassen; vielleicht eignen sie sich als Einleitung in ein Gespräch.

---

1 *Die Thesen lehnen sich an die „Zehn Herausforderungen" an, die zur Vorbereitung auf die Europäische Evangelische Versammlung in Budapest verbreitet wurden.*

EVANGELISCHE FREIHEIT

1. Christliches Zeugnis im Kontext politischer Visionen

Die evangelischen Kirchen wollen das christliche Zeugnis von der Rechtfertigung aus Gottes Gnade allein im Glauben den heutigen Menschen in Europa so sagen, daß sie es angesichts der großen Veränderungen in ihren Ängsten und Hoffnungen verstehen. Im Vertrauen auf Gott ist das Gewissen an das Evangelium und sonst an keine andere weltliche oder kirchliche Instanz gebunden.

*

Mit dieser These läßt sich zuspitzen, worin für evangelische Christen der Schnittpunkt ihres Europa-Engagements liegt: Es geht erstens um den Glauben und zweitens um gesellschaftliches Engagement.

Die in der These enthaltenen vier reformatorischen „Allein"-Aussagen sind biblisches Glaubensfundament. Sie einen den Protestantismus. Sie begründen unser Menschenbild. Sie lassen sich mit den Anregungen von Budapest folgendermaßen konkretisieren:

- *Allein aus Gnaden:* Gott bestimmt unser Leben. Als Christen wissen wir, daß das Leben eine Gabe Gottes ist. Wir sind nicht Maßstab aller Dinge. Das Evangelium von Leben, Sterben und Auferstehen Christi befreit uns von der Lebenslüge, uns selbst produzieren und menschlich machen zu müssen. So können wir unser Leben in Dankbarkeit und Verantwortung vor Gott gestalten und wissen unsere Schuld von Gottes Gnade vergeben. Die Verantwortung der evangelischen Christen für Europa besteht zuerst und vor allem darin, über diesen Glauben aufzuklären, insbesondere in einer Gesellschaft, die sich als Leistungsgesellschaft versteht.
- *Allein Christus:* In Jesus Christus erkennen wir, wer Gott ist und wie Gott uns zum rechten Menschsein befreit und eint. Ein „anderer Christus" wird verkündigt, wenn nicht mehr Jesus Christus allein die Mitte ist, sondern zusätzlich „noch andere Ereignisse und Mächte, Gestalten und

Wahrheiten als Gottes Offenbarung" anerkannt werden sollten (Barmer Theologische Erklärung von 1934 – ein in Budapest mehrfach zitiertes Papier). Sensibel bleiben für diese Unterscheidung ist eine ständige Aufgabe für Christen.

- *Allein im Glauben:* Glauben ist Gottvertrauen. Im Vertrauen auf Gott wurzelt die Überzeugung der Christen, daß sich das Evangelium ohne weltliche Gewalt, allein durch das Wort der Verkündigung, durchsetzt. Aus dieser prinzipiellen Überzeugung nach dem Motto „Woran du dein Herz hängst, das ist dein Gott" (Luther) können evangelische Christen in illusionsloser Nüchternheit sagen:
  1. Keine romantischen Beschwörungen alter Zeiten, in denen Europa noch christlich und das Christentum noch europäisch war. Europa ist nicht das Ziel, sondern der Adressat der Verkündigung.
  2. Keine Sicherung der eigenen religiösen Identität. Eine sich selbstverwirklichende evangelische Kirche hörte auch schon auf, evangelisch zu sein. Vertrauen zu sich selbst gewinnt die evangelische Christenheit genau in dem Maße, in dem sie dem im Evangelium zur Sprache kommenden Gott vertraut.
- *Allein die Heilige Schrift:* Gottes Wort im Leben der Kirche Raum zu geben – diese Bereitschaft hat die Reformation ausgelöst, diese Bereitschaft in allen Bereichen des Lebens wach zu halten, ist Auftrag aller Christen. Die Wahrheit liegt nicht in der Mitte zwischen einzelnen Manifesten oder Reformideen, sondern in der Mitte der Heiligen Schrift. Im menschlichen Wort der Propheten und Apostel redet Gott selbst zu den Menschen aller Zeiten und Orte. Insofern ist die Bibel als Gottes Wort der einzige und allen Autoritäten übergeordnete Maßstab für die Verkündigung. Mit dem nur an das Evangelium und sonst an keine andere weltliche oder kirchliche Instanz gebundenen Gewissen wurde im 16. Jahrhundert eine Weltordnung aus den Angeln gehoben. Das Recht, sich auf dieses Gewissen berufen zu können, haben wir als ein evangelisches Anliegen mit hoher politischer Brisanz in das künftige Europa einzubringen.

2. Evangelische Freiheit ist das Ziel

Rechtfertigung bewirkt „evangelische Freiheit". Sie macht frei von Schuld und frei für Gott. Sie macht frei für den Mitmenschen und befreit zum versöhnenden Handeln. Sie ist biblisches Glaubensfundament für alle Konfessionen und Ziel der Evangelisierung in Europa.

*

„Evangelische Freiheit"
- wurde im 16. Jahrhundert wiederentdeckt
- hat die Reformation ausgelöst
- hat die Ablösung kirchlicher Herrschaft über Politik und Gesellschaft eingeleitet

„Evangelische Freiheit hat den Weg frei gemacht"
- für das Ende des Klerikalismus
- für das Nebeneinander souveräner Staaten und autonomer Kulturen
- für einen politischen und religiösen Pluralismus, der Europa bis ins 20. Jahrhundert hinein prägen sollte

Nachwirkungen evangelischer Freiheit sind
- die allmähliche Anerkennung allgemeiner Gewissens- und Religionsfreiheit und daraus folgender anderer freiheitlicher Menschenrechte
- die Kultur des freien Wortes
- die Autorität der Vernunft in weltlichen Dingen
- die Kritik des bloßen Traditionsargumentes
- der Geist des Dialogs
- das Modell der Einheit in Verschiedenheit
- das Ja zum weltanschaulich neutralen Staat bis hin zur sozialen Marktwirtschaft

Zu evangelischer Freiheit evangelisieren heißt
- erfahren, wie sehr die Neu-Evangelisierung Europas das gemeinsame Werk aller Christen ist
- jegliche Form des Proselytismus vermeiden, einer konfessionellen Restauration mit allem Nachdruck widerstehen und lernen, daß Konkurrenzdenken unter den Kirchen die Glaubwürdigkeit des Evangeliums untergräbt
- eine permanente Struktur des Dialogs und der Zusammenarbeit unter den Kirchen schaffen, für gleichberechtigte Beziehungen zwischen Mehrheits- und Minderheits-

kirchen in einem Gebiet eintreten und die Zusammengehörigkeit von Mission, Evangelisation und sozialer Verantwortung unterstreichen

- nicht mehr von angestammten konfessionellen Gebieten ausgehen, in denen anderen christlichen Kirchen das Recht zur Evangelisierung bestritten werden könnte. Ungetaufte zu evangelisieren ist kein Proselytismus.

3. Die pluralistische Gesellschaft bejahen

Evangelische Freiheit hat seit der Reformationszeit die allmähliche Anerkennung von Gewissens- und Religionsfreiheit und anderen Menschenrechten vorbereitet. Diese Werte prägen heute viele Menschen in Europa und bilden die Basis für den pluralistischen Staat. Wir nehmen diese Gesellschaft an und wollen in ihr das Evangelium zur Sprache bringen.

*

Wie gehen Christen mit den Wirkungen der Aufklärung um, mit Vernunftautonomie, Säkularisierung und Pluralismus?

- In der „Botschaft“ von Budapest bekennen sich die Kirchen reformatorischen Ursprungs zu einem Erbe: „Wir sind in der Tradition der Reformation verwurzelt und durch die Tradition der Aufklärung mit geprägt.“ Ein verbindendes „sowohl, als auch“ der beiden Traditionen, wie es die erste Fassung der Botschaft noch vorsah, wurde nach lebhafter Diskussion wegen der Gefahr des Anscheins einer „doppelten Verwurzelung“ von Christen in Reformation und Aufklärung abgeändert.
- Säkularismus bedeutet, daß der Mensch das Leben ohne Gott zu bewältigen vermag oder doch zu bewältigen hat. Davon zu unterscheiden ist die Säkularisierung als Lösung der Gesellschaft von der Vormundschaft der Kirche.
- Christen kann in der Begegnung mit dem vielschichtigen Phänomen der Säkularisierung die Unterscheidung von Entkirchlichung und Entchristlichung hilfreich sein.
- Entkirchlichung, die sich in Gestalt kultureller Säkularisierung vollzog, bedeutet keineswegs auch ihre Entchristlichung.

- Die weltliche Behauptung der Unverletzlichkeit der Würde der Person, die weltliche Selbstverpflichtung zum Schutz auch des beschädigten Menschenlebens, die allgemeine Schulpflicht und viele andere Errungenschaften des modernen Rechtsstaates sind säkularisierte Schätze der Kirche.
- Die evangelische Christenheit Europas existiert auch in säkularisierter Gestalt. Die evangelischen Kirchen sollten sich dieses ihres weltlichen Kindes freuen, statt es als verlorenen Sohn oder verlorene Tochter zu beklagen.

Evangelische Freiheit schützt auch die Freiheit anderer. Darum bedeutet die Gewissens- und Religionsfreiheit aller Menschen für Christen in konkreter Konsequenz:

- Ein weltanschaulich und kulturell plurales Europa wird als Realität akzeptiert.
- Ein plurales Europa kann nicht „christlich" sein, wohl aber der Ort, wo Christen ihr christliches Zeugnis ungehindert leben und dadurch auf andere Menschen prägend wirken können.
- Bei der Evangelisierung in diesem pluralen Europa geht es deshalb vor allem um den christlichen Glauben einzelner Menschen und um den zeichenhaften Dienst von Christen in der Gesellschaft, nicht aber um eine Verchristlichung von gesellschaftlichen Strukturen.
- Den Wahrheitsanspruch des Evangeliums vertreten Christen zwar als universalen Wahrheitsanspruch „für alles Volk", bejahen ihn aber innerhalb der pluralistischen Gesellschaft als einen Wahrheitsanspruch unter vielen.

Kirche und Gesellschaft

Demokratische Erneuerung

Vorbereitungsausschuß für die
Europäische Evangelische Versammlung in Budapest:
Text zur Vorbereitung, 19. Dezember 1991
(epd-Dok. 5 a/92, 12f)

Ein klares Ja zur demokratischen Ordnung

(33) Die evangelischen Kirchen werden mit Nachdruck für demokratische Rechte eintreten und jedesmal ihre warnende Stimme erheben, wenn sie um angeblicher politischer oder wirtschaftlicher Effizienz willen eingeschränkt oder gar aufgehoben werden.

(34) Die demokratische Ordnung gewährleistet die freie und geordnete Auseinandersetzung der politischen Kräfte. Sie ermöglicht die Partizipation weiter Kreise an politischen Entscheidungen und schafft damit Raum für eine politische Kultur. Sie ist keine Garantie für vernünftige, verantwortliche und menschliche Entscheidungen. Demokratische Mehrheiten können kurzsichtiges Selbstinteresse repräsentieren. Es ist aber ein Wesenszug der demokratischen Ordnung, daß auch ein einmal erreichter Konsensus grundsätzlich wieder in Frage gestellt werden kann.

(35) Die demokratische Ordnung ist auf die Bereitschaft zur Teilnahme am politischen Leben angewiesen. Sie macht Partizipation nicht nur möglich, sondern lebt davon, daß die politische Verantwortung auf allen Ebenen des Lebens der Gesellschaft wahrgenommen wird.

(36) Den Kirchen fällt die Aufgabe zu, zu dieser aktiven Partizipation Mut zu machen. Vor allem werden sie selbst sich mit ihrer Verkündigung und ihrem praktischen Zeugnis in die demokratische Auseinandersetzung einzubringen suchen.

Europäische Evangelische Versammlung in Budapest: Bericht der Sektion III „Kirche, Staat, Wirtschaft“, 24.-30. März 1992 (epd-Dok. 17/92, 16-19)

A. Kirche und Staat

In den westlichen Ländern, wo evangelische Kirchen einen starken und anerkannten Platz im Leben des Volks haben (so in Skandinavien, Deutschland, den Niederlanden, Großbritannien), geht die Haupttendenz auf eine Lockerung des Verhältnisses Kirche-Staat. Denn die moderne Gesellschaft wird säkularer, wie auch uneinheitlicher in Religion und Ideologie. Starke Einwanderergruppen haben das Bedürfnis, ihren eigenen Glauben zu praktizieren (namentlich Moslems, Hindus und Sikhs). Das öffentliche Klima wird stärker agnostisch, geneigter, die Religion als eine Sache der persönlichen Vorliebe zu betrachten. Man geht davon aus, daß alle Wahrheit und alle Werte relativ sind. Das Christentum hat einen weniger gesicherten Platz in Erziehung, Medien, Wohlfahrtspflege usw.

Wir Protestanten begrüßen die Chancen der Freiheit und die Heraufkunft der offenen Gesellschaft, wo andere Religionen ihren Platz haben und Religionsfreiheit gesichert ist. Ein christliches Streben nach besonderen Vorrechten halten wir für zweifelhaft. Auf der andern Seite lehnen Protestanten viele der herrschenden Selbstverständlichkeiten ab. Denn die religiöse Bindung ist eine der zentralen Kräfte der Person.

In vielen europäischen Ländern stellen die Evangelischen Minderheiten dar. Sie fordern nachdrücklich die Rechte jeder religiösen Gemeinschaft, und wäre sie noch so klein. So erwarten sie in den osteuropäischen Ländern, die einst vom totalitären Kommunismus dominiert waren, daß sie ihren Glauben frei mit andern teilen, ihre Einrichtungen pflegen und ihren vollen Anteil am gesellschaftlichen und politischen Leben ausspielen können.

Protestanten sind immer dazu berufen, beim Aufbau und der Sicherung des Beziehungsgeflechts einer partizipatorischen Demokratie mitzuhelfen. Sie stellen sich in allen Situationen gegen Rassismus und die Aggressivität eines engen

Nationalismus. Sie widerstehen jeder Neigung, den religiösen Glauben als bedeutungslos zu behandeln; eben deshalb wollen sie die Religionsfreiheit aufrechterhalten. Sie lehnen Bigotterie, Intoleranz und den Fluch des Antisemitismus ab.

B. Politische Erneuerung der Gesellschaft

Der große Augenblick der Demokratie, wie er nach dem Zusammenbruch des östlichen Totalitarismus eingetreten ist, fällt zusammen mit einer großen Politik-Müdigkeit in den etablierten westlichen Demokratien. Insbesondere die jüngere Generation empfindet die Teilnahme am politischen Prozeß oft als sinnleer und irrelevant. Dazu kommen die großen Schwierigkeiten, die viele Menschen in den eben befreiten Ländern beim demokratischen Aufbau durchmachen. Sie erkennen das ersehnte Gesicht der Freiheit im Alltag des Kampfs um Einfluß häufig nicht wieder.

In dieser Situation droht ein doppeltes Versagen: Einerseits, daß sich der christliche Impuls auf die Gestaltung der privaten und persönlichen Verhältnisse beschränkt; andererseits, daß aus den großen Hoffnungen und Forderungen des Friedens und der Gerechtigkeit unrealistische Ansprüche an die Regierenden abgeleitet werden.

Hier sollte unser protestantisches Erbe zum Tragen kommen. Die Verantwortung des Christen im Beruf umfaßt die Pflicht, am öffentlichen Leben teilzunehmen. Von der höchsten politischen Ebene bis hinab zu Betrieben und Vereinen muß es sich auswirken, daß die christliche Freiheit eine Inanspruchnahme der ganzen Person darstellt. Beides muß geschehen, sowohl der Appell an die verantwortlichen einzelnen auf allen Ebenen der Entscheidungsfindung, wie auch die kritische und helfende Einflußnahme der Öffentlichkeit auf die Führungskräfte in Politik und Wirtschaft. In beiden Hinsichten müssen die Konsequenzen des gehörten Wortes durchdacht werden.

Zwei Prinzipien können dabei leitend sein.

Erstens das Prinzip der *öffentlichen Rechenschaft* (accountability): Das immer wichtiger werdende Handeln von Konzernen und Verbänden, zumal multinational, kann nicht ausreichend durch nationale Regierungen überwacht werden.

Erforderlich ist, daß das Handeln dieser Organisationen darauf verpflichtet wird, für die Folgen ihres Tuns öffentlich Rechenschaft abzulegen. Sowohl rechtliche Auflagen wie Selbstverpflichtungen, aber auch öffentliche Einflußnahme sind hier unentbehrlich. An allen diesen Punkten muß die protestantische Berufsethik neu entdeckt werden.

Zweitens das Prinzip der *Subsidiarität*: Angesichts der zunehmenden Undurchsichtigkeit und Anonymität der politischen Prozesse muß die Entscheidungsfindung möglichst auf die jeweils orts- und sachnächste Ebene verlagert werden, um die persönliche Teilnahme am demokratischen Leben erlebbar zu machen.

Der protestantische Beitrag sollte sich auszeichnen durch die Bereitschaft, Lasten zu tragen und Verantwortung zu übernehmen, bevor Ansprüche gestellt werden. Die besten Appelle haben keine Glaubwürdigkeit, sie belasten dazuhin das demokratische System, wenn sie nicht aus dem Willen zum Mittragen erwachsen.

Dabei will ein alter protestantischer Grundsatz neu gewürdigt sein: Wir dürfen alles, was für unser Leben notwendig ist, als von Gott bejaht verstehen. Deshalb klagt uns Gottes Wort nicht nur an, sondern gibt uns auch ein gutes Gewissen, das irdisch Nötige zu tun. Dieses gute Gewissen ist entscheidend wichtig, wenn wir unsere Aufgabe der Kritik an den herrschenden Zuständen wahrnehmen und Veränderungen fordern.

Das immer engere, vor allem in der Europäischen Gemeinschaft auch institutionelle, Zusammenwachsen der europäischen Völker und Staaten stellt die evangelischen Kirchen vor besondere Herausforderungen. Es geht um die Formen der Zusammenarbeit der Kirchen gegenüber den europäischen Institutionen, deren politisches Gewicht und Verantwortung zunehmen. In zahlreichen Bereichen politischen Handelns, in denen die Staaten bisher das maßgebliche Gegenüber der Kirchen waren, sind für die Länder der EG deren Institutionen in dieses Verhältnis mit eingetreten. Auch für die Länder Mittel- und Osteuropas gewinnt die EG an Bedeutung als Motor und Anker der europäischen Einigung.

Neue und vielfach offene Fragen gemeinsamer europäischer Verantwortung, an deren Beantwortung die Kirchen mitwirken müssen, betreffen die Forderungen des Teilens der reicheren Länder Nord- und Westeuropas mit den ärmeren Ländern Ost- und Südeuropas, sowie Europas insgesamt mit den Ländern der sogenannten Dritten Welt. Sie betreffen neue Formen eines friedlichen Ausgleichs in den internationalen Beziehungen in der Welt und eine neue Rolle Europas, ebenso wie Fragen einer Weltumweltpolitik. Innereuropäisch geht es vor allem um eine verbindliche europäische Sozialcharta, und um Aufbau und Stärkung demokratischer, insbesondere parlamentarischer Strukturen.

Hans Gammeltoft-Hansen
(Frederiksberg/Dänemark):
Referat bei der Europäischen Evangelischen Versammlung
in Budapest, 26. März 1992
(epd-Dok. 23/92, 28,30)

Kirche und Staat

[...] Eine enge Verbindung zwischen Staat und Kirche ist meiner Ansicht nach an sich nicht schlecht. Sie wird aber schlecht, wenn der Staat sie durch Pressionen (z.B. wirtschaftliche Maßnahmen, durch Entlassungsandrohungen usw.) ausnützen kann — oder wenn die Kirche selbst einem Gefühl mißverstandener Loyalität gegenüber dem Staat erliegt.

Daß die in früheren Zeiten bestehende Wesenseinheit zwischen Staat und Kirche heute aufgehoben ist, bedeutet für die Kirche eine an Möglichkeiten reiche Freiheit, die sie festhalten und verwenden sollte. Die Kirche befindet sich nicht mehr in einer Rolle, die sie nötigt, als ideologischer Garant der Staatsherrschaft in allen zweideutigen und pragmatischen Beschlüssen aufzutreten. Die Kirche sollte an ihrer souveränen Freiheit festhalten, die Beschlüsse der Machthaber in all ihren geistigen und moralischen Konsequenzen zu durchdenken und die Öffentlichkeit mit der evangelischen Liebe, Weisheit und Wahrheit zu konfrontieren. Die Kirche muß den Mut haben, auch Gegner zu sein — nicht aus geistiger Besserwisserei; sondern aus der Freiheit heraus, die offen zum Ausdruck bringt, was sonst verdrängt, unterdrückt und verschwiegen wird. [...]

Die Kirchen werden in den kommenden Jahren in Europa in steigendem Maße eine Rolle als „Gewissensinstanzen" zu erfüllen haben. Sie werden ein Gegengewicht bilden müssen gegen den steigenden Fremdenhaß und den heftig aufflammenden Nationalismus, gegen die praktisch fehlende Unterstützung des Westens für den Wiederaufbau der Gesellschaftsstrukturen und der Wirtschaft in den osteuropäischen Ländern, und gegen die wachsende Armut — nicht nur die Probleme der sozialen Verlierer, sondern in ebenso hohem Maße diejenigen der psychischen Verlierer. Es geht um das Verhältnis zur Dritten Welt und den ständig steigenden absurden Unterschied in Lebenshaltung und Gesundheitszustand; und es geht um die ökologische Problematik, sowohl lokal und regional als auch global.

Die europäischen Kirchen müssen in allen diesen Gebieten ernsthafte und konkrete Arbeit leisten; nicht mit politischen Programmen, sondern indem sie grundlegende christlich-ethische Perspektiven und Strategien entwickeln, die es ihnen erlauben, sowohl den Machthabern als auch der Öffentlichkeit entgegenzutreten, die nicht einsehen, daß die Art und Weise, wie wir mit diesen Fragen und Problemen umgehen, für unsere Selbsterkenntnis, für unsere Auffassung vom Menschen und für unseren Wert als Menschen entscheidend ist.

Frances M. Young
(Birmingham/Großbritannien):
Bibelarbeit bei der Europäischen Evangelischen
Versammlung, 26. März 1992
(epd-Dok. 23/92, 76)

Priesterliche Berufung zur Weltverantwortung

[...] Gewiß, die protestantische Identität wurde aus dem Protest heraus geprägt — dem Protest gegen eine herrschende und elitäre Priesterschaft, eine introvertierte klerikale Ordnung, die nicht über sich selbst hinauswies, sondern sich an Privilegien, Autorität und Macht festklammerte. Aber vielleicht hat unsere Tradition allzu leicht eine andere Form von elitärer, introvertierter Priesterschaft hervorgebracht, eine Priesterschaft von einzelnen Gläubigen, die versucht sind, ihre priesterliche Berufung zur Weltverantwortung zu vergessen, und eine Elite der Erlösten, die nur daran denkt, andere dazu zu überreden, sich ihrer Elitegruppe anzuschließen. Es gibt eine Art von Demokratie in Kirche und Welt, die einzelne Menschen mit der Aufforderung zur Partizipation unterdrückt. Und es gibt eine andere Art von Demokratie, in der einige dazu berufen sind, Diener zu sein und als Vertreter breiterer, weniger engagierter Kreise die Verantwortung für andere zu tragen. [...]

Kálmán Csiha
(Klausenburg/Rumänien):
Referat bei der Europäischen Evangelischen Versammlung
in Budapest, 26. März 1992
(epd-Dok. 23/92, 38)

Christliche Erziehung

3. *Eine weitere Form des Dienstes ist die christliche Erziehung*. In 20 oder 30 Jahren werden die Kinder von heute den aktiven Teil der Gesellschaft in Europa stellen. Wenn wir in mehr als einer Hinsicht den heutigen Anforderungen nicht gerecht werden, dürfen wir doch auf alle Fälle nicht die Anforderungen der Zukunft versäumen. Drei Wege kommen in Betracht: a) Schulerziehung; b) allgemeine Erziehung; c) Erziehung in der Gemeinde.

a) Die Mehrheit der westeuropäischen Kirchen hat auf die *Erziehung durch christliche Schulen* verzichtet; sie haben sie der säkularisierten Gesellschaft überlassen. Viele westliche Christen haben wenig Verständnis für den Wunsch der Kirchen in Ungarn und Rumänien, die historischen konfessionellen Schulen, die ihnen weggenommen wurden, wieder zurückzuerhalten. Die Kirchen, die die Wirksamkeit der kirchlichen Schulen aus eigener Erfahrung kennen, denken in dieser Hinsicht anders.

b) Auch die *allgemeine soziale Erziehung der Jugend* ist den Händen der Kirche entglitten. So sehr die europäische Kultur in ihren klassischen Zügen nach wie vor die Zeichen der christlichen Tradition aufweist, hat sich die heutige Kultur in ihrer Tendenz und Richtung doch von ihr entfernt. Die Kirchen müssen darum eine Strategie entwickeln, wie die christliche Kultur von neuem verbreitet werden kann.

c) Die *Erziehung in der Gemeinde* ist vielleicht die wirksamste Gestaltungskraft. Jugend, Familie, menschliche Gemeinschaft überhaupt können im Rahmen der christlichen Gemeinde die nachhaltigsten christlichen Anstöße erhalten. [...]

Jean Fischer (Genf/Schweiz): Bericht des KEK-Generalsekretärs bei der 10. Vollversammlung der Konferenz Europäischer Kirchen in Prag, 1.-11. September 1992 (epd-Dok. 42/92, 5, 13-14)

Die Kirchen in den Korridoren der „europäischen Macht“

26. Eine andere wichtige Etappe war die Beteiligung der KEK am Helsinki-Prozeß für die Zusammenarbeit und Sicherheit in Europa (KSZE). Als Vorwegnahme auf die Helsinki-Abkommen und Aufforderung an die Regierungen der europäischen Staaten, ihre Bemühungen um den Frieden zu verstärken, erklärte die V. Vollversammlung 1967 in Pörtschach: „Auch wenn wir mit Dank eine gewisse Entspannung in Europa in den letzten Jahren feststellen können, schlagen wir als eine Möglichkeit weiterer Versöhnung und praktischen Schritt zur Festigung des Friedens eine Konferenz der europäischen Regierungschefs vor. Eine solche Konferenz könnte eine bedeutende Rolle für den Abbau der Blockbindung, die Intensivierung freundschaftlicher Beziehungen und eine stärkere Kooperation bei der Bewältigung der Entwicklungsaufgaben in der ‚Dritten Welt‘ spielen.“

27. Dies wurde auf der VI. Vollversammlung 1971 in Nyborg bestätigt, auf der die Ermahnung erging: „Die Mitgliedskirchen der KEK und ihre Leitungen werden gebeten, die Regierungen ihrer Heimatstaaten auf die Notwendigkeit und Dringlichkeit des Zustandekommens einer europäischen Konferenz über Sicherheit und Zusammenarbeit hinzuweisen.“

65. Die Kirchen sind in den Korridoren der „europäischen Macht" vertreten: im Bereich der KSZE, auf der Ebene der Europäischen Gemeinschaft, auf der Ebene des Europarates und natürlich in jedem Land/Staat, wo der Dialog jetzt möglich, aber nicht unbedingt leicht ist, überall in Europa in der Diskussion zwischen Kirche und Staat und in den großen Debatten der Gesellschaft.

66. Seit der Gründung der KSZE im Jahre 1975 haben die europäischen Kirchen in diesen Kreisen mitgeredet, in denen die nicht-staatlichen Organisationen bisher keine besondere Anerkennung gefunden haben (im Gegensatz zur UNO und zum Europarat). Dennoch hat die Aktion der Kirchen und das Programm der KEK zur Begleitung des Helsinki-Prozesses bei vielen in der KSZE behandelten Themen und besonders den Menschenrechten, der Religionsfreiheit, den menschlichen Kontakten, also alles, was jetzt mit „menschlicher Dimension" bezeichnet wird, konstruktive Vorschläge ermöglicht, die berücksichtigt wurden. Ich erinnere besonders an den Brief, der 1990 vom Präsidium der KEK an die in Paris zur Annahme der „Charta von Paris" versammelten Staats- und Regierungschefs geschickt wurde. [...]

67. Seit Mai 1992 besitzt die Konferenz Europäischer Kirchen den Status einer nicht-staatlichen Organisation im Europarat. In dieser Institution, in der täglich mehr europäische Staaten zusammengeschlossen sind und deren verschiedene Programme und Instrumente (wie der Europäische Menschenrechtsgerichtshof) die Errichtung und Praxis der Demokratie sowie den Umweltschutz fördern, können die Kirchen konkret an der Erarbeitung von Übereinkommen und Verträgen mitarbeiten, die Bausteine für das gemeinsame europäische Haus sind.

75. Nun ist es an der Zeit, die Mechanismen und Strukturen einzurichten, die es allen Kirchen Europas gemeinsam und möglichst mit einer Stimme erlauben, den Dialog mit den Zentren der politischen und wirtschaftlichen Macht zu führen (KSZE, Europarat, Europäische Gemeinschaft etc.), um zum rechten Augenblick einzugreifen und einen wertvollen Beitrag zu den Debatten der Gesellschaft leisten zu können, die auf lange Zeit unsere Lebenseinstellung bestimmen, und zwar nicht nur in einigen europäischen Ländern, sondern wohl in allen und sogar über diesen Kontinent hinaus.

Nation, Nationalismus, Minderheiten

Vorbereitungsausschuß für die
Europäische Evangelische Versammlung in Budapest:
Text zur Vorbereitung, 19. Dezember 1991
(epd-Dok. 5 a/92, 17f)

Nationen, Nationalismus und Minderheiten

(53) In den letzten Jahren haben – für viele unerwartet – nationale Identität und Nationalismus in Europa neue Bedeutung gewonnen. Die im Osten lange unterdrückte Identifikation mit ethnischen, sprachlichen und nationalen Traditionen hat sich mit Nachdruck neu manifestiert. Auch im Westen sind seit langem ähnliche, wenn auch anders gelagerte, Phänomene festzustellen. Wir brauchen nur an den Konflikt in Nordirland zu denken.

(54) Die Vielfalt der nationalen und kulturellen Traditionen gehört zum Reichtum Europas. Die Identifikation des einzelnen Menschen mit nationalen und ethnischen Traditionen hat insofern einen tiefen Sinn, als sie die Bildung von Gemeinschaft und gesellschaftlicher Verantwortung in einem geprägten und überschaubaren Raum ermöglicht. Angesichts der zentralistischen Unterdrückung der Individualität in den vergangenen Jahrzehnten bot sie sich als Mittel der Selbstbewahrung an. Sie birgt andererseits unabsehbare Gefahren in sich. Sie kann in einer Zeit des zunehmenden Pluralismus zu zerstörerischer Ausschließlichkeit führen. Sie kann zur Unterdrückung von Minderheiten führen.

(55) Die Kirchen haben besonderen Anlaß, diesem Thema ihre Aufmerksamkeit zuzuwenden. Sie sind durch ihre Geschichte in vielen Fällen aufs engste mit nationalen Traditionen verbunden und dienen gelegentlich sogar als zusätzliches Element der nationalen Identifikation. Sie haben – als universale Gemeinschaft – die Aufgabe, an die Grenzen und Gefahren des Nationalismus zu erinnern. Der Versöhnungsdienst, der von ihnen gefordert ist, muß sich an dieser Stelle in besonderer Weise bewähren.

(56) Ihre Sorge wird zugleich dem Schutz der Minderheiten gelten. Wenn die Überidentifikation mit nationalen, sprachlichen und religiösen Traditionen vermieden werden soll, ist ein effizienter Schutz der Minderheiten innerhalb der Nationen erforderlich. Nicht allein die Rechte der einzelnen Angehörigen der Minderheit, sondern auch die Minderheit als solche müssen in Europa ausdrücklich rechtliche Anerkennung finden ...

Fremde und Fremdenfeindlichkeit

(59) Die Entwicklungen in Ost und West haben zu einer erhöhten Mobilität der Bevölkerung beigetragen. Der Binnenmarkt wird die Migration innerhalb der Europäischen Gemeinschaft erleichtern, und die Veränderungen in Osteuropa können Auswanderungsbewegungen zur Folge haben. Schwerer wiegen die Ströme von Asylsuchenden aus den Ländern des Südens, die in Europa Zuflucht suchen. Alles spricht dafür, daß sie in den kommenden Jahren noch zunehmen werden.

(60) Die Vermischung der Bevölkerungen wird in vielen Teilen Europas in wachsendem Maße als Belastung empfunden. Die Fremdenfeindlichkeit nimmt zu und verschafft sich mehr und mehr auch in Gewalttätigkeiten Ausdruck. Die Asylpolitik wird dementsprechend immer restriktiver.

(61) Die evangelischen Kirchen sprechen sich dafür aus, daß die Grenzen möglichst weitgehend offen gehalten werden, vor allem für diejenigen, die Opfer politischer Verfolgung sind. Flüchtlinge sind so etwas wie ein Mahnzeichen, das uns an die Ungerechtigkeit erinnert, von der die Länder des Südens heimgesucht sind. Sie kann nicht durch die Schließung der Grenzen, sondern einzig durch den aktiven Einsatz in diesen Ländern selbst überwunden werden.

(62) Die evangelischen Kirchen haben die Apartheid-Politik Südafrikas verurteilt, einzelne haben im Blick darauf sogar von einem status confessionis gesprochen. Die Frage stellt sich jetzt, was diese Erklärungen zum Rassismus im Zusammenhang mit der heutigen Situation in Europa zu bedeuten haben.

Europäische Evangelische Versammlung in Budapest: Bericht der Sektion IV. „Nation, Nationalismus und Minderheiten", 24.-30. März 1992 (epd-Dok. 17/92, 21-24)

Nation, Nationalismus und Minderheiten

Unsere Begegnung in Budapest hat uns folgendes in Erinnerung gerufen:

1. *Die theologische Grundlage*

1.1 Die einzelnen Menschen sind dazu geschaffen worden, in Gemeinschaft zu leben. Sie finden ihre Identität in verschiedenen Formen gemeinschaftlichen Lebens, z.B. in der Familie, in der örtlichen Gemeinde, in der Nation, als Europäer und als Mitglieder der weltweiten menschlichen Familie.

1.2 Rechtfertigung durch Gott bedeutet, daß wir von Gott angenommen werden. Rechtfertigung bedeutet darum auch die gegenseitige Annahme der Menschen in Liebe. Annahme heißt nicht nur Toleranz, sondern etwas weit Positiveres. Wir verkündigen die Freiheit, die uns Christus gibt; die Bedingung dieser Freiheit liegt aber in der Bereitschaft, andere freizumachen.

1.3 Es liegt im Evangelium Jesu Christi, daß Gottes Wort, wie es in der Schrift bezeugt ist, zu den Menschen in je ihrer Sprache und durch das Medium ihrer Kultur gebracht werden muß; die Verkündigung hat manche Sprachen und Kulturen zutiefts geprägt.

1.4 Unser christlicher Glaube nötigt uns zu unterscheiden zwischen dem legitimen Anspruch eines Volkes auf nationale Identität und selbstbezogenem Nationalismus. Wahre nationale Identität ist offen für andere Nationen und für Minderheiten innerhalb der eigenen Nation.

1.5 Viele Kirchen, deren Ursprung in der Reformation liegt, haben im Laufe der Geschichte die Neigung entwickelt, sich mit sprachlichen und ethnischen Gruppen zu identifizieren.

1.6 Im Lichte der Heiligen Schrift und auf der Grundlage der Botschaft der Rechtfertigung anerkennen wir nationale Identität als Geschenk Gottes, das zur Bereicherung des Lebens beiträgt.

1.7 So sagen wir, daß die evangelischen Kirchen in der nationalen Identität einen positiven Wert sehen unter der Voraussetzung (und nur unter dieser Voraussetzung), daß das christliche Engagement alle örtlichen Loyalitäten übersteigt. In Gottes Kirche werden Menschen aller Nationen zu einer Gemeinschaft zusammengeführt in der Einheit, die ihnen von Gott in Christus geschenkt wird.

2. *Unsere europäische Erfahrung*

2.1 Wir begrüßen die Arbeit des Europa-Rates im Bereich der Menschenrechte, die wachsende Zusammenarbeit zwischen den zwölf Mitgliedstaaten der Europäischen Gemeinschaft und den dramatischen Durchbruch, der zu neuen Kontakten und Beziehungen zwischen Ost und West geführt hat. Dieses positive Bild darf uns aber nicht blind dafür machen, daß in Europa eine verwirrende Fülle von Minderheiten existiert — rassische, religiöse, politische und ethnische Minoritäten, Wanderarbeiter und Einwanderer usw. Voreilige Verallgemeinerungen können darum leicht zu falschen Folgerungen führen.

2.2 Der Austausch unserer Sektion wurde bereichert durch die Gegenwart und Erfahrung von vielen Teilnehmern und Teilnehmerinnen aus den verschiedensten Bereichen Europas — von Rumänien im Osten nach Irland im Westen, von Griechenland im Süden nach Finnland im Norden. Wir haben nicht den Versuch gemacht, jede dieser einzelnen Situationen zu analysieren. Wir möchten uns aber in Kürze über nationale Kirchen und Minderheiten im allgemeinen äußern.

2.3 Nationale Kirchen haben ihre Rechte und ihre Stellung in der Gemeinschaft mit anderen Nationen und ihren Kirchen. Sie haben kein Recht, ein Monopol in ihrem eigenen Land in Anspruch zu nehmen. Ihre Aufgabe ist es, Brükken zu bauen, nicht Zäune zu errichten. Wenn Nationen sich im Konflikt befinden, haben ihre Kirchen die Verpflichtung, sich für den Frieden einzusetzen. Wenn diese Kirchen verschiedenen konfessionellen Traditionen angehören, wird diese Aufgabe eine ganz besondere Herausforderung an ihr ökumenisches Engagement darstellen. Minderheitskirchen sind oft geprägt durch die leidvolle Erfahrung der Benachteiligung. In manchen Fällen geht es dabei um eine Erinnerung aus der Vergangenheit, in anderen um eine gegenwärtige

Realität. Es ist hilfreich, sich klarzumachen, daß alle großen historischen Kirchen Europas in einigen Ländern in der Mehrheit, in andern aber in der Minderheit sind. So ist es die Aufgabe dieser großen Kirchenfamilien, aus der Mehrheitssituation den Kirchen derselben Familie in Minderheitssituationen beizustehen.

2.4 Evangelische Kirchen treten für eine demokratische Ordnung ein und werden sich darum auf allen Ebenen für demokratische Rechte einsetzen. Zugleich werden sie sich mit besonderem Nachdurck für Minderheiten einsetzen, die diskriminiert werden; sie wissen sich verpflichtet, ihnen Unterstützung und Solidarität zuteilwerden zu lassen.

2.5 Ethnische und religiöse Minderheiten haben sowohl Pflichten als auch Rechte. Sie haben die Verpflichtung, ein Gleichgewicht herzustellen zwischen der Bewahrung ihres eigenen Erbes und angemessenen Beziehungen mit der weiteren Gemeinschaft, so daß Brücken gegenseitiger Achtung und Annahme von beiden Seiten her entstehen können.

2.6 Es ist eine dringliche Aufgabe der evangelischen Kirchen in Europa, ihr Verständnis der ökumenischen Bewegung neu zu bedenken. Das Umfeld sowohl der Kirchen als auch der Nationen ist durch die jüngste Geschichte zutiefst verändert worden; zwischenkirchliche und ökumenische Beziehungen sind durch diese Veränderungen zutiefst betroffen worden. Alle positiven Zeichen gegenseitigen Verstehens auf lokaler und nationaler Ebene sind zu begrüßen. Die schwerwiegenden Probleme, die sich in Minderheitssituationen, besonders in Osteuropa, ergeben, rufen dringlich nach vermehrter Aufmerksamkeit. [...] Wir sind besorgt über den wachsenden Einfluß extrem rechter Bewegungen in Westeuropa, z. B. der nationalen Front.

2.7 Die in Budapest versammelten Vertreter und Vertreterinnen der evangelischen Kirchen in Europa richten die Bitte an die Konferenz der Europäischen Kirchen, die Arbeit, die auf der kürzlich organisierten Konsultation in Wien begonnen wurde, fortzusetzen und zu vertiefen; sie betrachten sie als einen wichtigen Beitrag für Frieden und Gerechtigkeit in der Welt.

3. *Abschließende Fragen*

Die Kirche lebt in der örtlichen Gemeinde. Wir schließen darum diesen Bericht, indem wir einige Fragen formulieren, die für die Kirche am Ort von Bedeutung sein können. Sie sind als Fragen und nicht als Antworten zu verstehen; wenn sie in den kommenden Monaten von einzelnen Gemeinden aufgenommen und geprüft werden, kann es sein, daß die Erfahrung von „Budapest 1992" da in die Praxis umgesetzt werden kann, wo es am meisten ausmacht: am jeweiligen Ort.

1. Was heißt es in einer Welt zahlreicher und unterschiedlicher Minderheiten einander zu lieben, zu unterstützen, beizustehen und zu tragen?
2. Wie können Mehrheiten und Minderheiten einander in den wirklichen Situationen des täglichen Lebens so begegnen, daß es zu einer gegenseitigen Bereicherung kommt?
3. Wie können Minderheitsgruppen in den Gemeinden ernstgenommen werden?
4. Wie können wir Kontakte herstellen zu Minderheitsgruppen außerhalb der Kirchentüren?
5. Wie kommt es zu neuen Erfahrungen, durch die Vorurteile und Mißverständnisse abgebaut werden (z.B. Jugendaustausch)?
6. Inwiefern bedarf unser Verständnis der „Gastfreundschaft" einer neuen Interpretation und vor allem einer vertieften Praxis?

10. Vollversammlung der Konferenz Europäischer Kirchen in Prag, 1.-11. September 1992: Beschluß über den Bericht des Weisungsausschusses (Konferenz-Dokument)

IV. Versöhnung

Das Wiederaufleben des Nationalismus, besonders in Mittel- und Osteuropa, hat zu einer Situation geführt, die eine direkte Herausforderung an die europäischen Kirchen und die KEK darstellt, Versöhnung zu fördern und friedliche Konfliktlösungen zu erreichen. In dieser Hinsicht hat die KEK bereits eine Reihe von Initiativen ergriffen.

1) Wir betrachten es als unbedingt notwendig, daß die KEK ihre Versöhnungsarbeit fortsetzt und verstärkt und *wir empfehlen, daß*

a) die KEK entsprechende Schritte unternehmen möge, um den Kirchen zu ermöglichen, in schwierigen Konfliktsituationen in Europa Brücken der Versöhnung zu bauen und zu verhindern, daß die Religion als Mittel zur Verschärfung von nationalen, ethnischen und politischen Auseinandersetzungen benutzt wird;

b) die KEK im Zusammenwirken mit dem ÖRK (und wenn möglich auch mit der CCEE) dafür sorgen möge, daß die Frage des Uniatismus weiterhin behandelt wird, daß sie Gruppenbesuche und örtlichen Dialog immer dann ermutigen möge, wenn es notwendig erscheint;

c) die KEK ein Studienprogramm über den Nationalismus und seinen Zusammenhang mit Religion, Nationalismus und Religionsfreiheit, religiöser Toleranz und den Problemen des Verhältnisses zwischen Kirche und Staat ins Leben rufen möge;

d) die KEK in Kirchen, Gemeinden und kirchlichen Gruppen, die sich für Frieden einsetzen, das Studium und die Praxis der Friedensethik und Gewaltlosigkeit fördern möge, indem z. B. keine Kriegswaffen mehr gesegnet werden;

e) die KEK das Verständnis zwischen christlichen Konfessionen und Denominationen sowie mit anderen Religionen, Kirchen wie dem Judentum und dem Islam fördern möge; dadurch können Konflikte verhindert oder nach Ausbruch von Kämpfen Verhandlungen aufgenommen werden, beispielsweise durch „Rundtischgespräche", Besuche und andere Gesprächsforen sowie Beweise der Solidarität;

f) die KEK Aktions- und Studienprogramme über die wirtschaftliche Integration in Europa und über Weltwirtschaftssysteme anregen möge mit dem Ziel, durch solche Programme zu einer gerechten und umweltbewußten Wirtschaftsordnung beizutragen;

g) der im Bericht des Generalsekretärs erwähnte Vorschlag für weltweite Friedensdienste von den Kirchen aufgegriffen und unterstützt werden möge;

h) die KEK in der neuen Situation in Europa eher mit Arbeitsgruppen oder „ad hoc-Komitees" als mit Kommissionen arbeiten sollte, da diese in dringenden Situationen betreffend Frieden, Gerechtigkeit und Menschenrechte schneller und flexibler handeln können.

JPIC und die Zweite Ökumenische Versammlung

I. *JPIC – konziliarer Prozeß*

In Anerkennung und Dankbarkeit für den durch die Ökumenische Versammlung 1989 erreichten Durchbruch sowie die von der KEK und dem CCEE geleistete Nacharbeit und in dem Wunsch, diesen in Basel begonnenen Prozeß fortzusetzen,
empfehlen wir,

1) diese Nacharbeit fortzusetzen, um die in Basel eingegangenen Verpflichtungen zu erfüllen. Außerdem sollte eine Vertiefung der auf der ersten Ökumenischen Versammlung begonnenen theologischen Arbeit zu einer ökumenischen Sozialethik führen;

2) im Lichte der fortgesetzten und zunehmenden Zerstörung der Umwelt und der Notwendigkeit für Christen, ein glaubwürdiges Zeugnis in Solidarität miteinander und mit Angehörigen anderer Nationen abzulegen, besonders die soziale Gerechtigkeit und die Sorge um die von Gott geschaffene Ordnung als Ergebnis unserer Schöpfungstheologie zu betonen. Diese Aufgabe wurde von der ÖRK-Vollversammlung in Canberra besonders hervorgehoben, die die Kirchen aufgerufen hat, den konziliaren Prozeß für JPIC Priorität einzuräumen;

3) den Dialog über diese Probleme mit Politikern und Wissenschaftlern sowie mit den mächtigen Wirtschaftsorganisationen aufrechtzuerhalten;

II. *Auf dem Weg zu einer Zweiten Europäischen Ökumenischen Versammlung*

Wir begrüßen die von der KEK und dem CCEE geäußerte Bereitschaft, gemeinsam eine zweite EÖV einzuberufen, und *wir empfehlen,*

1) daß der Zentralausschuß und das Sekretariat der KEK in Anbetracht der Tatsache, daß dieses wichtige Ereignis vor

der nächsten KEK-Vollversammlung stattfinden solle, unverzüglich mit dem CCEE über das Datum dieser Versammlung verhandeln möge;

2) lokale Gruppen und ökumenische Netzwerke zur Vorbereitung ihrer Beiträge zu ermutigen, nachdem man sich auf Zeitpunkt und Ort geeinigt hat, um den Erfolg der Versammlung und die größtmögliche Beteiligung des ganzen Volkes Gottes sicherzustellen;

3) nach Beginn der Vorbereitungen zwischen dem CCEE und der KEK die Frage der Solidarität in Gerechtigkeit innerhalb Europas und zwischen Europa und den anderen Weltregionen zu betonen, um die Kluft zwischen arm und reich zu verringern; dazu bedarf es einer Korrektur unserer Wertvorstellungen und gerechterer Austauschbedingungen;

4) daß die Probleme des „Friedens, der Gerechtigkeit und der Bewahrung der Schöpfung" im Sinne des konziliaren Prozesses im Zusammenhang mit den drängenden theologischen Fragen behandelt werden mögen, beispielsweise dem Streben nach einem christlichen Verständnis dessen, was Menschsein, Demokratie und eine christliche Grundlage für das Ringen um eine wahrhaft multikulturelle Gesellschaft bedeutet.

Außerdem empfehlen wir für die Beratungen der Planungsgruppe für die 2. EÖV nach ihrer Ernennung

1) die Suche nach einer geeigneten „Hausordnung" für das harmonische Zusammenleben im gemeinsamen Europäischen Haus;

2) die Sehnsucht der europäischen Völker nach Sinn und Richtung für ihr Leben in einer Gesellschaft, die von Gewalt, Ungerechtigkeit und Menschenrechtsverletzungen gekennzeichnet ist;

3) die Suche nach glaubwürdigen Formen des christlichen Zeugnisses im Zusammenhang mit JPIC, z. B. gewaltfreier Friedensdienst, wirtschaftliche Gerechtigkeit und gerechter Lebensstil, Initiativen zur Versöhnung in ethnischen und anderen Konflikten;

4) Bekämpfung von Rassismus und Fremdenhaß in unserer Gesellschaft;

5) besseren Schutz für Flüchtlinge in Europa und Bekämpfung der Ursachen, die sie zum Auswandern zwingen;

6) mehr Achtung vor der natürlichen Umwelt und ihren Ressourcen sowie Bekämpfung der Ursachen für die Zerstörung der Natur.

10. Vollversammlung der Konferenz Europäischer Kirchen in Prag, 1.-11. September 1992: Beschluß über den Bericht des Weisungsausschusses (Konferenz-Dokument)

II. Rassismus in Europa

In großen Teilen Europas führt der Mangel an Gerechtigkeit unter den verschiedenen Rassen zu einer alarmierenden Situation. Manchmal ist dieser Rassismus nur verborgen da, wird aber nichtsdestoweniger von vielen Menschen unterschiedlicher Rasse oder Hautfarbe tagtäglich am eigenen Leib erfahren. Die Gewaltanwendung gegenüber anderen Rassen und auch die Zunahme von extremen rechten Parteien wird noch verschlimmert durch die schwierigen sozialen und wirtschaftlichen Umstände, unter denen die Angehörigen rassischer Minderheiten zu leben haben. In ihrer wirtschaftlich schwachen Situation kommt es leicht zu Kriminalität und Prostitution. Eine Gesetzgebung, die den rassischen Minderheiten gleiche Rechte garantiert, gibt es nicht.

Wir empfehlen daher, daß

1) die KEK in den Ländern Europas eine Überwachung des Rassismus, des Fremdenhasses und des Antisemitismus unterstützen möge,

2) die KEK die Mitgliedskirchen dazu ermutigen möge, Mittel zur Bekämpfung des durch diese Überwachung aufgedeckten Rassismus bereitzustellen und diese Aufgabe mit zu erleichtern,

3) die KEK die Mitgliedskirchen ermutigen möge, gegen den Rassismus gerichtete Bildungsprogramme zu entwikkeln,

4) die KEK gemeinsam mit anderen ein koordiniertes gesamteuropäisches Vorgehen gegen jede diskriminierende Gesetzgebung festlegen möge,

5) die KEK die Verpflichtung der Mitglieder der Arbeitsgruppe zur Kenntnis nehmen möge, mit dem Ausschuß der

Kirchen für Ausländerfragen in Europa, dem Programm zur Bekämpfung des Rassismus, mit den Kirchen der Einwanderergemeinschaften und den rassistisch Unterdrückten zusammenzuarbeiten.

10. Vollversammlung der Konferenz Europäischer Kirchen in Prag, 1.-11. September 1992: Beschluß über den Bericht des Weisungsausschusses (Konferenz-Dokument)

I. Vorschlag für eine europäische „Ökumenische Schlichtungskommission"

Die Vollversammlung begrüßt den Vorschlag, eine „Ökumenische Schlichtungskommission" einzusetzen, so daß unsere Gemeinschaft ein wirksames Instrument für ihr Friedensengagement und ihre Versönungsarbeit erhält.
Wir empfehlen,

1) die praktischen Fragen des genauen Mandats, der Organisation und der praktischen Finanzierung dieser Kommission im Einklang mit den Beschluß der Gemeinsamen Tagung des Präsidiums und des Beratenden Ausschusses der KEK zu klären, der dieser Vorschlag von der Ökumenischen Vereinigung von Ausbildungs- und Begegnungsstätten in Europa (EAALCE) vorgelegt worden ist;

2) die Mitgliedskirchen aufzufordern, Sachverständige und qualifizierte Persönlichkeiten zu benennen, die zur Mitarbeit in einer solchen Kommission aufgefordert werden könnten.

Soziale und ökologische Verantwortung

Vorbereitungsausschuß für die Europäische Evangelische Versammlung in Budapest:
Text zur Vorbereitung, 19. Dezember 1992
(epd-Dok. 5a/92, 11-15)

Europa — Neuanfang im Kontext der globalen Krise

(29) Der Neuanfang in Europa läßt sich nicht losgelöst von der globalen Krise ins Auge fassen, in der sich die Menschheit als Ganzes heute befindet. Die Zukunft Europas ist verknüpft mit der Zukunft der Menschheit überhaupt, und es ist darum unerläßlich, den Horizont sowohl der Fragen als auch der Antworten weiter zu fassen, als durch die unmittelbare Erfahrung nahegelegt wird. Die industrialisierten Länder Europas gehören zu den Verursachern der weltweiten Krise. Sie tragen darum eine besondere Verantwortung, zu ihrer Überwindung beizutragen. Sie werden über kurz oder lang auch zu den Opfern der von ihnen herbeigeführten Entwicklungen werden. Sie haben darum in wachsendem Maße auch ein Selbstinteresse, auf die Probleme einzugehen, die durch die globale Krise aufgeworfen werden.

(30) Die Europäische Ökumenische Versammlung „Friede in Gerechtigkeit" in Basel (Pfingsten 1989) hat die Zusammenhänge klar gesehen und auch zum Ausdruck gebracht. Die Ereignisse, die unmittelbar darauf folgten, haben die Aufmerksamkeit auf die in Europa unmittelbar erforderlichen Schritte gelenkt und die größeren Zusammenhänge aus dem Blickfeld gedrängt. Fundamental hat sich jedoch nichts geändert: die Uhr hat nicht aufgehört zu tikken, weil unsere Aufmerksamkeit bei anderen Geräuschen verweilt.

(31) Die „konziliare Bewegung gegenseitiger Verpflichtung für Gerechtigkeit, Frieden und die Bewahrung der Schöpfung" ist der Versuch, diese globale Krise zum gemeinsamen Thema der Kirchen zu machen. Die drei Begriffe — Gerechtigkeit, Frieden und Bewahrung der Schöpfung — sind nicht

als Manifest oder Programm für eine „bessere Welt“ zu verstehen, sondern in erster Linie als Warnsignal: Ungerechtigkeit, Verletzlichkeit in kriegerischen Konflikten und Zerstörung der von Gott gegebenen Gaben der Schöpfung sind so weit fortgeschritten, daß das Überleben der Menschheit in Frage gestellt ist. Der konziliare Prozeß sucht die Kirchen über die Grenzen der Konfessionen hinweg zu gemeinsamem Widerstand für das Leben zusammenzuführen.

- Wir stehen vor der Tatsache, daß das Nord-Süd-Gefälle nicht nur nicht abgenommen, sondern sich weiter verschärft hat. In immer mehr Ländern schlägt Armut in Elend um.
- So sehr die bi-polare Spannung zwischen West und Ost abgenommen hat, wäre es eine Illusion, zu glauben, daß die Bedrohung durch Kriege, auch durch nukleare Kriege, einfach gebannt wäre. Wird die jetzige weltweite Entspannung nicht zu umfassenden Maßnahmen der Abrüstung benützt, können neue und neuartige Kriege ausbrechen.
- Die ökologische Krise greift weiter um sich. Um weiterreichenden Schaden zu vermeiden, wird eine radikale Neuorientierung immer unausweichlicher. Als Beispiel seien hier die Erwärmung der Erdatmosphäre und der damit verbundenen Gefahr tiefgreifender klimatischer Veränderungen genannt. Die von Menschen, vor allem den Menschen der industrialisierten Nationen, verursachten Emissionen von Treibhausgasen führen zu einer Belastung der Erdatmosphäre, die unausweichlich die Lebensbedingungen auf dem ganzen Planeten beeinflußt. Wenn es nicht jetzt gelingt, z. B. durch eine Weltklimakonvention wirksame Maßnahmen zu ergreifen, können bereits in wenigen Jahrzehnten die Lebensbedingungen auf diesem Planeten tiefgreifend gestört werden.
- Die eigentliche Bedrohung besteht in der Tatsache, daß diese drei Gefahren miteinander verknüpft sind und sich gegenseitig steigern.

(32) In allen Debatten und Entscheidungen über das künftige Europa haben die Kirchen auf diesen umfassenderen Kontext der globalen Krise hinzuweisen. Ein sinnvoller Aufbau Europas kann nur in diesem weltweiten Kontext stattfinden.

Für eine soziale und ökologisch verantwortbare Marktwirtschaft

(37) Das System der Marktwirtschaft hat sich in Europa heute weitgehend durchgesetzt. Es hat seine Überlegenheit gegenüber der zentral gesteuerten Planwirtschaft der kommunistischen Länder sowohl in ökonomischer als auch in ökologischer Hinsicht erwiesen. Es hat den unschätzbaren Vorteil, die Beteiligung am ökonomischen Aufbau der Gesellschaft zu fördern: es appelliert an die Initiative und den Verantwortungssinn jedes Einzelnen.

(38) Die Grenzen des Systems sind aber offensichtlich: der freie Wettbewerb muß sich in der Regel zuungunsten des Schwächeren auswirken, es sei denn, daß er durch eine wirksame Sozialgesetzgebung eingeschränkt wird. Die Kirchen werden sich darum konsequent für Maßnahmen einsetzen, die die unausweichlichen Härten des Systems reduzieren.

(39) Das Versagen des Systems wird vollends offensichtlich angesichts der Armut der südlichen Länder. Der Skandal des Nord-Süd-Gefälles konnte sich im Rahmen der Marktwirtschaft entwickeln. Die ökumenische Abhängigkeit der armen Nationen konnte bisher nicht nur nicht durchbrochen werden, sondern droht sich weiter zu verschärfen. Die Übermacht der industrialisierten Länder wird im „freien" Wettbewerb de facto zur Herrschaft, solange ihm nicht durch einen gemeinsamen politischen Willen der internationalen Gemeinschaft Grenzen gesetzt werden. Solche Grenzen existieren heute nur in unzureichenden Ansätzen.

(40) Heute stellt sich darüberhinaus die Frage, wie sich die Erfordernisse, die sich aus der ökologischen Krise ergeben, im Rahmen der Marktwirtschaft bewältigen lassen. Die Erfahrung zeigt, daß oft ideologisch verfestigte Vorstellungen von Freiheit die notwendigen Maßnahmen verhindern.

(41) Der Kirchen haben die Grenzen des Systems in Erinnerung zu rufen und die Dimension der sozialen und ökologischen Verantwortung geltend zu machen.

Als Beispiel einer kirchlichen Äußerung zu diesem Problem sei hier ein Abschnitt aus dem Bericht der Synode der Evangelischen Kirche in Deutschland vom 8. November 1991 „Über die Zukunftsfähigkeit wirtschaftlichen Handelns" genannt: „... Die Zukunftsfähigkeit des marktwirtschaftlichen Weges hängt davon ab, daß die dringlichen Herausforderungen der Gegenwart erkannt und, den Impulsen der Nächstenliebe und der Gerechtigkeit folgend, die nötigen Kurskorrekturen tatsächlich vorgenommen werden.

Das Instrumentarium der Sozialen Marktwirtschaft hat sich in der Vergangenheit als fähig erwiesen, Eigennutz und Gemeinwohl so zusammenzubinden, daß ein sachgemäßes und zugleich menschengerechtes Handeln möglich wird. Dies macht es erforderlich, die Mängel und Schattenseiten des gegenwärtigen Zustandes klar zu erkennen und zu benennen ...

— Die derzeitige Lebensweise vor allem in den westlichen Industriegesellschaften ist nicht mehr schöpfungsverträglich. Dazu gehören insbesondere die Höhe des Energieverbrauchs, die Vergiftung von Boden und Grundwasser durch Abfälle und die anhaltende Verschwendung von Ressourcen. Wir können nicht weiterleben wie bisher.
— Die Schere zwischen arm und reich geht weit auseinander. Dies gilt schon in unserem Land, noch mehr aber international. Ein unübersehbares Signal ist die Zunahme der weltweiten Flüchtlings- und Wanderungsbewegungen. Die Welt verfügt über die Voraussetzungen, um genügend Güter und Nahrungsmittel für alle zu produzieren. Darum ist es ein Skandal, wenn Hunderte von Millionen Menschen in Armut versinken.
— Im Kern geht es dabei nicht um ein Verteilungsproblem, wie oft gemeint wird. Vielmehr kommt es darauf an, daß die erforderlichen politischen Maßnahmen und Veränderungen in den reichen ebenso wie in den armen Ländern und im Blick auf die weltwirtschaftlichen Strukturen nicht weiter vereitelt werden."

Europäische Evangelische Versammlung in Budapest: Bericht der Sektion III „Kirche, Staat, Wirtschaft", 24.-30. März 1992 (epd-Dok. 17/92, 19f)

Marktwirtschaft

Ganz Europa hat die Marktwirtschaft eingeführt oder ist auf dem Weg dazu. Diese überläßt die Entscheidung über Produktion und Verteilung dem freien Ausgleich von Angebot und Nachfrage. Die Planwirtschaft vermochte nicht, die Produktion wirksam zu organisieren und Güter und Dienstleistungen angemessen zu verteilen. Sie war unflexibel und ineffizient. Deshalb akzeptieren die meisten Protestanten die existierende ökonomische Ordnung als die am wenigsten fehlerhafte, die wir besser beherrschen lernen müssen. Sie ist kein Idol; ihr Mechanismus ist unentbehrlich, aber blind. (Einige fanden den Hauptfehler des gegenwärtigen Systems darin, daß es an eine Ideologie unbegrenzten Wachstums gebunden ist; die meisten von uns hielten diese Kritik für unzutreffend.)

Während der Marktmechanismus fähig ist, flexibel auf menschliche Bedürfnisse zu reagieren, kann er zwischen ihnen nicht differenzieren. Deshalb kann er von menschlicher Habgier mißbraucht werden, so daß er ein Mittel schlimmster Ungerechtigkeit wird. Er ist nicht dazu fähig, grundlegende menschliche Werte — persönliche Würde, Bildung, Gesundheit, Geschmack — in der Preisskala auszudrücken. Er wird dazu gehandhabt, arme Völker der sogenannten Dritten Welt zu unterdrücken. Er hat in sich selbst keine Hemmungen, die Umwelt zu zerstören.

Deshalb muß die Marktwirtschaft eine verbindliche Rahmenordnung erhalten. Diese Ordnung muß ein doppeltes Ziel haben: Einmal soll sie den Anliegen der Gerechtigkeit, des Friedens und der Bewahrung der Schöpfung dienen; sodann soll sie eine Produktivität ermöglichen, die mit unserer endlichen Erde vereinbar ist. Diese Zähmung des Marktes ist die zentrale politische Aufgabe unserer Zeit. Wir erstreben eine internationale und ökologisch verantwortliche soziale Marktwirtschaft.

Alle Kräfte, die an dieser Aufgabe mitarbeiten, haben die Unterstützung der evangelischen Kirchen. Wir glauben, daß Gott in Christus für die ganzheitliche Wohlfahrt der geschaffenen Erde heute und künftig eintritt. Diese Erde soll die Wohnstatt der Menschheit wie der gesamten ökologischen Familie sein und bleiben. [...]

Jakub Trojan (Prag/Tschechische Republik):
Referat bei der Europäischen Evangelischen Versammlung
in Budapest, 25. März 1992
(epd-Dok. 23/92, 11-21)

Marktwirtschaft: Es gibt keinen „dritten Weg“

[...] Von gewissen Kreisen in der ökumenischen Bewegung werden wir aufgefordert, nach dem Zerfall des realen Sozialismus in Mittel- und Osteuropa eine „dritten Weg“ einzuschlagen. Sie warnen vor der Marktwirtschaft, für einige ist sie sogar das summum malum. Ihre Skepsis geht soweit, daß sie auch die demokratische Ordnung entwickelter Marktwirtschaft nicht für wirklich tragfähig halten. Ich muß in aller Deutlichkeit erklären, daß meiner Meinung nach in der gegenwärtigen Situation ein „dritter Weg“, d.h. eine echte Alternative, nicht existiert. Den Christen in unseren Ländern fehlt nicht nur die politische Basis, um eine solche Variante durchzusetzen, sie haben auch nicht die intellektuelle Kraft, die dafür erforderlich wäre. Die Kommunisten nahmen das Schulwesen so gründlich für ihre eigenen Zwecke in Anspruch, daß keine Fachleute in Ökonomie, der Politik, der Soziologie oder der Philosophie heranwachsen konnten, die eine andere Orientierung als diejenige der offiziellen Ideologie hatten. Die neuen demokratischen Kräfte bei uns in der Tschechoslowakei und in andern Ländern leiden an den Folgen dieses Amateurismus und Unverstands. Unter diesen Umständen bleibt uns nichts als das ökonomische System zu übernehmen, wie es sich in den westlichen Ländern herausgebildet und durchgesetzt hat, es in unsere kulturellen Bedingungen zu integrieren und es aus den Quellen unserer geistigen und moralischen Traditionen zu beeinflussen.

Unseren Freunden in der ökumenischen Bewegung können wir aber versichern, daß wir keinen Illusionen erliegen wollen: Wir halten weder die Marktwirtschaft noch die damit verbundene demokratische Ordnung für das Reich Gottes. Semper reformanda gilt auch in dieser Hinsicht. [...]

Bob Goudzwaard (Amsterdam/Niederlande):
Referat bei der Europäischen Evangelischen Versammlung
in Budapest, 25. März 1992
(epd-Dok. 23/92, 7, 9)

Umstrukturierung des internationalen Währungssystems

[...] Die soziale, wirtschaftliche und politische Erneuerung Europas steht und fällt mit unserer Bereitschaft, unser soziales und wirtschaftliches Leben neu auszurichten nach anderen Prinzipien als einer maximalen Steigerung des Lebensstandards, und es so umzugestalten, daß es zu einer Plattform für die Erfüllung noch ausstehender Verantwortlichkeiten wird. [...]

In der heutigen Welt ist eine der krassesten Formen von Ungerechtigkeit mit dem Privileg der reichen Länder verbunden, ihre eigenen international geltenden Devisen, wie Dollar, Franken, Mark, Pfund und Gulden, selbst zu schaffen. Diese Währungen werden überall in der Welt als Tauschmittel für Waren angenommen. Wer aber weniger wohlhabend oder gar arm ist, muß im Notfall Geld bei den reichen Ländern und ihren Banken borgen. Daher besteht ein direkter Zusammenhang zwischen dem Ursprung der Schuldenkrise in der Welt und dieser tiefgreifenden Ungleichheit und Ungerechtigkeit im weltweiten Währungssystem. Die Armen müssen das Geld borgen, das die Reichen für sich selbst machen und an andere ausleihen können. Gerechtigkeit würde hier bedeuten, daß auch die weniger wohlhabenden und die armen Länder das Recht auf einen direkten Zugang zu den Quellen der Geld-schaffung in der Welt als ganzer haben sollten. Das bedeutet jedoch eine Umstrukturierung des internationalen Währungssystems, bei der die Schlüsselwährung der reichen Länder zumindest teilweise durch andere Arten von

Geld ersetzt werden (zum Beispiel die sogenannten Sonderziehungsrechte, die vom Internationalen Währungsfond ausgegeben und zu gleichen oder proportional festgelegten Anteilen auf alle Mitgliedsländer verteilt werden können). Aber warum werden Vorschläge wie dieser immer wieder von den reichen Nationen abgelehnt? Weil sie genau wissen, daß dies ihre mächtigen Privilegien und folglich ihre Produktions- und Konsumsteigerung einschränken wird. [...]

10. Vollversammlung der Konferenz Europäischer Kirchen in Prag, 1.-11. September 1992: Beschluß über den Bericht des Weisungsausschusses (Konferenz-Dokument)

Diakonie — christlicher Dienst

I. *Diakonie als Ausdruck der Gerechtigkeit*

Angesichts der neuerlichen Entwicklungen in allen Teilen Europas sind die Kirchen zu einem neuen Dienst an der Welt aufgefordert. Kirchen, Netzwerke, internationale und nationale Gruppen, die im Bereich der Diakonie tätig sind, müssen gemeinsam ihren Dienst überprüfen und nach neuen Modellen für eine „prophetische Diakonie" Ausschau halten, wie dies auf der Larnaka-Konferenz beschrieben wurde.

Wir empfehlen, daß

1) die KEK im Zusammenwirken mit dem ÖRK (Teilen und Dienst), dem Internationalen Verband für Innere Mission und Diakonie und Eurodiakonia eine Tagung über die neuen Herausforderungen der Diakonie einberufen und gemeinsam die Zielsetzungen und Prioritäten des diakonischen Dienstes einschließlich einer Theologie der Diakonie, der Diakonie als lebendiger Liturgie, der Auswirkungen der wirtschaftlichen, gesellschaftlichen und politischen Entwicklungen in Europa und der zwischenkirchlichen Hilfe erarbeiten möge;

2) die KEK die Mitarbeiter der diakonischen Einrichtungen der Kirchen bei der Suche nach neuen Modellen des Dienens im Zeugnis für Gerechtigkeit und Frieden unterstützen möge. Solche Modelle sind auch auf Gemeindeebene erforderlich und wären weitere Beispiele für zwischenkirchliche Hilfe. Sie könnten die Auswirkungen der sozialen Benachteiligung lindern, die Seelsorge für AIDS-Kranke und Drogen

abhängige ermöglichen sowie die Arbeit mit Jugendlichen, Flüchtlingen und Menschen verschiedener Kulturen ausbauen.

Wir müssen sorgsam darauf achten, daß die intensivere Zusammenarbeit mit den Partnerkirchen der gleichen Konfession in Mittel- und Osteuropa nicht zu einer Schwächung der bisherigen starken ökumenischen Dimension der diakonischen Arbeit führt.

Wir empfehlen der KEK, die Zusammenarbeit auf internationaler Ebene mit der ÖRK-Unterabteilung „Teilen und Dienen“ sowie auf regionaler europäischer Ebene weiterzuentwickeln. Die Erfahrung hat gezeigt, daß dieses Modell für die Zusammenarbeit zwischen den Kirchen und den ihnen angeschlossenen Organisationen geeignet ist und auch in anderen Regionen der Welt sinnvoll praktiziert und berücksichtigt werden kann.

Wir begrüßen die gute Arbeit von ECWGAR in Fragen von Flüchtlingen und Asylbewerbern und die ausgezeichnete Zusammenarbeit zwischen KEK und ÖRK in diesem Bereich.

Wir begrüßen die wachsende Zusammenarbeit zwischen KEK und dem Ausschuß der Kirchen für Ausländerfragen in Europa (CCME), und
wir empfehlen,

1) einen strukturellen Rahmen für diese Zusammenarbeit zu erarbeiten;

2) daß die KEK den Kirchen helfen möge, Menschen zu unterstützen, die aus ausweglosen Situationen flüchten;

3) daß die KEK die Mitgliedskirchen und Ortsgemeinden in ihrer Arbeit mit Flüchtlingen und Migranten z. B. durch Ausbildungsprogramme unterstützt;

4) weiterhin durch die KSZE-Kanäle für die Rechte von Flüchtlingen und Wanderarbeitnehmern einzutreten, damit sie fester Bestandteil des Helsinki-Prozesses werden;

5) mit dem ÖRK, anderen regionalen ökumenischen Organisationen wie EECOD und den Mitgliedskirchen die Ursachen für die Flüchtlingssituation überall auf der Welt zu analysieren und zu bekämpfen;

6) daß die KEK weiterhin auf politischer, juristischer und sozialer Ebene sowie in Zusammenarbeit mit den zuständigen europäischen Institutionen (etwa der EG-Kommission)

und dem UNHCR eine wirkungsvolle Arbeit im Flüchtlings- und Asylbereich sicherstellt.

II. *Armut in Europa*

In Europa nimmt die Armut zu. Im Osten hat der Zusammenbruch der Staatswirtschaften allen Schichten der Bevölkerung Armut beschert. Im Westen besteht das Problem vielmehr darin, daß ein Teil der Bevölkerung immer reicher wird, während der andere unter einer Armut leidet, die sich aus Faktoren ergibt, auf die die Bevölkerung wenig Einfluß hat.

Wir empfehlen, daß

1) die Auswirkungen der wirtschaftlichen und politischen Entwicklungen in Europa auf die sozialen Bedingungen der Menschen und Gemeinschaften, die direkt von dieser wachsenden Armut betroffen sind (Arbeitslose, Wanderarbeiter, alte Menschen, Jugendliche, Frauen), in Zusammenarbeit mit EECCS und dem ÖRK (Einheiten III & IV) genau beobachtet werden;

2) die KEK die Mitgliedskirchen und ihre Hilfswerke dazu ermutigen möge, Finanzmittel für die Ausbildung der in Programmen und Initiativen mit marginalisierten Menschen und ihren Organisationen tätigen Mitarbeiter sowie für deren ge genseitige Kontaktaufnahme zur Verfügung zu stellen, um zu gewährleisten, daß wir nicht über die Not der Zweidrittelwelt hinwegsehen;

3) die KEK bei der Suche nach neuen wirtschaftlichen Modellen einen Beitrag leisten und in einen Dialog über demokratische Instrumente, die die soziale und wirtschaftliche Gerechtigkeit und Mitsprache aller Menschen fördern könnten, eintreten möge; die könnte durch die Einberufung einer Konsultation über „Ethik und Wirtschaft“ geschehen;

4) die KEK die wirtschaftlichen und politischen Mächte in Europa dazu drängen möge, der Bekämpfung von Armut und Arbeitslosigkeit Priorität einzuräumen;

5) die KEK die Kirchen dazu auffordern möge, eine Analyse über den Beitrag der bezahlten und unbezahlten Arbeit zu ihrer Finanzlage als einen ersten Schritt für eine Bewertung von Arbeit und Beschäftigung anzustellen;

6) die KEK die Mitgliedskirchen anregen möge, Arbeitslose dazu zu befähigen, sich am Ringen der Kirchen gegen Arbeitslosigkeit zu beteiligen und selbst an der Suche nach Lösungen mitzuwirken.

ZUR DISKUSSION

Anregungen von Beatus Brenner

KIRCHE UND GESELLSCHAFT

1. Kein „christlicher“ Staat

Wir bejahen den weltanschaulich neutralen Staat. Die christliche Verkündigung darf nicht zu einer gesellschaftlichen Ideologie werden. Wir suchen als Kirchen keine neuen Privilegien und treten für eine gesellschaftliche Ordnung ein, die es allen Menschen in größtmöglichem Maße erlaubt, ihre Überzeugungen in Freiheit zu leben.

*

Die evangelischen Kirchen sagen ein klares Ja zur demokratischen Ordnung, die eine freie und geordnete Auseinandersetzung der politischen Kräfte gewährleistet.

- Keine Kirche will heute hinter die Aufklärung zurück. Die säkulare Gesellschaft mit ihrer Vernunftautonomie und ihrem demokratischen Zusammenspiel gesellschaftlicher Kräfte soll nicht durch die Ideologie einer homogenen christlichen Gesellschaft mit kirchlicher Ordnungsvorstellung und kirchlichem Führungsanspruch ersetzt werden. In diesem Sinne: kein „christlicher“ Staat.
- Für Christen muß es in der demokratischen Auseinandersetzung immer um den Dienst und die Macht des Evangeliums gehen, nicht etwa um den geistigen Führungsanspruch der Kirche.
- Wo immer in der Geschichte die Institution Kirche im Namen des Evangeliums für sich selbst Führungsansprü-

che gestellt hat, um eine christliche Welt aufzubauen, sind fatale Fehlentwicklungen eingetreten, ist der Dienst am Evangelium in weltliche Macht der Kirche umgeschlagen (Kreuzzüge, Konfessionskriege, Hexenverbrennungen etc.).

- Christen können zum Beispiel ihre Überzeugungen zu sittlichen Grundwerten wie Freiheit, Gerechtigkeit und Solidarität in den Dialog mit allen Gruppen der Gesellschaft einbringen und damit zu einer tragfähigen gesellschaftlichen Übereinkunft in der Anerkennung allgemein verbindlicher ethischer Grundsätze beitragen.
- Das Evangelium enthält zwar Zumutungen an den weltlichen Gesetzgeber, aber es ist auf keinen Fall selber ein politischer Gesetzgeber — so wie Christus kein „zweiter Mose."
- Aufgabe von Christen wäre es daher, staatliche Amtsträger und alle Bürger „an Gottes Reich, an Gottes Gebot und Gerechtigkeit und damit an die Verantwortung der Regierenden und Regierten" zu erinnern und jeder falschen Lehre entgegenzuwirken, als „könne der Staat über seinen besonderen Auftrag hinaus die einzige und totale Ordnung menschlichen Lebens werden und also auch die Bestimmung der Kirche erfüllen" (5. Barmer These).
- Hinsichtlich der Grundwerte hieße das konkret: erinnern, „daß grundlegende sittliche Gebote auch nicht von staatlichen Institutionen oder Trägern staatlicher Macht aufgehoben und abgeschafft werden können, daß der Staat die Erfüllung solcher Gebote vielmehr ermöglichen und fördern soll. Der Staat darf seine Aktivitäten nicht an einem Wertsystem orientieren, das der Würde der menschlichen Person und den Einsichten der menschlichen Vernunft sowie humanen Grunderfahrungen widerspricht. In einem solchen Fall sind Christen zum Widerstand verpflichtet" (Grundwerte und Gottes Gebot, Gemeinsame Erklärung von EKD und Deutscher Bischofskonferenz, [29] 1979).

2. Eine christliche Sozialcharta für Europa formulieren

Jeder politische Zusammenschluß in Europa ist daraufhin zu prüfen, inwieweit er persönliche Freiheit und soziale Gerechtigkeit, Frieden und Erhaltung der Umwelt sichert. Die ökonomischen Interessen der Europäischen Gemeinschaft dürfen nicht zu einer neuen Teilung Europas in arm und reich führen.

*

Evangelische Freiheit *in* Europa bedeutet christliche Verantwortung *für* Europa:

- das System der Marktwirtschaft sozial und ökologisch in Pflicht nehmen
- durch Versöhnung Frieden stiften und für eine versöhnte Verschiedenheit von Völkern, Nationen, Kulturen und Konfessionen eintreten
- auf Religions- und Gewissensfreiheit bestehen
- rechtlichen Schutz von jedem europäischen Staat fordern für religiöse, ethnische und kulturelle Minderheiten
- Solidarität üben mit den Minderheitskirchen in Europa
- Schuld der Christen und der Kirchen benennen bei den Katastrophen dieses Jahrhunderts und Schritte der Umkehr fördern
- Mann und Frau gleichstellen in Kirche und Gesellschaft, wie sie vor Gott gleich sind
- vor Flüchtlingen und Asylanten nicht die Grenzen verschließen, sondern mithelfen, ihre Probleme in ihren Ländern zu beseitigen
- aus Respekt vor Gottes Schöpfung für einen Lebensstil eintreten, der die ökonomischen Interessen den ökologischen Erfordernissen unterordnet.

Christen haben kein Monopol auf Nächstenliebe. Ihr soziales Engagement teilen sie mit vielen Nicht-Christen. Doch für Christen ist ihr soziales Wirken für das „Wohl" der Menschen stets verbunden mit ihrem missionarischen Auftrag, Christus als „Heil" der Welt zu bezeugen. „Nach innen" ist jeder Katalog für eine christliche Sozialcharta auf diese doppelte Verantwortung hin zu überprüfen. „Nach außen" hin sind zwei Prinzipien christlicher Verantwortung besonders hervorzuheben:

- *Das Prinzip der öffentlichen Rechenschaft.*
- Das immer wichtiger werdende Handeln von Konzernen und Verbänden, zumal multinationalen, kann nicht ausreichend durch nationale Regierungen überwacht werden. Erforderlich ist, daß das Handeln dieser Organisationen darauf verpflichtet wird, für die Folgen ihres Tuns öffentlich Rechenschaft abzulegen. Eine Neuentdeckung protestantischer Berufsethik ist hier gefordert.
- Öffentliche Rechenschaft selbstverständlich auch unter Kirchen: Beispielsweise müssen wir jedem Versuch widersprechen, nationale Differenzen religiös zu legitimieren und damit zu verschärfen. Da ethnische und konfessionelle Minderheiten häufig identisch sind, sind hier Kirchen unmittelbar mitbetroffen. Eine ökumenische Schlichtungskommission kann hier Forum sein.
- *Das Prinzip der Subsidiarität*[1]
- Die evangelischen Kirchen bejahen die guten Absichten dieses Prinzips, nach dem der Staat zwar grundsätzlich für das Wohl der Bürger verantwortlich ist, aber erst dann für-

---

[1] Zur Information: Das Subsidiaritätsprinzip stammt aus der evangelischen Reformation und ist später von der katholischen Soziallehre aufgenommen worden. Die erste Nationalsynode der späteren reformierten Kirche der Niederlande gab sich 1571 in Emden eine Kirchen-Ordnung. Die Anlage 2 der Synodalakten regelt die Classicalversammlungen (Kreissynoden), die Provinzialsynoden und die Generalsynoden. Nach diesen Bestimmungen soll auf der Classicalversammlung nur das untersucht und entschieden werden, was durch den Gemeindekirchenvorstand nicht beigelegt werden konnte; eine Berufung an die Provinzialsynode war sodann möglich.

Dieses Prinzip einer Verlagerung und Übernahme von Aufgaben von „unten“ nach „oben“ ist nicht zu verwechseln mit dem Prinzip der „Delegation“ als einer Zuweisung von Aufgaben von „oben“ nach „unten“. Das evangelische Subsidiaritätsprinzip hat sich in den deutschen evangelischen Kirchen wegen des landesherrlichen Kirchenregiments jahrhundertelang nicht durchsetzen können. (Quelle: Europa-Informationen des EKD-Büros Brüssel Nr. 6, Oktober 1992)

sorgliche Aufgaben selbst übernehmen soll, wenn die freien Kräfte diese Aufgaben nicht oder nicht hinreichend erfüllen können.

- Gerade hinsichtlich der zunehmenden Anonymität der politischen Prozesse ist die Verlagerung der Entscheidungsfindung auf die jeweils orts- und sachnächste Ebene zu unterstützen.
- Die evangelischen Kirchen meinen allerdings nicht, daß sie selbst dem Staat so viel Fürsorge wie möglich abnehmen sollen. Evangelische Diakonie neigt eher dazu, Schwerpunktmodelle zu entwickeln.
- Das hier deutlich werdende sozialethische Grundmuster lautet: Nicht die Verkirchlichung zahlreicher Lebensbereiche wird angestrebt, sondern der zeichenhafte Dienst von Christen in diesen Lebensbereichen.

3. Europa im Kontext der globalen Herausforderungen sehen

Das Nord-Süd-Gefälle, die Bedrohung durch Kriege und die Gefahr tiefgreifender klimatischer Veränderungen sind durch die industrialisierten Länder Europas mitverursacht. Die Christen haben diesen Kontext bewußt zu halten. Ein Abkapseln Europas von der Verantwortung für die Dritte Welt wäre für die Menschheit eine Katastrophe und für die Christen eine Bankrotterklärung.

*

Der 1983 mit der Weltkirchenkonferenz von Vancouver ins Leben gerufene konziliare Prozeß für Gerechtigkeit, Frieden und Bewahrung der Schöpfung ist der Versuch, die globale Krise zum gemeinsamen Thema der Kirchen zu machen. (Vgl. das Schlußdokument der Basler Europäischen Ökumenischen Versammlung 1989 „Frieden in Gerechtigkeit“, abgedruckt im Anhang S. 238ff)

- Der konziliare Prozeß will kein Manifest oder Programm für eine „bessere Welt“, sondern in erster Linie ein Warnsignal sein.

- Der konziliare Prozeß hat zwei Zielrichtungen: die persönliche Erneuerung und die Veränderung der Strukturen als zwei Seiten derselben Medaille.
- Der konziliare Prozeß begegnet der globalen Bedrohung dreifach:
- *Einsatz für Gerechtigkeit* und damit für eine neue Weltwirtschaftsordnung.
  - Teilung von Ressourcen, um das Nord-Süd-Gefälle zu stoppen
  - Wir erstreben eine internationale und ökologisch verantwortliche soziale Marktwirtschaft.
- *Einsatz für Frieden* und damit für eine internationale Friedensordnung.
  - Wir betrachten es als lebenswichtig für die Menschheit, den Krieg als Institution abzuschaffen und die auf Massenvernichtungswaffen gestützte Abschreckung zu überwinden (Basel 1989, Nr. 75).
- *Einsatz für die Bewahrung der Schöpfung* und damit für eine internationale Umweltordnung.
  - Wenn es nicht jetzt gelingt, zum Beispiel durch eine Weltklimakonvention, wirksame Maßnahmen zu ergreifen, können bereits in wenigen Jahrzehnten die Lebensbedingungen auf diesem Planeten tiefgreifend gestört werden.

4. Widerstand für das Leben leisten

Als Kirchen, die Gottes Willen für die Welt zu verkünden haben, sehen wir uns angesichts der weltweiten Krisenherde über die Grenzen der Konfessionen hinweg zu gemeinsamem Widerstand für das Leben herausgefordert. Wir setzen uns ein für den Schutz des Lebens vor der Geburt, für ausreichende Bereitstellung von Grundnahrungsmitteln und gesundheitlicher Versorgung, und wir wollen mithelfen, solche Lebensbedingungen zu schaffen, daß jeder Mensch seine elementaren Lebensbedürfnisse befriedigen kann.

*

Eine gemeinsame Aufgabe eint alle Christen: Sie wollen die Nächstenliebe, in der sich die Liebe Gottes zu den Menschen spiegelt, bezeugen. Darum versuchen Christen für andere Menschen zu leben, die Interessen der Bedürftigen wahrzunehmen, die Mitverantwortung für das Gemeinwohl vor Eigeninteressen zu stellen.

- „Das Recht auf Leben ist ein fundamentales Menschenrecht. Aufgabe der Rechtsordnung ist es, für den Schutz des geborenen wie des ungeborenen Lebens zu sorgen. Dies muß sich auf verschiedenen Rechtsgebieten wie dem Zivilrecht und dem Sozialrecht niederschlagen. Auch das Mittel des Strafrechts soll dem Schutz menschlichen Lebens dienen" (Gemeinsame Erklärung von EKD und Deutscher Bischofskonferenz zum Schutz ungeborenen Lebens, [1] 1990).
- Christen dürfen den „ethischen Konflikt" nicht ausklammern, der durch das Prinzip des Rechts auf Leben und durch die konkrete Aufgabe, eine menschliche Not zu bewältigen, entsteht.
- Das staatliche Strafrecht muß auf jeden Fall ein zumutbares Recht bleiben. Es muß neben dem sittlichen Prinzip den ethischen Konfliktfall berücksichtigen und eine rechtliche Regelung für nichtauflösbare Konfliktsituationen treffen.

Bei der ökumenischen Sozial- und Friedensethik verhindern oft drei ungelöste Fragen ein gemeinsames Zeugnis und den Dienst der Kirchen.

- Wie konkret darf ein kirchliches Wort zu säkularen Entscheidungen sein? Ist zum Beispiel die Absage an das militärische Abschreckungssystem ein prophetisches Zeugnis oder eine falsche Politisierung der Kirche?
- Die zweite Frage geht noch weiter: Genügen Worte, oder muß die Kirche als Kirche ihre Sendung in die Welt so gestalten, daß sie selber am Kampf für Befreiung von aller Not und Bedrängnis teilnimmt?
- Die dritte Frage betrifft die Analyse der Weltsituation. Nötigen die uns bekannten Fakten über die globale Elendssituation und die drohenden ökologischen Katastrophen zu einem radikalen Umdenken in Gesellschaft und Kirche? Muß jeder Christ, der satt wird, seinen Lebensstil radikal ändern? Oder dürfen Christen und Kirchen, die in reichen Ländern leben, am Reichtum als Gottes Gabe partizipieren? Oder kompromittieren sie sich als

stabilisierender Faktor eines Ungerechtigkeit produzierenden Gesellschaftssystem? (Vgl. dazu R. Frieling, Der Weg des ökumenischen Gedankens, Göttingen 1992, 357f.)

Ökumenische Beziehungen

Die innerprotestantische Ökumene

Dorothea Wendebourg (Göttingen/Deutschland):
Referat bei der Europäischen Evangelischen Versammlung
in Budapest, 27. März 1992
(epd-Dok. 23/92, 40-49)

1.

[...] Der Protestantismus ist keine Kirche noch eine Gesamtheit von Kirchen, die in Kirchengemeinschaft miteinander stehen. Solche Gemeinschaft gibt es vielmehr nur dort, wo einzelne Konfessionskirchen sie wechselseitig erklärt haben; gerade die Tatsache, daß innerhalb des Protestantismus eine Reihe von Kirchengemeinschaften bestehen, zeigt, daß er selbst nicht bereits als solche anzusehen ist. Das aber heißt, im Blick auf die Notwendigkeit, Kirchengemeinschaft erst ausdrücklich zu erklären, gibt es keinen Unterschied zwischen der innerprotestantischen Ökumene und der im Verhältnis evangelischer zu nichtevangelischen Kirchen.

Voraussetzung für eine solche Erklärung ist, daß alle Gegensätze, die bislang als Gründe für das Nichtbestehen von Kirchengemeinschaft betrachtet worden waren, bereinigt sind und an ihre Stelle ausdrücklich Übereinstimmung, Konsens getreten ist. Erarbeitet wird der Konsens auf dem Weg des Lehrgesprächs.

Ökumenische Lehrgespräche mit dem Ziel, Kirchengemeinschaft zu erklären, gab oder gibt es zwischen allen evangelischen Konfessionen, und das auf den verschiedensten Ebenen – weltweit, regional, national, zwischen einzelnen Konfessionskirchen verschiedener Länder. In einigen Fällen haben sie auch wirklich dazu geführt, daß die beteiligten Kirchen Kirchengemeinschaft untereinander erklärten und sie in voller Kanzel- und Sakramentsgemeinschaft, einschließlich der wechselseitigen Anerkennung der Ämter, leben. In anderen Fällen sind wir nicht so weit.

2.

Gleichwohl ist es nun kein Zufall, daß ökumenische Lehrgespräche bislang nirgends so folgenreich gewesen sind wie unter evangelischen Kirchen: Was auch immer über die Grenzen der Leuenberger Kirchengemeinschaft zu sagen sein mag — daß die meisten reformierten, lutherischen und unierten Kirchen Europas hier nach Jahrhunderten der Trennung nun tatsächlich in voller Gemeinschaft miteinander verbunden sind, stellt eine Entwicklung dar, die in der bisherigen Geschichte der Christenheit einmalig ist.[1] Hier und da — so in den Niederlanden und in Frankreich (Elsaß-Lothringen) — wird darüber hinaus eine organische Union angestrebt.[2] Ebenfalls zu voller Kirchengemeinschaft gelangt sind die reformierten Kirchen mit der Methodistenkirche in der Schweiz[3] und die lutherischen, reformierten und unierten mit der Methodistenkirche in Deutschland[4] und in Österreich.[5] In Polen steht

---

[1] Konkordie reformatorischer Kirchen in Europa („Leuenberger Konkordie"), in: KJ 1973, 19-23, wieder abgedruckt in: „Lutherisch-reformierte Kirchengemeinschaft heute", hg. M. Lienhard. Frankfurt/M. 1973[2] (= Ök. Perspektiven 2), I-X, sowie in allen Berichtsbänden der Lehrgespräche der Leuenberger Gemeinschaft.

[2] Th. F. Best and Union Correspondance, Survey of Church Union Negotiations 1988-1991. In: The Ecumenical Review 44 (1992), repr. Faith and Order Paper 154, 19f.

[3] Protokoll der Abgeordnetenversammlung des Schweizerischen Kirchenbundes vom 27. Juni 1922, 26ff., abgedruckt in: Wachsende Kirchengemeinschaft. Gespräche und Vereinbarungen zwischen evangelischen Kirchen in Europa, Hg. C. Nussberger, Bern 1992 (= Texte der Ev. Arbeitsstelle Ökumene Schweiz 16), 122f.

[4] Vom Dialog zur Kanzel- und Abendmahlsgemeinschaft. Eine Dokumentation der Lehrgespräche und Beschlüsse der kirchenleitenden Gremien (EmK, VELKD, AKf). Hg. vom Lutherischen Kirchenamt und von der Kirchenkanzlei der Evangelisch-methodistischen Kirche. Hannover 1987, 13-24, abgedr. in: Wachsende Kirchengemeinschaft (s. Anm. 3), 73-92.

[5] Erklärung der Kanzel- und Abendmahlsgemeinschaft zwischen der Evangelischen Kirche (A.B.), der Evangelischen Kirche (H.B.) und der Methodistenkirche in Österreich, 1990, abgedr. in: Wachsende Kirchengemeinschaft (s. Anm. 3), 95f.

dasselbe bevor,[6] ebenso zwischen der lutherischen und der methodistischen Kirche in Schweden.[7] Die methodistische und die Waldenserkirche in Italien haben sogar eine organische Kirchenvereinigung vollzogen;[8] in einem nächsten Schritt haben sie und die Baptistenkirche in ihrem Land Kirchengemeinschaft erklärt.[9] Zu nennen sind hier schließlich die Verhandlungen der Anglikanischen Kirche mit reformierten Kirchen im Lande und mit verschiedenen lutherischen Kirchen auf dem Kontinent, die zu unterschiedlichen Graden gottesdienstlicher Gemeinschaft geführt haben,[10] und schließlich, im Verhältnis zu den lutherischen, reformierten und unierten Kirchen Deutschlands, zu Abendmahlsgemein-

---

6 Von den beteiligten Kirchen schon rezipiert ist die „Erklärung der Evangelisch-reformierten Kirche Polens und der Methodistenkirche in Polen" von 1990, dt. in: Wachsende Kirchengemeinschaft /s. Anm. 3), 97f, eine entsprechende Erklärung durch die lutherische Kirche Polens steht bevor.

7 Die Ergebnisse ihrer Lehrgespräche und die daraus folgenden Empfehlungen sind dt. abgedruckt ibd. 99-122.

8 Patto d'integrazione globale tra le chiese Valdesi e Metodiste (1975), in: Raccolta delle discipline vigenti nell'ordinamento valdese. Turin 1983, 78-95.

9 Synodenbeschluß und Documento sul reciproco riconoscimento fra chiese battiste metodiste valdesi in Italia, in: Sinodo del 1990 delle chiese valdesi e metodiste. Sessione straordinaria 1.-4. Nov. 1990, 13-22, letzterer dt. in: Wachsende Kirchengemeinschaft (s. Anm. 3), 155-167.

10 Anglikanisch reformiert: in Wales und an verschiedenen Orten in England, anglikanisch-lutherisch: in den zwanziger und dreißiger Jahren mit den Kirchen von Schweden, Finnland, Lettland und Estland, in den fünfziger Jahren mit den Kirchen von Dänemark, Norwegen und Island (s. Auf dem Weg zu sichtbarer Einheit. Eine gemeinsame Feststellung der Kirche von England, des Bundes der Evangelischen Kirchen in der DDR und der Evangelischen Kirche in Deutschland. Hg. vom Bund der EKDDR und der EKD. Berlin-Hannover 1988, 14f, Ziffer 13 (1.2). Der seit 1989 laufende Dialog zwischen den lutherischen Kirchen Skandinaviens und des Baltikums einerseits und der Anglikanischen Kirche, der Kirche von Irland, der Kirche von Wales und der Episkopalkirche Schottlands andererseits soll in den nächsten Jahren zu einer von beiden Seiten für voll erachteten — und damit noch über die durch die „Meißener Erklärung" (s. Anm. 11) ermöglichte hinausgehenden — Kirchengemeinschaft führen, vgl.: Wachsende Kirchengemeinschaft (s. Anm. 3), 42f.

schaft und gegenseitiger Anerkennung der Ämter[11] — einem Schritt, der aus lutherischer und reformierter Sicht volle Kirchengemeinschaft bedeutet, aus anglikanischer allerdings noch nicht.[12] [...]

4.

Die Leuenberger Kirchengemeinschaft ist kritisiert worden, weil sie hinter den von der Konkordie geweckten Erwartungen zurückgeblieben sei[13]: Eigentlich habe sich durch sie kaum etwas geändert. Wohl sei nun Kanzel- und Abendmahlsgemeinschaft unter den beteiligten Kirchen gegeben, ansonsten aber lebten sie nebeneinander her — wenn nicht gar gegeneinander[14] — wie eh und je. Von dieser enttäuschten Feststellung her werden grundsätzliche Fragen an das ganze Modell gerichtet, das die Konkordie vertritt, an die Unterscheidung und Verbindung von hinreichendem Konsens und legitimen Differenzen: Habe dieses Modell sich nicht als bequeme Entschuldigung für kirchliche Unbeweglichkeit, für das Beharren auf dem Status quo erwiesen — man erkennt sich an und bleibt, wie man ist?[15]

Zunächst einmal: Durch die Konkordie hat sich zwischen den Unterzeichnern alles, hat sich das Entscheidende geändert. Eine größere, umfassendere Veränderung kann es zwischen Kirchen nicht geben, als wenn sie nach der Trennung auf der Kanzel und am Altar zur Verkündigungs- und Abendmahlsgemeinschaft gelangen. Denn damit sind sie vollkom-

---

11 „Meißener Erklärung" 1988), in: Auf dem Weg (s. Anm. 11) 20-27, abgedr. in: Wachsende Kirchengemeinschaft (s. Anm. 3), 55-60.

12 Vgl. die Erläuterungen der deutschen Kirchen zur Meißener Erklärung, in: Auf dem Weg (s. Anm. 10), 40, V 2.

13 S. z.B. L. Vischer, Konkordie und Kirchengemeinschaft — Erwartungen für die Zukunft. In: Konkordie und Kirchengemeinschaft reformatorischer Kirchen im Europa der Gegenwart. Texte der Konferenz von Driebergen. Hg. A. Birmelé. Frankfurt/M. 1982 (= Ök. Perspektiven 10), 94f, 100f, 102-104.

14 Vgl. ibd. 103.

15 Ders., „.... satis est" ? Gemeinschaft in Christus und Einheit der Kirche. In: Christliche Freiheit im Dienst an den Menschen. FS M. Niemöller. Frankfurt/M. 1972, 253.

men verbunden in der Gemeinschaft, die Christus mit sich selber gewährt. Solche Verbundenheit ist nicht eine Durchgangsstation, ein Mittel zum Zweck, sondern sie ist das Ziel.[16]

Und dennoch ist an jenem Unbehagen etwas Richtiges. Denn wohl gibt es zwischen Kirchen nichts Intensiveres als Kanzel- und Abendmahlsgemeinschaft. Aber gerade weil das so ist, drängt diese Gemeinschaft auf Konsequenzen im Leben der nun so eng verbundenen Kirchen — nicht, weil ihr damit etwas hinzugefügt würde, sondern weil sie sonst gar nicht ernstgenommen wäre oder sogar wieder gefährdet würde. Mit diesen Konsequenzen aber steht es offensichtlich nicht zum besten.

Die Konkordie selbst geht auf das Problem ein. Unter dem nicht sehr glücklichen Begriff „Verwirklichung" widmet sie ein Drittel ihrer Paragraphen — auch dies eine „ökumenische Innovation"[17] — der Frage, wie die nun erreichte Kirchengemeinschaft im Leben der beteiligten Kirchen umzusetzen sei (IV 2). Sie spricht von der Notwendigkeit, die Gemeinschaft in gemeinsamem Zeugnis und gemeinsamem Dienst gegenüber der Welt zu bewähren (IV 2a/36). Sie fordert theologische Weiterarbeit, die das gemeinsame Verständnis des Evangeliums vertieft, auch im Blick auf die Lehrunterschiede, welche zwischen den beteiligten Kirchen bestehen, ohne sie zu trennen, die es an der Heiligen Schrift prüft und die es im Blick auf neue Fragen, Herausforderungen und Gefahren aktualisiert, wo nötig auch begrenzt (IV 2b/36-41). Und drittens gibt die Konkordie den beteiligten Kirchen die Frage mit auf den Weg, ob je nach Ort und Stunde auch organisatorische Veränderungen bis hin zu Unionen die angemessene Folgerung aus der erreichten Gemeinschaft sein könnten.

---

[16] Vgl. A. Birmelé. Die Leuenberger Konkordie: Einheit ohne Strukturen? In: Gemeinsamer Glaube und Strukturen der Gemeinschaft. FS G. Gassmann. Göttingen 1990, 20: „Gemeinschaft in Wort und Sakrament ist daher auch Inhalt, Ziel und voller Ausdruck der vollen Einheit der Kirche."

[17] Ders., Probleme heutiger Kirchengemeinschaft am Beispiel der Leuenberger Konkordie. In: Ökumenische Theologie in den Herausforderungen der Gegenwart. FS L. Vischer. Göttingen 1991, 232.

Es wäre unrichtig zu behaupten, daß sich nichts getan habe in all diesen Bereichen.[18] Doch es wäre ebenso falsch zu sagen, die bisherige Entwicklung biete Anlaß zur Zufriedenheit. Nach wie vor fällen Kirchenleitungen und Synoden Entscheidungen und geben Erklärungen ab, ohne im geringsten danach zu fragen, wie jene Kirchen dazu stehen, mit denen sie in der Leuenberger Gemeinschaft verbunden sind. Nach wie vor stößt oft schon die bloße Frage nach organisatorischen Veränderungen auf blankes Entsetzen. Dabei geht es nicht darum, nachträglich in Frage zustellen, daß Unterschiede und institutionelle Selbständigkeit mit Kirchengemeinschaft vereinbar sind. Aber offensichtlich ist es eines zu erklären, daß dies alles dem Vollzug von Kirchengemeinschaft nicht im Wege steht, und ein anderes, im Leben in dieser Gemeinschaft die Erfahrung zu machen, daß ihm manche Unterschiede und unter Umständen auch die organisatorische Selbständigkeit hinderlich sein können oder sich schlicht überholt haben. An die Stelle solcher überlebter Differenzen werden andere treten — neue theologische Kontroversen, neue Unterschiede in der Frömmigkeit und gottesdienstlichen Praxis, neue Organisationsformen verschiedener Art —, bei denen es darauf ankommen wird, sie nicht zu neuen kirchentrennenden Gegensätzen werden zu lassen, sondern im Rahmen des notwendigen Konsenses zu halten (vgl. LK IV 2b/40f.), aber auch, sie in ihrer Vielfalt zu achten und für die Kirchengemeinschaft fruchtbar zu machen. [...]

[18] Vgl. die kontinuierlichen Lehrgespräche der Leuenberger Gemeinschaft (Sigtuna 1976 — Texte in: Zeugnis und Dienst reformatorischer Kirchen in Europa. Hg. M. Lienhard. Frankfurt/M. 1977 (= Ök. Perspektiven 8); Driebergen 1981 — Texte in: Konkordie und Kirchengemeinchaft im Europa der Gegenwart. Hg. A. Birmelé. Frankfurt/M. 1982 (=Ök. Perspektiven 10); Straßburg 1987 — Texte in: Konkordie und Ökumene. Hg. A. Birmelé. Frankfurt/M. 1988).

Paolo Ricca (Rom/Italien): Referat bei der Europäischen Evangelischen Versammlung in Budapest, 27. März 1992 (epd-Dok. 23/92, 55-58)

Innerprotestantische Ökumene

[...] Wie sieht diese Aufgabe der innerprotestantischen Ökumene inhaltlich aus? Ich werde mich auf drei konkrete Fragen, beziehungsweise Problemfelder, beschränken, die mir im Rahmen der Beziehungen zwischen Staats-, Landes- und Volkskirchen einerseits und sogenannten Freikirchen andererseits besonders wichtig sind. Dieser Rahmen ist schwer abzustecken. Protestantismus ist ein schillernder Begriff. Seinem Kern nach kann er ziemlich leicht dargelegt werden, seine Grenzen hingegen können nur schwer gezogen werden. Die Fragen: „Wer ist evangelisch?" und: „Wen erkennen wir als evangelisch an?" sind beide offen.

Innerprotestantische Ökumene sollte bei diesen beiden Fragen ansetzen. Sie gehen aber über den zur Verfügung stehenden Rahmen dieses Referates hinaus. Ich habe sie erwähnt, bloß um die Weite der Fragen der innerprotestantischen Ökumene andeutungsweise zu zeigen. Ich komme zu den drei konkreten Fragen, die in den Beziehungen zwischen Volkskirchen und Freikirchen besonders wichtig sind. Es sind Fragen, die kirchentrennend waren und möglicherweise jedenfalls zum Teil noch sind, die aber im Rahmen einer schöpferisch sich entfaltenden innerprotestantischen Ökumene ihr kirchentrennendes Gepräge verlieren können. Jeder Frage wird ein kurzer Abschnitt gewidmet sein, jeweils unter folgendem Titel: 1) Die schmerzliche Wunde. 2) Die beunruhigende Frage. 3) Die vorläufige Entfremdung.

1) *Die schmerzliche Wunde.* Die schmerzliche Wunde am Leib der evangelischen Christenheit ist die Taufe, besser gesagt die Tatsache, daß die Baptistenkirchen die Kindertaufe als Christentaufe nicht anerkennen und daher geneigt sind, die Gläubigentaufe auch an Menschen zu vollziehen, die als Kinder getauft wurden. Das gilt für die reformatorischen und anderen evangelischen Kirchen als Wiedertaufe. Die Wiedertaufe aber ist als Irrlehre verurteilt und ihr Vollzug bricht

unvermeidlich die zwischenkirchliche Gemeinschaft ab. Ihrerseits meinen die Baptisten, keine zweite Taufe zu vollziehen, weil für sie die Kindertaufe überhaupt keine Taufe ist. Aus diesem tiefgreifenden Gegensatz ist eine bis heute ungeheilte Wunde entstanden. Innerprotestantische Ökumene soll sich mutig und offenherzig um diese Wunde kümmern. Wenn wir daran denken, wie heftig und sogar grimmig sich die Reformatoren gegen die Täufer geäußert haben, wie sie die Täufer gebannt, verfolgt und oft zum Tode verurteilt haben (eigentlich ist das Täufertum im 16. Jahrhundert zum großen Teil vernichtet worden), ist es ein Wunder, daß wir heute unter uns die Vertreter der Baptistenkirchen haben, die ja in mancher Hinsicht die geistlichen Erben der Täufer des 16. Jahrhunderts sind. Wir wissen auch, daß Toleranz und religiöse Freiheit, die wir heute so hoch schätzen, zuerst und hauptsächlich von Baptisten zum religiösen und bürgerlichen Grundwert erklärt und in Rhode Island als Staatsgesetz durchgeführt wurden. Toleranz und religiöse Freiheit verdanken wir nicht den großen Kirchen und Institutionen, sondern den kleinen. Toleranz und religiöse Freiheit sind ein Geschenk der Minderheiten an Europa, ja an die Welt.

Nun aber zurück zur Taufe. In Europa wurde diese Frage in der ehemaligen DDR 1984 in einer gemeinsamen Erklärung des Bundes der evangelischen Kirchen und des Bundes der Freikirchen behandelt. Die Verurteilungen der Augustana gegen die Täufer wurden darin zwar nicht wiederholt, ein Ausweg aus der theologischen Sackgasse hinsichtlich der Kindertaufe wurde jedoch auch nicht gefunden. In Italien haben Waldenser, Methodisten und Baptisten 1990 einen Schritt nach vorwärts gewagt, indem die Waldensersynode einerseits und die Vollversammlung der Baptisten andererseits die gegenseitige Anerkennung der Kirchen und Kirchenmitglieder zur gleichen Zeit erklärt haben. Nicht die Kindertaufe wird anerkannt, sondern der als Kind getaufte Christ wird auch, ohne ihn neu zu taufen, als Mitglied einer Baptistengemeinde im vollen Sinne des Wortes aufgenommen. Mit anderen Worten: Nicht die Taufe wird explizit anerkannt, sondern der Getaufte. Das ist ein Zeichen, daß die Wunde heilbar ist.

2) *Die beunruhigende Frage.* Im 16. Jahrhundert haben die Täufer die mit der Kindertaufe eng verbundene Frage des „Corpus christianum“ aufgeworfen und seine christliche

Rechtsmäßigkeit grundsätzlich bestritten. Davor und danach ist die Frage nach dem rechten Verhältnis der Kirche zum Staat, zum Volk, zur Nation zur Gesellschaft ein höchst verwickeltes und eigentlich nie erledigtes Problem. Eine allgemein gültige und befriedigende Lösung gibt es offensichtlich nicht. Es gab Zeiten, wo diese Frage kirchentrennend war, gerade im Rahmen der evangelischen Christenheit. Im vorigen Jahrhundert, z.B. im Zuge der Erweckungsbewegung, sind verschiedene evangelische „freie" Kirchen entstanden, weil sie als Kirche vom Staat getrennt sein wollten. Was aber diesen Kirchen am Herzen lag, war nicht die Trennung, sondern die geistliche und ideologische Unabhängigkeit der Kirche. Diese Unabhängigkeit ist jederzeit und für alle Kirchen lebenswichtig. Heute ist die beunruhigende Frage, die die Täufer im 16. Jahrhundert hinsichtlich des „Corpus christianum" aufgeworfen haben, (wenigstens im allgemeinen) nicht mehr kirchentrennend. Dennoch ist das ganze Problemfeld des Verhältnisses der Kirche zu Staat, Nation, Volk und Gesellschaft heute mehr noch als gestern von brennender Aktualität. Innerprotestantische Ökumene könnte mit ein paar Grundsätzen beginnen, die die Volkskirchen und die Freikirchen sich dann gemeinsam zu eigen machen. Ein erster Grundsatz könnte so lauten: Gerade auf diesem umstrittenen Gebiet sollte die kritische Anfrage der anderen besonders beachtet werden. Die Freikirchen sollten nicht meinen, daß eine mehr oder weniger enge Beziehung der Kirche zum Staat oder zum Volk unvermeidlich ihre Abhängigkeit, Anpassung und Verweltlichung bedeutet, noch daß jene Beziehung sozusagen dem Wesen der Kirche widerspräche. Umgekehrt sollten die Staats- und Volkskirchen nicht meinen, daß die Freikirchen Sekten sind, oder daß eine Freikirche nicht in der Lage ist, ihre politische Verantwortung wahrzunehmen, oder daß das Freikirchentum die Schwärmerei streift. All diese Vorurteile und viele andere sollten abgebaut werden. Innerprotestantische Ökumene auf diesem Gebiet heißt, gemeinsam den besseren Weg suchen und beschreiten, den Weg also, auf dem die Kirche in einem Staat, Volk, Land und in einer Gesellschaft geistlich und ideologisch unabhängig bleibt, ohne getrennt zu leben, frei ist, ohne neutral zu werden. Unabhängigkeit ohne Trennung, Freiheit ohne Neutralität — solche oder ähnliche Grundsätze könnten die ersten gemeinsamen Richtlinien einer innerprotestantischen Ökumene in dieser beunruhigenden Frage darstellen.

3) *Die vorläufige Entfremdung.* Nur mit großem Zögern habe ich diesen letzten Abschnitt in das Referat einbezogen, denn ich fürchte, daß sein Inhalt auf Widerspruch, bei manchen unter Ihnen sogar auf Ablehnung stoßen wird. Trotzdem meine ich, daß gerade im Rahmen dieser Versammlung dieses Problem nicht verschwiegen werden sollte. Es geht um jene große und bedeutende Schar von Christen, die glaubensgemäß unverkennbar evangelisch ist, die aber mit den historischen evangelischen Kirchen nicht viel anfangen kann und eigentlich mit uns keine Ökumene treiben möchte. Walter Hollenweger hat diese Bewegung in einem großen Band dargestellt, der den Titel trägt: „Enthusiastisches Christentum". In den Schmalkaldischen Artikeln hat Luther gegen „Enthusiasmus" gesprochen, er meinte aber etwas anderes: Er meinte nämlich den Geist gegen das Wort, unabhängig vom Wort oder über das Wort hinaus. Hier hingegen geht es um Enthusiasmus aus dem Wort. Nun ist zwischen dem historischen Protestantismus und dem „enthusiastischen Christentum" eine Entfremdung entstanden: die Zusammensetzung dieser Versammlung ist dafür ein Beweis. Der Pfingstler ist der abwesende evangelische Christ unter uns. Ich weiß, er wollte nicht kommen, er hätte sowieso unsere Einladung nicht angenommen. Ich weiß, unsere Entfremdung ist gegenseitig. Ich frage mich nur: Betrachten wir diese Entfremdung als unabänderlich und unüberwindlich? Werden wir uns damit begnügen und uns mit einem biblischen Wort beruhigen: „Sie sind von uns weggegangen, aber sie waren nicht von uns. Denn wenn sie von uns gewesen wären, so wären sie ja bei uns geblieben ..." (1. Joh. 2,19)? Stimmt das? In der Tat sind sie von uns weggegangen – aber warum? Weil sie nicht von uns waren, oder weil wir nichts vom „enthusiastischen Christentum" wissen wollten und wollen? Ich möchte hiermit keine Behauptung zum Ausdruck bringen, sondern bloß eine Frage stellen. Heute gehört diese Frage noch nicht zur innerprotestantischen Ökumene. Wir suchen diesen Partner nicht, er sucht uns nicht. Die Lage sieht gar nicht hoffnungsvoll aus. Aber wie Abraham, so hoffen wir gegen Hoffnung (Röm. 4,18). Jede Entfremdung zwischen Christen, ja zwischen Menschen, trägt nur vorläufigen Charakter. In Jesus ist

sie schon überwunden worden. Können und wollen wir etwas unternehmen, um das Ende der Entfremdung zwischen historischem und „enthusiastischem" Christentum zu bezeugen?

Nur bruchstückhaft habe ich von der innerprotestantischen Ökumene gesprochen. Die wenigen Bruchstücke, die hier erwähnt worden sind, reichen jedoch aus, um zu zeigen, wie dringend diese Aufgabe ist. Sollte unsere Versammlung in Budapest auch nur dazu dienen, sie gemeinsam wahrzunehmen und einzuleiten, so hätte es sich schon gelohnt, sie einzuberufen.

Europäische Evangelische Versammlung in Budapest: Bericht der Sektion VI „Interkonfessionelle Beziehungen" 24.-30. März 1992 (epd-Dok. 17/92, 32-35)

Die evangelischen Kirchen sind Kirche Jesu Christi. Ihnen ist jedoch bewußt, daß die eine Kirche Christi umfassender ist als sie selbst. Sie wissen sich zur Verkündigung des Wortes Gottes als Rechtfertigung aus Gnaden im Glauben berufen. Sie wissen daher, daß überall, wo Gottes Wort in dieser Weise verkündigt wird, Gemeinschaft des Glaubens über alle konfessionellen Unterscheidungen und Trennungen hinweg besteht. In der Vielfalt der geschichtlich gewordenen Kirchen erleben wir einerseits eine gegenseitige Bereicherung, aber andererseits können wir uns mit den Spaltungen in getrennten Konfessionen, welche die Gemeinschaft in Gottes Wort und Sakrament nicht praktizieren, nicht abfinden. Wir, die in Budapest versammelten Vertreter evangelischer Kirchen und kirchlicher Organisationen in Europa, treten dafür ein, daß mit allen anderen christlichen Kirchen neue Wege zu mehr ökumenischer Gemeinschaft und sichtbarer Einheit gesucht werden.

I.
Die Gemeinschaft der durch die Reformation geprägten Kirchen in Europa ist zu intensivieren und auszubauen.

Die geschichtlich bedingte Begrenzung evangelischer Kirchenstrukturen auf unsere Landesgrenzen und Nationen wollen wir angesichts der heutigen europäischen und globalen Herausforderungen überwinden, indem wir zu mehr Zusammenarbeit auf europäischer Ebene bereit sind. Die reformatorischen Kirchen sind aber nicht eine Kirche, sondern eine Vielfalt unterschiedlich geprägter Konfessionen, die untereinander auf verschiedene Weise verbunden sind: Einige Kirchen sind bereits in voller Kirchengemeinschaft in Wort und Sakrament vereint (z. B. die durch die Leuenberger Konkordie verbundenen lutherischen, reformierten und unierten Kirchen); andere erkennen sich wegen kirchentrennender Gegensätze in einigen Lehren noch nicht gegenseitig voll an, obwohl sie im Bereich von Zeugnis und Dienst häufig zusammenarbeiten (z.B. Lutheraner und Reformierte einerseits und Baptisten und andere Freikirchen andererseits).

Die Gemeinschaft während dieser Europäischen Evangelischen Versammlung in Budapest hat uns den Blick für die gemeinsamen Aufgaben geschärft, sie war eine wichtige Etappe auf dem gemeinsamen Weg unserer Kirchen. Wir plädieren aber nicht für eine permanente neue Struktur auf europäischer Ebene, sondern für den Ausbau der vorhandenen Strukturen.

Die Leuenberger Kirchengemeinschaft (Exekutivausschuß und Vollversammlung in Wien 1994) wird gebeten, geeignete Initiativen zu ergreifen (z. B. Einberufung einer Konferenz), um aus den in den letzten Jahren in einigen Regionen erreichten Erklärungen von Kirchengemeinschaft zwischen lutherischen und reformierten Kirchen einerseits und der methodistischen und anglikanischen Kirche andererseits Konsequenzen für diese Kirchen in ganz Europa zu ziehen. Auch die Beziehung zur Brüderunität sollte in gemeinsamen Gesprächen geprüft werden. Weitere Dialoge und Vereinbarungen zwischen „Leuenberger“ Kirchen und Kirchen, die nicht zur Leuenberger Gemeinschaft gehören, sollten auch auf diesen Einigungsprozeß bezogen werden.

Wir sind uns nicht einig in der Frage, ob und welche Strukturen sichtbarer Einheit aus der Kirchengemeinschaft in Wort und Sakrament folgen sollen. Aber wir fragen die beteiligten Kirchen, ob nicht gemeinsam mit der Methodistischen Kirche und der Kirche von England eine neue Form von Europäischer Kirchengemeinschaft geschaffen werden könnte, welche zu prüfen hat, wie die Stimme der reformatorisch geprägten Kirchen in Europa zu Gehör gebracht werden kann. Wenn dies in geschwisterlicher Offenheit und Beratung mit den anderen Konfessionen geschieht, ist eine evangelische Blockbildung mit ökumenisch negativen Folgen ausgeschlossen. Folgender Beschluß der Leuenberger Vollversammlung von 1987 ist zu beachten: „Doppelarbeit mit anderen Gremien (KEK, ÖRK usw.) muß vermieden werden; eine gemeinsame Vorbereitung für die Beteiligung an ökumenischen Projekten kann jedoch hilfreich sein." Die Themen sollen von theologischer Relevanz sein, sie sollen „pastoral" und „gesellschaftlich" ausgerichtet sein, um Zeugnis und Dienst der Kirchen zu fördern, und sie „sollen ökumenischen Bezug haben".

Auf gesamteuropäischer Ebene nehmen die in Budapest versammelten Kirchen ihre christliche Verantwortung sowohl innerhalb der auf Europa gerichteten Arbeit ihrer konfessionellen Weltbünde als auch zusammen mit anderen Kirchen durch ihre Mitarbeit in der Konferenz Europäischer Kirchen (KEK) wahr. Wenn sie sich auf die Wurzeln ihrer eigenen gemeinsamen durch die Reformation geprägten Tradition besinnen, dann wollen sie damit noch immer bestehenden Konfessionalismus und Partikularismus in den eigenen Reihen überwinden, um sich so besser als bisher den gemeinsamen Aufgaben der gesamten Christenheit in Europa und darüber hinaus zu stellen. In diesem Sinne diente die Versammlung in Budapest der Vorbereitung auf die 10. Vollversammlung der Konferenz Europäischer Kirchen. Es ist zu erwägen, ob die Leuenberger Kirchengemeinschaft, der der größte Teil der in Budapest vertretenen Kirchen angehört, künftig der Konferenz Europäischer Kirchen als assoziierte Organisation beitritt.

Kirchen und kirchliche Zusammenschlüsse in Mitgliedsländern der Europäischen Gemeinschaft und des Europarates nehmen ihre sozialethische Verantwortung im Blick auf den Einigungsprozeß durch ihre Mitarbeit in der Europäischen ökumenischen Kommission für Kirche und Gesellschaft (EECCS) wahr. Den in Budapest versammelten Kirchen liegt daran, daß diese Arbeit auch gesamteuropäischen ökumenischen Belangen Rechnung trägt. Sie befürworten eine engere Zusammenarbeit zwischen der EECCS und der KEK unter Wahrung der Eigenständigkeit beider Organisationen.

Wahrnehmung christlicher Verantwortung für Europa geschieht nicht nur durch die verfaßten Kirchen, ihre Werke und Einrichtungen und die durch sie konstituierten ökumenischen Zusammenschlüsse, sondern auch durch christliche Gruppen und Bewegungen und ihre ökumenischen Netzwerke. Den in Budapest versammelten Kirchen liegt an fruchtbarer Zusammenarbeit zwischen Kirchen und Gruppen, kirchlichen ökumenischen Zusammenschlüssen und ökumenischen Netzwerken.

II.
Die Beziehungen zu den orthodoxen Kirchen, zur römisch-katholischen und zur altkatholischen Kirche sind für die evangelischen Kirchen von großer Bedeutung.

Die vielfältigen Dialoge unserer Kirchen mit den orthodoxen Kirchen und der römisch-katholischen Kirche haben uns bestätigt, daß wir diese Kirchen als Schwesterkirchen anerkennen. Wir erwarten, daß auch die orthodoxen Kirchen und die römisch-katholische Kirche uns in diesem Sinne als Kirchen anerkennen [...] (Zum Problem des Proselytismus s.o. den Text S. 125f. D. Red.)

Die Zusammenarbeit mit den orthodoxen Kirchen im Rahmen der KEK, die bilateralen Lehrgespräche evangelischer Kirchen auf verschiedenen Ebenen mit orthodoxen Kirchen sowie vielfältige Begegnungen offizieller und inoffizieller Art haben zu mehr Verständnis für die je eigene Ausprägung von Theologie und Spiritualität und zu einer vertieften Gemeinschaft geführt.

Zwischen den *altkatholischen Kirchen,* die in mehreren europäischen Ländern als Minderheitskirchen existieren, und den evangelischen Kirchen besteht traditionell eine enge Zusammenarbeit auf den verschiedensten Gebieten. Die Vereinbarungen zwischen evangelischen Kirchen und der altkatholischen Kirche in Deutschland und Österreich über eine gegenseitige Einladung zum Abendmahl ermutigt uns zu weiteren Gesprächen. Die Aufnahme eines theologischen Dialogs auf internationaler Ebene zwischen der Leuenberger Gemeinschaft und den altkatholischen Kirchen der Utrechter Union könnte ein Schritt auf dem Weg zur Einheit sein.

In der *evangelisch-katholischen Zusammenarbeit* gibt es in einigen Ländern gute Erfahrungen in den verschiedenen Bereichen kirchlichen Lebens, z. B. auf sozialem Gebiet und bei gemeinsamen Worten zu aktuellen Herausforderungen in der Gesellschaft. Wir empfehlen, über diese positiven Erfahrungen in all unseren Kirchen zu informieren, damit sie auch dort zu gemeinsamem Zeugnis ermutigen, wo bisher wenig evangelisch-katholische Gemeinsamkeit praktiziert wird.

In jüngerer Zeit werden in manchen Regionen die Antworten der römisch-katholischen Kirche auf die neuen Herausforderungen als Hegemonieanspruch empfunden, wodurch das ökumenische Klima gefährdet wird. Wir hoffen, daß die Aussage der römischen Bischofssynode vom 13. Dezember 1991, „den Dialog mit allen Kräften fortsetzen" zu wollen, in ganz Europa ernst genommen wird.

In der Ökumene am Ort machen die konfessionsverschiedenen Familien häufig gute Erfahrungen: Katholiken und Protestanten können gemeinsam Christen sein. Doch sie klagen, daß die rechtlichen Regelungen über die Trauung und Kindererziehung immer noch die Ehe und die ökumenische Gemeinschaft belasten. Auch die katholischen Regelungen zur Gottesdienst- und Abendmahlsgemeinschaft werden als hinderlich für eine ökumenische Spiritualität empfunden. Wir machen uns die Sorgen der konfessionsverschiedenen Familien und ökumenischen Kreise zu eigen und bitten die römisch-katholische Kirche um Reformen auf diesem Gebiet.

Dankbar nehmen wir die Ergebnisse der ökumenischen Begegnung zwischen der KEK und dem römisch-katholischen Rat der Europäischen Bischofskonferenzen (CCEE) in Santiago de Compostela vom November 1991 zur Kenntnis. Den Willen zur Kooperation statt zur Konkurenz beim kirchlichen Engagement in Europa unterstützen wir sehr. Insbesondere greifen wir die Anregung auf, in wenigen Jahren erneut auf europäischer Ebene eine ökumenische Versammlung über „Gerechtigkeit, Frieden und Bewahrung der Schöpfung“ durchzuführen („Basel II“). Solches gemeinsames Zeugnis der Kirchen in Europa hilft uns, Kirche Christi und Kirche für andere zu sein.

10. Vollversammlung der Konferenz
Europäischer Kirchen in Prag: 1.-11. September 1992
Beschluß über den Bericht des Weisungsausschussses
(Konferenz-Dokument)

II. Einheit

Eingedenk der Tatsache, daß viele Spaltungen, die sich im Laufe der Geschichte vollzogen haben, von Europa ausgegangen sind und die europäischen Kirchen besondere Verantwortung dafür tragen, auf die Überwindung der Spaltungen hinzuwirken,
empfehlen wir, daß:

1) die KEK der bisherigen und künftigen Arbeit für die sichtbare Einheit der Kirche in internationalen, multilateralen (ÖRK, Glauben und Kirchenverfassung) und bilateralen theologischen Gesprächen Rechnung trage, um sich zu vergewissern, daß von einer wachsenden Übereinstimmung in Bezug auf die sichtbare Einheit der Mitgliedskirchen der KEK gesprochen werden kann. Dabei wird besonders auf die Erklärung von Canberra „Die Einheit als Koinonia: Gabe und Berufung“ und die der 5. Weltkonferenz für Glauben und Kirchenverfassung „Auf dem Weg zur Koinonia in Glaube, Leben und Zeugnis“ hingewiesen.

2) die KEK das Zusammenwachsen der Christen auf europäischer Ebene verfolgt in Übereinkünften wie denen von Leuenberg, Meißen und Bonn, die Beziehungen zwischen der Anglikanischen Kirche und den Lutherischen Kirchen der nordischen und baltischen Länder, die Übereinkunft über die volle Kanzel- und Altargemeinschaft zwischen der Evangelischen Kirche in Deutschland und der Evangelischen Methodistischen Kirche in Deutschland, sowie die Kanzel- und Altargemeinschaft der Evangelischen Kirche Augsburgischen und Helvetischen Bekenntnisses mit der Methodistischen Kirche in Österreich. Wie auf der Budapester Ver-

sammlung empfohlen wurde, sollten Kirchen, die sich in solchen Übereinkünften zusammengeschlossen haben, ein eigenes Forum erhalten. Außerdem sollte die KEK diese Entwicklungen gemeinsam mit dem CCEE bei einer eigens zu diesem Zweck einberufenen Konsultation erörtern. Gemeinsame Studien würden den Bezugsrahmen erweitern und einen Ort der gegenseitigen Bereicherung und Korrektur schaffen.

3) die KEK die Kirchenräte und Mitgliedskirchen auffordert, sie über die Vertiefung der ökumenischen Beziehungen und über Schritte zur Einheit, die auf nationaler und regionaler Ebene stattfinden,. auf dem Laufenden zu halten.

4) die Ergebnisse einer solchen Studienarbeit den nationalen Kirchenräten und den Mitgliedskirchen der KEK regelmäßig mitgeteilt werden sollten und dabei gleichzeitig über die tiefgreifenden Entwicklungen in den ökumenischen Beziehungen zwischen den örtlichen Gemeinden berichtet werden sollte.

Fünfte Europäische Ökumenische Begegnung von der Konferenz Europäischer Kirchen (KEK) und dem Rat der Europäischen Bischofskonferenzen (CCEE) in Santiago de Compostela, 12.-18. November 1991: Schlußbericht „Auf Dein Wort!“

(KEK-Dokumentationsdienst 16, Nr. 31/32, Genf, Juni/Dezember 1991, 50-53)

Offene Fragen

Die Art und Weise, wie Christen und Kirchen ihren Umgang miteinander gestalten sollten, braucht noch mehr an Reflexion, wobei sich eine Reihe von Fragen ergibt, zum Beispiel

— wie die Kirchen den Geist der Liebe, der Demut und der Geduld leben können, welcher allein die Versöhnungen möglich macht, die noch ausstehen;

— wie sie der Versuchung widerstehen können, die in Europa neuerworbene Freiheit der Religion zu mißbrauchen;

– wie sie sich dort auf ein geschwisterliches Miteinander vorbereiten können, wo durch Migrationen Christen anderer Kirchen erscheinen, die es bisher am Ort nicht gab;
– wie sie die Konkurenz gegeneinander in geistlichen Wetteifer miteinander wandeln können, um voneinander die Praxis der Evangelisierung zu lernen.

Die gesellschaftliche und kulturelle Entwicklung verlangt in ganz Europa neue Ausdrucksformen unseres christlichen Zeugnisses:
– Wie können wir in Anbetracht der großen intellektuellen Strömungen im heutigen Europa zur Inkulturation des christlichen Lebens beitragen und so die Vitalität des Evangeliums unter Beweis stellen?
– Wie können wir in die großen ethischen Streitgespräche im heutigen Europa eingreifen?
– Wie können wir der Gefahr eines Eurozentrismus entrinnen, der unsere weltweite Solidarität untergräbt?
– Wie können wir die positiven Werte nationaler Identität unterstützen und zugleich den Zerrformen eines überzogenen Nationalismus entgegentreten?

Und schließlich: Sehr oft sind Christen mit Situationen konfrontiert, wo sie erst einmal einer fachlichen Grundausbildung bedürfen, um dann aufgrund ihres Sachwissens ein explizites christliches Zeugnis geben zu können. Andere wiederum bedürfen neben ihrem Sachwissen einer christlichen Elementarausbildung. Wie kann man die einen und die anderen ausbilden? Damit unsere Gemeinden missionarisch werden können, sind Lösungen für diese Bildungsprobleme zu finden, womit dann auch ihre christliche Vitalität gestärkt wird.

Ein Großteil dieser Fragen hat uns bereits auf der Basler Ökumenischen Versammlung (1989) beschäftigt. Sie bedürfen vertiefter Analysen, welche KEK und CCEE gemeinsam unternehmen sollten.

Der Zukunft entgegen

13. Zum Schluß unserer Fünften Europäischen Ökumenischen Begegnung sagen wir Gott Dank für all das, was wir als christliche Kirchen Europas bis heute haben zusammen leben und miteinander teilen können, hineingestellt in vielfältige

Beziehungen einer wachsenden Gemeinschaft; wir hoffen auf Gott, daß er uns fähig macht, auf unserem Kontinent ein gemeinsames Zeugnis zu geben.

14. Wenn das Schlüsselwort von Riva del Garda/Trient „Glaube“ war und das von Erfurt „Hoffnung“, so heißt das Schlüsselwort unserer Begegnung von Santiago, das alle anderen zusammenfaßt und begründet, „Liebe“. Das bedeutet zum Beispiel: Nein zum Wettstreit gegeneinander, Ja zur Zusammenarbeit. Dabei hat Europa auf seinem Weg der Einigung zusammen mit den Kirchen, die ihre Einheit klarer auszudrücken versuchen, von der sie bekennen, daß sie von Christus kommt, zahlreichen Spannungen und Konflikten zu begegnen, die teilweise ererbt, teilweise neu sind.

15. Unsere Hoffnung — die auch unser gemeinsames Engagement ist — setzen wir darauf, daß die Kirchen sich gegenseitig und gemeinsam inmitten des heutigen Europa das werden, was sie in der Vergangenheit nicht immer gewesen sind und bis heute keineswegs sind: „Herd brennender Liebe“, wo die Liebe zu Gott, zum Nächsten und zum Feind miteinander verschmelzen und sich gegenseitig stimulieren. In diesem Rahmen und in diesem Klima der Liebe und des Widerstandes gegen das Böse hat sich die Evangelisation in Europa heute zu vollziehen. Sie sollte folgende Gestalt haben, die wir als Präsidenten empfehlen:

— Unsere Kirchen verpflichten sich, auf jegliche im Wettstreit gegeneinander betriebene Evangelisierung zu verzichten, die den Geist der Konkurrenz zwischen ihnen hervorruft.

— In einer Zeit, in welcher der religiöse Faktor Konflikte anderer Art zu nähren oder zu radikalisieren droht, statt sie zu mildern, ist der ökumenische Frieden um so dringlicher geworden.

— In jedem Land Europas könnte die Schaffung eines „Rates der christlichen Kirchen“ auf der nationalen Ebene und oft auch im lokalen Bereich ein wichtiges Mittel im Dienst des Ökumenischen Friedens sein. Wir fordern die Kirchen auf, dort, wo diese Räte noch nicht existieren, die notwendigen Schritte zu tun, um eine solche permanente Struktur des Dialogs und der Zusammenarbeit zu schaffen.

— Auf lokaler Ebene ist bereits heute die ökumenische Zusammenarbeit bei Mission und Evangelisierung möglich:

bei der Übersetzung, Verbreitung und dem gemeinsamen Studium der Bibel; im ökumenischen Einsatz für Gerechtigkeit, Frieden und Bewahrung der Schöpfung; im gemeinsamen Zeugnis in den Medien; in der diakonischen Zusammenarbeit. Wir ermutigen die Ortskirchen sehr, sich dort, wo das noch nicht geschieht, auf diese Kooperation einzulassen.

— Angesichts der neuen Situation eines religiösen Pluralismus in Europa sollten die Kirchen gemeinsam die innere Verbindung zwischen Evangelisierung und interreligiösem Dialog durchdenken.

— Um den wesentlichen und entscheidenden Zusammenhang zwischen Mission und Evangelisierung in Europa zu vertiefen, sollten die Kirchen ein gemeinsames Studien- und Bildungsprogramm ins Auge fassen. Sie könnten so ihrer Verantwortung im „Gemeinsamen europäischen Haus", dessen Aufbau in vollem Gange ist, besser gerecht werden.

— Das Gebet ist Alpha und Omega des christlichen Lebens und der ökumenischen Bewegung. Wir schlagen vor, in die Fürbitten jeder Kirche, wo es dies noch nicht gibt, ein Gebet für alle anderen Kirchen und für unseren Kontinent aufzunehmen.

— Unsere Zukunftsvision soll die ganze Welt umfassen und in uns die Hoffnung stärken, daß unsere besondere Berufung als europäische Kirchen auch darin besteht, die Möglichkeit zu zeigen, in einer hochtechnologisierten und säkularisierten Gesellschaft zu leben und dabei nicht nur dem christlichen Glauben nicht abzusagen, sondern vielmehr seinen Sinn und Wert für das heutige Leben zum Ausdruck zu bringen. Dies kann einer unserer Beiträge für die Zukunft des Christentums in der Welt sein.

Unsere Vision von der Zukunft transzendiert auch diese Welt und gründet sich auf dem, der schon längst unsere Zukunft ist und zu dieser Zukunft einlädt durch das Wort seiner Verheißung: „Seht, ich mache alles neu." (Offb. 21,5)

16. Nach dem Auszug aus Ägypten schien das Volk Gottes, als es gerade aus der Sklaverei des Pharao befreit war, dem Einzug in das Verheißene Land sehr nah zu sein (Num 14). Kundschafter hinterbrachten ihm, daß es dort riesige Trauben, herrliche Granatäpfel und Feigen gäbe (Num 14,23). Doch sei es auch ein Land voller gefährlicher Riesen, und die Schutzmauern der Städte würden bis zum Himmel reichen (Dt 1,28) ...

Das Volk wurde von Angst befallen, und die Mehrzahl der Kundschafter nahm den Israeliten den Mut — mit Ausnahme von Kaleb und Josua. Deswegen mußten die Israeliten einen langen Weg durch die Wüste antreten: „Diese Menschen werden nicht das Land schauen, das ich ihren Vätern verheißen habe". (Num 14,23)

Werden wir in Anbetracht der Verheißungen und der großen Veränderungen, die Europa heute erlebt, ängstliche Kundschafter sein — oder Menschen, die ihren Brüdern und Schwestern Mut machen, wie Josua und Kaleb? (vgl. Num 13,30)

Die Antwort liegt — durch Gottes Gnade — bei uns!

Texte aus der römisch-katholischen Kirche

Römisch-katholische Bischofssynode, Sonderversammlung für Europa: Auszüge aus der Erklärung vom 13. Dezember 1991 (Verl. d. Apost. Stuhls Nr. 103, Bonn 1991, 10ff)

I. Die Bedeutung der gegenwärtigen Stunde für den christlichen Glauben und die Geschichte Europas

1. Die gegenwärtige historische Stunde Europas

Unsere Sonder-Versammlung der Bischofssynode hat zwei Jahre nach dem Beginn des so plötzlichen und wahrhaftig außerordentlichen Zusammenbruchs des kommunistischen Systems stattgefunden, an dem das mutige Zeugnis der christlichen Kirchen einen großen Anteil hatte. Auch zahlreiche Nichtglaubende haben diese Ereignisse als ein „Wunder" betrachtet. Im Licht des Glaubens und unter dem Antrieb des Heiligen Geistes wollen wir in dieser Stunde wahre Zeichen der Gegenwart Gottes und seiner Ratschlüsse erkennen. Für die Christen offenbart sich in diesen Ereignissen ein echter „Kairos" der Heilsgeschichte und eine ungeheure Herausforderung zur Fortsetzung des Erneuerungswerkes Gottes, von dem schließlich das Schicksal der Nationen abhängt.

Zweifelsohne hatte der Untergang der totalitären Herrschaftssysteme Mittel- und Osteuropas ökonomische, soziale und politische Ursachen. Gleichwohl besaß er von innen her einen ethischen, anthropologischen und schließlich spirituellen Grund. Denn dem ganzen Marxismus liegt ein Irrtum „anthropologischer Art" zugrunde, insofern nämlich in diesem System der Mensch auf den rein materiellen und ökonomischen Gesichtspunkt verkürzt wird. Aus einer solch falschen und verkürzten Anthropologie ergaben sich notwendigerweise ökonomische und politische Konsequenzen, die ganz und gar ungerecht, mit dem Menschen unvereinbar und deshalb notwendigerweise zum Untergang bestimmt sind. Das eigentliche, ja sogar innere Element dieser Lehre und deshalb auch des ganzen kommunistischen Systems war der verordnete und verpflichtende Atheismus im täglichen Leben.

Heute ist in Europa der Kommunismus als System untergegangen, doch seine Wunden und sein Erbe bleiben in den Herzen der Menschen und in den neu entstehenden Gesellschaften. Die Menschen stehen vor Schwierigkeiten im rechten Gebrauch der Freiheit und der Demokratie; die zuinnerst verdorbenen sittlichen Werte müssen erneuert werden. Zugleich hat die Kirche, arm geworden an Strukturen und Mitteln, tiefer gelernt, auf Gott allein zu vertrauen.

Der Zusammenbruch des Kommunismus ruft zu einem kritischen Nachdenken über den ganzen kulturellen, sozialen und politischen Weg des europäischen Humanismus, soweit er durch den Atheismus, nicht nur in seinem marxistischen Zusammenhang, gekennzeichnet ist, und beweist, daß es faktisch, und nicht nur prinzipiell, nicht angeht, die Sache Gottes von der Sache der Menschen zu trennen. [...]

2. Der christliche Glaube und die kulturellen sowie geistigen Grundlagen Europas

Die europäische Kultur ist aus vielen Wurzeln zusammengewachsen. Der Geist Griechenlands und die Romanitas, die Errungenschaften der lateinischen, keltischen, germanischen, slawischen und urgo-finnischen Völker, die hebräische Kultur und die islamischen Einflüsse gehören zu diesem komplexen Ganzen. Niemand kann aber leugnen, daß der christliche Glaube zum beständigen und grundlegenden Fundament Europas entscheidend gehört. In diesem Sinne sprechen wir von den „christlichen Wurzeln Europas", nicht aber um damit unterschwellig zu behaupten, daß Europa und das Christentum schlechthin zusammenfielen.

Man kann sagen, daß die christliche Religion Europa ein eigenes Gesicht gegeben hat, indem sie in das gemeinsame europäische Bewußtsein einige fundamentale Prinzipien der Humanität einfügte: besonders den Begriff des transzendenten Gottes, der in höchster Weise frei ist und für immer aus Liebe in das Leben der Menschen eingetreten ist durch die Menschwerdung und das Paschageheimnis seines Sohnes; eine neue und besondere Kennzeichnung der Person und der menschlichen Würde; eine ursprüngliche Geschwisterlichkeit der Menschen als Prinzip solidarischen Zusammenlebens in der Verschiedenheit der Menschen und Völker.

Dieses gemeinsame Erbe menschlicher Kultur Europas hat im Laufe der Zeit schwere Wunden und Veränderungen erlitten. Was die westlichen und mittleren Teile Europas betrifft, so hat es sich seit den Religionskriegen nach der zerbrochenen Einheit der Kirche im 16./17. Jahrhundert ergeben, daß besonders das öffentliche und soziale Leben anders verstanden oder allein von der menschlichen Vernunft her begriffen wurde. Dennoch sind nicht alle Werte direkt in Zweifel gezogen worden, die ihren Ursprung im christlichen Glauben hatten: ja man hat sich sogar Mühe gegeben, sie zu bewahren, so daß sie auf einem neuen und eigenen Fundament gründen. Die Schwäche eines solchen Fundamentes ist erst in diesem Jahrhundert wirklich deutlich geworden; und daraus folgte, daß sowohl im allgemeinen Bewußtsein vieler als auch in den zivilen Gesetzgebungen jene Werte umstritten waren.

Europa kann heute nicht schlechthin auf sein vorgegebenes christliches Erbe hinweisen: Es geht nämlich darum, zur Fähigkeit zu gelangen, erneut über die Zukunft Europas zu entscheiden, in der Begegnung mit der Person und der Botschaft Jesu Christi.

II. Die lebendige Mitte und die vielen Wege der Neu-Evangelisierung

3. Die Bedeutung der Neu-Evangelisierung Europas

[...] Die Neu-Evangelisierung ist kein Programm zu einer sogenannten „Restauration“ einer vergangenen Zeit Europas, sondern sie verhilft dazu, die eigenen christlichen Wurzeln zu entdecken und eine tiefere Zivilisation zu begründen, die christlicher und deshalb menschlicher ist. Diese „Neu-Evangelisierung“ lebt aus dem unerschöpflichen Schatz der ein für allemal in Jesus Christus erfolgten Offenbarung. Es gibt kein „anderes Evangelium“. Mit Bedacht wird sie Neu-Evangelisierung genannt, weil der Heilige Geist stets die Neuheit des Wortes Gottes hervorbringt und beständig die Menschen geistig/geistlich aufweckt *(1 Joh 3,2)*. Diese Evangelisierung ist auch deshalb neu, weil sie nicht unabänderlich an eine bestimmte Zivilisation gebunden ist, da das Evangelium Jesu Christi in allen Kulturen aufleuchten kann.

Der Kern dieser Evangelisierung lautet: „Gott liebt dich. Christus ist für dich gekommen.“ […]

Für eine wahre Evangelisierung genügt es also nicht, sich um eine Verbreitung der „Werte des Evangeliums“ wie Gerechtigkeit und Frieden zu bemühen. Wir kommen nur dann zu einer wirklich christlichen Evangelisierung, wenn die Person Jesu Christi verkündet wird. Denn die Werte des Evangeliums können nicht getrennt werden von Christus selbst, der ihre Quelle und ihr Fundament sowie die Mitte der ganzen evangelischen Botschaft ist. Von ihrem Wesen her strebt die Evangelisierung zur Kirchengründung, welche in der Verkündigung des Wortes und in den Sakramenten der Initiation ihren Anfang nimmt. […] Die Evangelisierung soll nicht nur einzelne Menschen, sondern auch die Kulturen erreichen. Die Evangelisierung der Kultur bedeutet aber die „Inkulturation“ des Evangeliums. Die Aufgabe der Inkulturation des Evangeliums in einer neuen kulturellen Situation Europas, die nicht nur von der Moderne, sondern auch von der sogenannten Postmoderne geprägt ist, beinhaltet eine Herausforderung, der wir nach Kräften entsprechen müssen: Dazu ist der Beitrag von Menschen, die sich in der Kultur auskennen, und der Theologen, die von Herzen mit der Kirche übereinstimmen erforderlich.

4. Die Früchte des Evangeliums: Wahrheit, Freiheit und Gemeinschaft

[…] In der Tat ist das Suchen nach Freiheit, Wahrheit und Gemeinschaft das höchste, älteste und dauerhafteste Begehren des europäischen Humanismus, welches auch in der gegenwärtigen Zeit weiterwirkt. Deswegen steht das Vorhaben einer Neu-Evangelisierung keineswegs dem Begehren dieses Humanismus im Weg; vielmehr reinigt und kräftigt sie ihn in unseren Tagen, da er in der Gefahr ist, seine Identität und seine Zukunftshoffnung zu verlieren infolge irrationaler Einflüsse und eines Neuheidentums.

Deshalb scheint die Frage nach der Verbindung von Freiheit und Wahrheit besonders wichtig zu sein, welche die moderne europäische Kultur sehr häufig als Gegensätze aufgefaßt hat, während hingegen Freiheit und Wahrheit in einer solchen Weise aufeinander hingeordnet sind, daß die eine ohne die andere nicht erreicht werden kann. Ebenfalls ist es von höchster Bedeutung, einen anderen Gegensatz zu überwinden, der übrigens mit dem vorhergehenden verbunden ist, nämlich von Freiheit und Gerechtigkeit, Freiheit und Solidarität, Freiheit und wechselseitiger Gemeinschaft. [...]

5. Die Träger der Evangelisierung und die vielen Wege einer Neu-Evangelisierung

Die Neu-Evangelisierung Europas ist nur möglich, wenn wir alle Christen aufrufen, ihrer prophetischen Berufung entsprechend diese Aufgabe in Angriff zu nehmen. Mit den Bischöfen sind freilich zunächst die Priester und Diakone die Träger der Evangelisierung. Sie tragen die Last der täglichen Pastoral in den christlichen Gemeinden. Die Ordensleute, denen zu einem großen Teil die Erst-Evangelisierung zu verdanken ist, und ihre Kommunität können in ganz Europa das Lebenszeugnis eines biblischen Radikalismus ablegen, wenn sie ein stärkeres Augenmerk auf das richten, was für das geweihte Leben wesentlich ist. Von ihnen können einige Aufgaben mit besonderer Wirksamkeit übernommen werden, etwa im Bereich der Erziehung oder der Animation verschiedener Gruppierungen. Wie die Erklärung „Christifideles laici" nachhaltig herausgestellt hat, müssen auf jeden Fall auch die Laien zum Einsatz für die neue Evangelisierung Europas aufgerufen werden. Sie, die über eine eigene Berufung verfügen, nehmen auf eigene Weise am prophetischen Amt Jesu Christi teil und haben Zugang zu Bereichen, in welche Bischöfe und Priester nicht gelangen können: Nur durch sie können die Evangelisierung und der Aufbau des neuen Europas konkret möglich werden. Auf besondere Weise ruft diese Synode die jungen Menschen auf, Träger einer Evangelisierung der künftigen Generation Europas zu werden. [...]

Der künftige Allgemeine Katechismus wird mit großer Hoffnung erwartet: Eine zusammenhängende Darstellung der gesamten katholischen Lehre im wahren Geist des II. Vatikanischen Konzils wird eine Hilfe in bezug auf die Sorge sein, zu der gewisse theologische Tendenzen Anlaß geben. Da nämlich eine Theologie, die im Wort Gottes verwurzelt und dem Lehramt der Kirche verbunden ist, einen großen Nutzen für die Aufgabe der Evangelisierung hat, muß man einen theologischen „Dissens“ als Hindernis für die Durchführung der Evangelisierung betrachten — besonders jener Evangelisierung, die in der Kirche selbst ständig vollzogen werden muß.

Alle Menschen sind eingeladen, das Evangelium Jesu Christi anzunehmen. Die Neu-Evangelisierung muß deshalb zutiefst missionarisch sein, so daß sie nicht nur die Personen und Personenkreise erreicht, die schon im Herzen der Kirche verwurzelt sind, sondern auch jene, die eher von ferne auf sie schauen — und dies nicht selten mit Skepsis oder gar Verachtung. [...]

6. Kirchliche Gemeinschaft und Sendung im Austausch der Gaben

Alle Evangelisierung entspringt der Person und dem Werk Jesu Christi und führt wieder hin zu ihm. In ihm ist die Kirche ein Leib aus vielen Gliedern (vgl. *1 Kor 12,12*), „das Sakrament, das heißt Zeichen und Werkzeug für die innigste Einigung mit Gott wie für die Einheit des ganzen Menschengeschlechts“. [...]

Die kollegiale Verbundenheit der Bischöfe mit dem Nachfolger Petri und untereinander, die während dieser Synode noch erstarkte, sollte durch persönliche Besuche und Freundschaft gefördert werden. In voller Beachtung des Bandes der Einheit mit dem Hl. Stuhl und der Aufgaben der einzelnen Bischöfe und Bischofskonferenzen der verschiedenen Nationen legt es die pastorale Sorge auf unserem Kontinent, der den Weg zur Einheit beschreitet, nahe, daß es mit Hilfe des Rates der europäischen Bischofskonferenzen eine Abstimmung und gemeinsame Anstrengung bei Evangelisierung und Ökumenismus gibt und daß Wege für andere Formen der Zusammenarbeit zwischen den Einzelkirchen des Kontinents gesucht werden. Darüber hinaus verlangt es die Notwendigkeit einer Präsenz der Kirche bei den europäischen Institutionen, daß — in Einheit mit dem Hl. Stuhl und seinem Gesandten — die Tätigkeit des Rates der europäischen Bischofskonferenzen und der Kommission der Bischofskonferenzen der Europäischen Gemeinschaft gestärkt und enger miteinander verbunden werden. Beide haben sich in den vergangenen Jahren schon sehr verdient gemacht.

In Einheit mit dem Apostolischen Stuhl müssen die Kirchen Europas auch die eigene Zusammenarbeit mit den Teilkirchen der übrigen Kontinente verstärken. Anlässe, die besonders wichtig sind, wie die 500-Jahr-Feier der Evangelisierung Amerikas, die bevorstehende Vollversammlung des lateinamerikanischen Bischofsrates und die Spezialversammlungen der Bischofssynode für Afrika und für den Libanon, bilden günstige Gelegenheiten zum Austausch der Gaben und dazu, den gemeinsamen Heilsdienst aller Kirchen der ganzen Welt zu erweitern. [...]

IV. Die Aufgabe der Kirche beim Aufbau eines zu universaler Solidarität offenen Europas

10. Die Aufgabe der Kirche beim Aufbau eines neuen Europas

In der Neu-Evangelisierung liegt nicht nur eine Herausforderung für einzelne Christen und Gemeinden, sondern auch für die Staaten, die auf humanere Weise aufgebaut werden müssen. Die Kirche hat nämlich die Sendung, das in Jesus Christus zum Heil geoffenbarte Geheimnis zu eröffnen, das alle Dimensionen des menschlichen Lebens betrifft. Wenn also die Kirche das Evangelium verkündet und lebt, dient sie der Menschheit. Wenn auch diese Sendung allen Christen zukommt, so haben die Laien – Männer wie Frauen, Erwachsene wie Jugendliche – und ihre verschiedenen Zusammenschlüsse aufgrund ihres „Weltcharakters" hier doch eine besondere Sendung. Das Apostolische Schreiben „Christifideles Laici" hat die Sendung, zu der die Laien auch in besonderer Weise auszubilden sind, genau beschrieben. Für den Beitrag der Laien zum Aufbau eines neuen Europas sind besonders wichtig: Förderung der Würde des Menschen, Ehrfurcht vor dem unantastbaren Recht auf Leben, Recht auf Gewissens- und Religionsfreiheit, Ehe und Familie als primärer Ort des sozialen Engagements und der „Humanisierung", karitativer Dienst der Liebe und Werke der Barmherzigkeit, Sorge um das Allgemeinwohl und Engagement in der Politik, Verantwortung in der Wirtschaft, Sorge um die Bewahrung der Schöpfung, Evangelisierung im Bereich der Kultur, der Bildung und Erziehung sowie der Kommunikationsmittel.

Die Kirche darf also auf die Wahrnehmung eines eigenen öffentlichen Auftrags nicht verzichten. Sie muß sich auch hüten, bei der Erfüllung ihres Grundauftrages an frühere überholte Formen anzuknüpfen, die heute für die Kirche schädlich wären. Durch den Anstoß der christlichen Offenbarung und durch langfristige geschichtliche Veränderungen hat die Zivilisation Europas die Unterscheidung, wenn auch nicht die Trennung von religiöser und politischer Ordnung entdeckt, die so sehr zum menschlichen Fortschritt beiträgt. Die Kirche darf durchaus eine recht verstandene Demokratie befürworten, ist jedoch an kein politisches System gebunden. Sie hat aber ihre eigene Verantwortung für die Gestaltung der Gesellschaft, die sie nicht zurückweisen kann und die sie besonders in ihrer Soziallehre, die sich auf die Aufgabe der Neu-Evangelisierung erstreckt, erfüllt.

Die Prinzipien der menschlichen Personwürde, die ihr als Fundamentalrechte vor jeder sozialen Zuerkennung zukommen und nicht — nicht einmal durch Mehrheitsbeschlüsse — verneint oder aufgehoben werden können, wie auch der Subsidiarität, welche die Rechte und Zuständigkeiten aller Gemeinschaften auf allen Ebenen berücksichtigt, und der Solidarität, welche ein Gleichgewicht zwischen Bedürftigen und Stärkeren fordert, können gleichsam die Säulen einer neuen Gesellschaft im Aufbau Europas bilden. Deshalb ist die Kenntnis der Soziallehre für alle, die in christlichem Geist an der Erbauung des neuen Europas teilnehmen wollen, notwendig. Die Studienordnung in den theologischen Hochschulen muß die Ausbildung in der Soziallehre und der karitativen Diakonie berücksichtigen.

Die Erprobung der Nützlichkeit der Marktwirtschaft sowie des freien Handels und ihre Einführung auch bei den Nationen Mittel- und Osteuropas müssen nach einem klaren und klugen Konzept erfolgen. Man muß sie auf das Gemeinwohl hin ausrichten und die berechtigten Bemühungen der Arbeitnehmer unterstützen, eine volle Respektierung ihrer Würde zu erlangen und eine größere Partizipation an den Wirtschaftsunternehmen, in denen sie arbeiten. Der Beginn des „Gemeinsamen europäischen Marktes“ ist für uns ein Aufruf und eine Herausforderung: Besonders dringlich ist eine Kultur der Solidarität, damit für die alten und neuen Formen der Armut gerechte Lösungswege gefunden werden.

In der gegenwärtigen europäischen Situation hat die Frauenfrage eine große Bedeutung. Nur ein neues Verhältnis von Mann und Frau, das den Veränderungen Rechnung trägt, kann die legitimen Anliegen der Frauen auf den rechten Weg bringen. Wir appellieren an die Bürger und die politisch Verantwortlichen, daß sie von der immer wieder zum Ausdruck gebrachten und notwendigen rechtlichen Gleichstellung auch zu ihrer tatsächlichen Verwirklichung gelangen. Die Eingliederung der Frauen in das Berufsleben darf nicht von der Alternative Beruf oder Familie bestimmt sein, sondern bedarf einer geordneten Verbindung mit ihrer eigenen Aufgabe in der Familie und bei der Weitergabe des Lebens. Unter diesen Bedingungen könnten die Frauen ihre ganze Kraft dem kulturellen Aufbau und einer Sozialordnung widmen, die eher mit der vollständigen, personalen und sozialen Wahrheit des Menschen übereinstimmt.

Weil das Recht auf Leben in vielen Nationen des heutigen Europas sowohl im Westen als auch im Osten sehr mit Füßen getreten wird, besonders im Fall der Abtreibung und der Euthanasie, empfiehlt unsere Synode den einzelnen Kirchen und besonders den Bischofskonferenzen, jährlich einen „Tag oder eine Woche für das Leben" in allen Gemeinschaften und Pfarreien zu begehen und im Lauf der Zeit diesen Tag oder diese Woche auch gemeinsam festzulegen. [...]

Der Einigungsprozeß in Europa und in besonderer Weise die europäischen Einrichtungen und die Konferenz für Sicherheit und Zusammenarbeit in Europa bringen eine große Verantwortung der Kirchen mit sich. Denn das gemeinsame europäische Haus wird auf sicheren Fundamenten erbaut, wenn es nicht nur aus ökonomischen Gründen entsteht. Das neue Europa setzt bei seinem Aufbau stets den Konsens und die Anerkennung fundamentaler Werte voraus und fordert ein wirkliches Ideal. Unter diesem Gesichtspunkt ist der Beitrag der Kirche für das neue Europa keineswegs etwas Zweitrangiges; er muß die Bemühungen der christlichen Laien, die im sozialen und politischen Bereich tätig sind, begleiten. [...]

11. Notwendigkeit einer Öffnung Europas zu weltweiter Solidarität

[...] Der Schrei des leidenden Christus erreicht uns heute mit besonderer Stärke aus den südlichen Weltteilen, wo die ärmsten Völker wagnisbereite und wirksame Solidarität fordern gegen Hunger, vielfältige Schwierigkeiten und Unrecht, die sie bedrängen. Diesem Schrei muß man mit konkreten Entscheidungen antworten, die sich auf die Unterbindung des Waffenhandels, die Öffnung unserer Märkte, eine gerechtere Lösung der internationalen Verschuldung beziehen; zugleich geht es um alles, was in diesen Regionen das Wachstum der Kultur und der Wirtschaft zugleich mit demokratischen Lebensformen fördern kann. [...]

Schluß

[...] Maria, die Mutter unseres Herrn und Ursache unserer Hoffnung [...] hat an der Seite ihres Sohnes von Anfang an die Evangelisierung begleitet. Auch heute bleibt sie „einmütig im Gebet", wie vor Pfingsten (vgl. *Apg 2,14*), inmitten der Kirche und bittet mit uns um das Kommen des Heiligen Geistes. „Möge sie der Leitstern einer sich selbst stets erneuernden Evangelisierung sein!" [...]

Zentralkomitee der deutschen Katholiken: Auszug aus der Europa-Erklärung der ZdK-Vollversammlung in Karlsruhe vom 17. Juni 1992 (epd-Dok. 29/92, 32-36)

Vorrangige Aufgaben

Fundamente bewußt machen

Immer und überall ist ein friedliches Zusammenleben auf Dauer nur möglich, wo ein Konsens über fundamentale Voraussetzungen der gesellschaftlichen und staatlichen Ordnung vorhanden ist. Für uns Christen ist die Achtung der menschlichen Person als Geschöpf und Abbild Gottes entscheidender Maßstab. Wir sehen darin die tiefste Wurzel der Würde jedes Menschen. Unter dem kommunistischen Regime haben die Menschen jahrzehntelang erfahren müssen, wie sich Menschenverachtung und Willkür statt Recht auswirkten. Nicht von ungefähr wurde das Recht auf Religionsfreiheit beschnitten oder ganz unterdrückt. Dieses Recht aber bringt die transzendente Verankerung der Grundwerte und bürgerlichen Freiheitsrechte besonders zum Ausdruck. Es kommt darauf an, diese Zusammenhänge immer bewußt zu machen und die Rechtsordnung danach zu gestalten. Aus diesem Grunde haben für uns freiheitliche Demokratie, sozialverpflichtete Marktwirtschaft und gesellschaftliche Teilhabe eine besondere Bedeutung, weil sie die Bürger in die Lage versetzen, ihre Recht auf Freiheit und Eigenverantwortung im politischen, wirtschaftlichen und gesellschaftlichen Leben konkret wahrzunehmen.

Europäisches Gemeinwohl schaffen

Schon aus seiner geographischen Lage ergibt sich für unser Land eine besondere Verantwortung. Wir kennen die leidvolle Geschichte der Völker Mittel- und Osteuropas und sind mit ihr in vielfältiger Schuldverstrickung aufs engste verknüpft. Wir wissen, daß Wahrhaftigkeit und Gerechtigkeit als Grundelemente der gemeinsamen Zukunftsgestaltung von allen auch die Herstellung des Rechtsfriedens verlangen. Wir setzen uns für eine enge Zusammenarbeit auf allen Gebieten mit unseren östlichen Nachbarn — genauso wie mit den Nachbarn im Westen — ein. Besonders gilt das für unser Verhältnis zu den Menschen in Polen, Ungarn und der CSFR.

Es ist dringend erforderlich, daß alle europäischen Völker mehr und mehr in Dimensionen des gesamteuropäischen Gemeinwohls denken. Aktuelle Auseinandersetzungen darüber, was „Teilen" bedeutet, zeigen die Furcht davor, einen erreichten Besitzstand schmälern zu müssen. Es liegt aber im Interesse aller, jetzt — wenn auch unter Opfern — die erforderlichen Hilfen zu leisten, damit die Völker in Mittel- und Osteuropa so schnell wie möglich ihre wirtschaftliche Leistungsfähigkeit entwickeln können. Je schneller sie in der Lage sind, ihren eigenen Weg zu gehen, um so mehr tragen sie zum wirtschaftlichen Austausch bei, und um so eher werden auch ihre kulturellen und gesellschaftlichen Kräfte erstarken. Das kann für ganz Europa nur von Vorteil sein.

Aus historischen Erfahrungen lernen

Die künftige Zusammenarbeit darf sich nicht nur von den Problemen und Erfahrungen der jüngsten Vergangenheit bestimmen lassen. Jetzt muß das gesamte Spektrum der sozialen, wirtschaftlichen, kulturellen und politischen Beziehungen unter den europäischen Ländern in den Blick kommen. Und zugleich müssen auch historische Erfahrungen berücksichtigt werden. Dies ist besonders dort wichtig, wo Spannungen wieder aufbrechen, die schon lange vor dem Nationalsozialismus und dem Kommunismus zwischen Völkern, Volksgruppen und Minderheiten bestanden haben. Die Geschichte hält aber auch Beispiele dafür bereit, wie durch die Anerkennung von eigenständigen Volksgruppenrechten und durch die Schaffung von Selbstverwaltungskörperschaften für Minderheiten Frieden gestiftet worden ist. Solche Beispiele können auch für die Lösung heutiger Probleme hilfreich sein.

Lebensräume schützen

Zur Festigung der sozialen Beziehungen muß es unser besonderes Anliegen sein, daß die kleineren Gemeinschaften geschützt werden und vor allem den Familien ihr Lebensraum gesichert wird, die in vielen Ländern oft unter schwierigen Bedingungen existieren müssen. Wir treten dafür ein, daß Ungerechtigkeiten in der Arbeitswelt und bei der Einkommensverteilung überwunden und überall soziale Ordnungen geschaffen und verbessert werden. Beachtung der Menschenrechte, Gleichberechtigung der Frau, Offenheit für Fremde und Toleranz im Umgang mit Andersdenkenden sind unabdingbare Voraussetzungen des menschlichen Umgangs. Angesichts der vielen Unterschiede in Mentalität und Tradition, in religiöser Einstellung und Kultur, in Sprache und Lebensstil, die das Bild Europas prägen, wird sich letztlich bei den Menschen und in ihrem alltäglichen Umgang erweisen, ob Gemeinschaft in Europa Wirklichkeit wird.

Brücken der Verständigung bauen

In diesem Zusammenhang hat auch die Kirche eine besondere Aufgabe. Bis jetzt ist noch nicht alles getan worden, um eine größere Gemeinsamkeit unter den Katholiken Europas herzustellen. Die Zusammenarbeit der Bischöfe im Rat der europäischen Bischofskonferenzen (CCEE) und in der Kommission der Episkopate der Europäischen Gemeinschaft (COMECE), die Kontakte leitender Gremien und finanzielle Unterstützungen allein reichen nicht aus. Es müssen auch Brücken der Verständigung und der Begegnung durch Jugendaustausch und Partnerschaften, durch Stipendienhilfe und Förderung der Laienarbeit gebaut werden. Wenn die Kirche — wie es die Europa-Synode der Bischöfe 1991 bekräftigt hat — das künftige Europa mitgestalten will, dann muß jetzt gemeinsam überlegt werden, auf welche Weise zum Beispiel die Katholische Soziallehre eingesetzt werden kann, damit christliches Denken in Politik, Wirtschaft und Gesellschaft der einzelnen Länder zum Zuge kommt.

Mit den Bischöfen der Europa-Synode halten wir es für geboten, uns auf die christlichen Wurzeln der europäischen Geschichte zu besinnen, die Aktualität der Botschaft des Evangeliums neu verständlich zu machen und unsere Mitmenschen durch unser Tun davon zu überzeugen, daß christliches Engagement ein Mehr an Menschlichkeit bringen kann. In den europäischen Gesellschaften haben atheistische Ideologien, eine weitgehend säkularisierte Lebensauffassung und praktischer Materialismus das Gespür für ethische und religiöse Dimensionen beeinträchtigt, die jedes Volk geprägt und seine Kultur bestimmt haben. Ohne Wertvorstellungen und Antworten auf die Frage nach dem Sinn des Lebens können Menschen aber auf die Dauer nicht leben. Wo der Mensch nur noch den materiellen und ökonomischen Aspekt für wichtig hält, wird er bald selbst nur noch unter dem Gesichtspunkt der Nützlichkeit beurteilt.

Eine außerordentliche Anstrengung muß für die Menschen und die Kirchen in Mittel-, Südost- und Osteuropa unternommen werden. Sie brauchen Unterstützung, um die sich jetzt stellenden Aufgaben bewältigen zu können. Je schneller jetzt Hilfen gegeben werden, um so wirksamer sind sie, und desto größer sind die Chancen, den Menschen in ihrer vielfältigen Not beizustehen. In unserem Volk ist die Bereitschaft, sich an dieser Hilfe zu beteiligen, vorhanden, aber sie wird nicht genügend eingefordert und findet oft auch nicht die Voraussetzungen zu ihrer Verwirklichung. Darum fordern wir, eine allgemeine Kollekte als Ausdruck christlicher Solidarität mit Mittel-, Südost- und Osteuropa durchzuführen und eine kirchliche Initiative (Werk) umfassender christlicher Solidarität mit Mittel-, Südost- und Osteuropa zu gründen. Wir treten dafür ein, daß die Solidarität mit den Ländern des Südens und mit den Ländern des Ostens in vergleichbarer Weise überzeugend zum Ausdruck kommt.

Barrieren überwinden, Zusammenarbeit suchen

In dieser Situation müssen wir Christen uns darüber im klaren sein, daß das christliche Zeugnis auch der gemeinsamen ökumenischen Zusammenarbeit bedarf. In manchen europäischen Ländern ist die Bereitschaft zu dieser Zusammenarbeit noch nicht entwickelt oder kaum eingeübt. Hier sollten Katholiken dabei mithelfen, Barrieren zu überwinden. Christen müssen gemeinsam unter den Gesichtspunkten der Gerechtigkeit, des Friedens und der Bewahrung der Schöpfung zur Gestaltung der Welt beitragen.

Zur europäischen Geschichte und Kultur gehören sowohl das jüdische Erbe als auch Einflüsse, die der Islam in Europa ausgeübt hat. Wir müssen mehr voneinander wissen und um der Menschen willen zusammenarbeiten. Daher wollen wir den Dialog mit den jüdischen Gemeinden intensivieren. Mit den Muslimen und ihren geistlichen Repräsentanten ist das Gespräch zu suchen, um Verständnis füreinander zu erreichen und Voraussetzungen für ein friedliches Zusammenleben zu stärken.

Dem Frieden und der Gerechtigkeit weltweit dienen

Mit der Integration wächst auch die weltweite Verantwortung der europäischen Völker. Daraus ergeben sich Konsequenzen für die Außen- und Sicherheitspolitik und für das Verhalten gegenüber den Entwicklungsländern. Auch in Zukunft können Konflikte innerhalb Europas und noch mehr solche in anderen Kontinenten, die Europa beeinflussen, nicht ausgeschlossen werden. In diesem Zusammenhang sind vor allem die Vereinten Nationen (UNO) mehr noch als bisher gefordert, Wege in Richtung einer stabilen Weltfriedensordnung aufzuzeigen und dabei dem Völkerrecht jederzeit Geltung zu verschaffen. Wir haben allen Anlaß, zu denjenigen Gemeinschaften und Zusammenschlüssen zu stehen, die uns in den vergangenen Jahren den Frieden erhalten haben. Wir unterstützen deshalb auch alle Versuche, die politische Wirksamkeit der Nordatlantischen Verteidigungsgemeinschaft (NATO) und der Konferenz für Sicherheit und Zusammenarbeit in Europa (KSZE) zur Konfliktverhütung und Friedenssicherung sowie zur Friedensförderung der neuen Situation anzupassen und sie zu verbessern. Damit werden Möglichkeiten gestärkt, Maßnahmen der Abrüstung und der Verhinderung von Rüstungsexporten leichter durchzusetzen und einen besser koordinierten Beitrag Europas zur internationalen Friedenssicherung zu leisten.

Mit den Flüchtlingen und Asylsuchenden, die jetzt aus anderen Kontinenten nach Europa strömen, deuten sich Probleme an, die die europäischen Länder zukünftig noch mehr herausfordern werden. Eine außerordentliche Anstrengung der Industrieländer ist erforderlich, um eine Trendwende angesichts der immer schwieriger und aussichtsloser werdenden Lage vieler Entwicklungsländer herbeizuführen. Methoden wirksamer Entwicklungspolitik sind erarbeitet und durchaus auch mit Erfolg erprobt worden. Nach wie vor fehlt es aber an der Einsicht, wie sehr Protektionismus und das Ausnutzen der stärkeren Position auch der europäischen Länder die Entwicklungsländer massiv schädigen. Darum muß sich die Solidarität Europas und unser Eintreten für weltweite soziale Gerechtigkeit nicht zuletzt darin erweisen, daß die bestehenden politischen Widerstände überwunden und eine konsequente Haltung des Teilens gelebt wird. Deshalb muß endlich die Lösung des Schuldenproblems energisch angepackt werden.

Wir rufen alle Christen auf, diese geistigen und politischen Herausforderungen anzunehmen, ohne deren Bewältigung ein neues Europa nicht Wirklichkeit werden kann. Wir sind der Überzeugung, daß wir in gemeinsamer Anstrengung dieser Verpflichtung gerecht werden können.

Walter Schöpsdau:

Ökumenische Strukturen in Europa

(Aktualisierte Fassung eines Artikels aus: MdKI 43, 1992, 4ff)

Der folgende Überblick beschränkt sich auf die ökumenischen und konfessionellen Zusammenschlüsse von Kirchen auf gesamteuropäischer Ebene. Von den kirchlichen Institutionen werden nur solche berücksichtigt, die sich auf den europäischen Einigungsprozeß als solchen beziehen, also nicht die vielen europäischen Zusammenschlüsse kirchlicher Werke und Verbände.

Konferenz Europäischer Kirchen (KEK)

Die nichtkatholischen Kirchen Europas haben sich nach einer sechsjährigen Vorbereitungsphase 1959 in Nyborg/Dänemark zur Konferenz Europäischer Kirchen (KEK) zusammengeschlossen. Der bewußte Anschluß an den weltweiten Ökumenischen Rat der Kirchen kommt darin zum Ausdruck, daß die Satzung, die 1964 von der 4. Vollversammlung an Bord des Motorschiffs „Bornholm" angenommen wurde, dessen Basisformel übernimmt. Als Zweck der Arbeit nennt die Satzung, „bei regelmäßigen Zusammenkünften Fragen, die die Kirchen in Europa angehen, zu erörtern und sich gegenseitig zu fördern in dem allen Kirchen aufgetragenen Dienst in der gegenwärtigen europäischen Situation". Die Formulierung läßt erkennen, daß die KEK die Zeit des ‚Kalten Krieges' und der Trennung zwischen Ost- und Westeuropa als eine Herausforderung annahm, über Grenzen hinweg Brücken zu bauen und keine ‚Eisernen Vorhänge' zwischen den Kirchen zu akzeptieren. Ferner suchte die KEK Brücken zu schlagen zwischen Minderheitskirchen und solchen, die in ihren Ländern eine Mehrheit der Gläubigen als Mitglieder haben.

Der KEK gehören gegenwärtig 120 protestantische, anglikanische und orthodoxe Kirchen an. Zwischen den etwa alle fünf bis sieben Jahre stattfindenden Vollversammlungen, in denen alle Mitgliedskirchen repräsentiert sind, wurde bisher die Arbeit gemeinsam von Präsidium und Beratendem Ausschuß fortgeführt. Seit der auf der 10. Vollversammlung in Prag (1992) beschlossenen Verfassungsänderung nennt sich dieses Gremium wie beim ÖRK „Zentralausschuß“ und umfaßt 35 Mitglieder. Dreizehn Stabsmitglieder arbeiten im Sekretariat, das sich unter einem Dach mit dem ÖRK in Genf befindet. Generalsekretär ist seit 1987 der Schweizer Jean Fischer. Für den in Prag aus dem Amt geschiedenen Präsidenten, den russisch-orthodoxen Patriarchen Alexij II., wird der Zentralausschuß im März 1993 einen Nachfolger wählen.

Ein erster Schwerpunkt der seit 1974 (7. Vollversammlung in Engelberg) durch ein Studiensekretariat unterstützten Arbeit der KEK ist die Ökumene in Europa. Zu den wichtigsten Ergebnissen gehören seit 1979 die gleichrangige Darstellung von Lehre und Frömmigkeit der orthodoxen, protestantischen und anglikanischen Kirchen in Europa sowie seit 1983 die Erarbeitung spezifisch europäischer kirchlicher Gesichtspunkte zu den Lima-Erklärungen. Seit 1986 läuft ein Studienprogramm „Mission der Kirchen in einem säkularisierten Europa“, dem bisher drei europäische Konsultationen, die letzte 1991 auf Kreta mit dem Thema „Praktische Aspekte der Mission in einem Europa im Wandel“, gewidmet waren.

Bei dem Treffen auf Kreta mußte man sich bereits mit dem im Gefolge des Zusammenbruchs der kommunistischen Diktaturen erwachten Nationalismus und Konfessionalismus in Europa, mit „dem Problem des Proselytismus und des Abbröckelns ökumenischer Verpflichtungen“ auseinandersetzen. Die Prager Vollversammlung („Gott eint — In Christus eine neue Schöpfung“) griff das Thema erneut auf: „Wir verpflichten uns, Mission und Evangelisierung nicht aneinander vorbei — als gäbe es andere christliche Kirchen nicht — und schon gar nicht gegeneinander zu treiben. Wir können das Wort von der Versöhnung nur glaubwürdig weitersagen, wenn wir — miteinander versöhnt — aufeinander hören: Was lehrt uns der Geist Gottes durch die anderen christlichen Kirchen?“ Ebenso wird die religiöse Aufladung von Nationalitätenkonflikten verurteilt. Es sei zwar erfreulich, wenn Kirchen die Identität ihres Volkes zu prägen vermochten, doch könne eine Instrumentalisierung von Religion und Kirche für nationalistische und rassistische Politik nicht hingenommen werden.

Der wachsenden Präsenz des Islam in Europa hat die KEK mit der Gründung eines Beratungsausschusses „Islam in Europa" (1978) und zwei Konsultationen in Salzburg im gleichen Jahr und St. Pölten (1986) Rechnung zu tragen versucht. Die Vollversammlungen von Stirling (1986) und Prag bekräftigen das Mandat für den interreligiösen Dialog. An die Stelle des Beratungsausschusses trat 1987 ein „Komitee der Kirchen für Islam in Europa" (CCIE), das gemeinsam von der KEK und dem Rat der katholischen Bischofskonferenzen Europas getragen wird. Da sowohl Rom wie der ÖRK eigene Strukturen für den Dialog mit dem Islam entwickelt haben, konzentriert sich das CCIE zur Vermeidung von Doppelarbeit auf die europäische Situation.

Einen zweiten Schwerpunkt der Aktivitäten der KEK bilden die Friedensarbeit und die Verteidigung der Menschenrechte. Parallel zum Prozeß der Konferenz über Sicherheit und Zusammenarbeit in Europa (KSZE) wurde 1979 gemeinsam mit den Kirchenräten der USA und Kanadas – beide Länder waren im KSZE-Prozeß engagiert – ein „Menschenrechtsprogramm zur Verwirklichung der Schlußakte von Helsinki" ins Leben gerufen. Die 9. Vollversammlung in Stirling initiierte ein Sekretariat für „Frieden, Gerechtigkeit und Menschenrechte", das die KSZE-Programmatik zugleich mit dem anlaufenden konziliaren Prozeß für Gerechtigkeit, Frieden und Bewahrung der Schöpfung verknüpfen sollte.

Von Anfang an hat sich die KEK im KSZE-Prozeß für die Unteilbarkeit der zehn Prinzipien des sog. Korbes I („Fragen der Sicherheit"), vor allem für die Gleichrangigkeit von Menschenrechtsfragen und Fragen der zwischenstaatlichen Beziehungen, eingesetzt. Als die Wiener KSZE-Konferenz (1989) die „menschliche Dimension" als neuen Aspekt in den Korb III der Schlußakte von Helsinki („Zusammenarbeit in humanitären und anderen Bereichen") aufgenommen hatte, plädierte 1990 die zweite KEK-Konferenz in Gwatt bei Bern – ihr war am gleichen Ort 1986 eine erste mit dem Thema „menschliche Kontakte" vorausgegangen – dafür, die „menschliche Dimension" als Klammer für den gesamten KSZE-Prozeß, einschließlich also der Körbe I und II („Zusammenarbeit in den Bereichen von Wirtschaft, Wissenschaft, Technik und Umwelt"), aufzufassen. Der „menschlichen Dimension" entnahm Gwatt II die Herausforderung,

„die beiden großen Stränge unserer Menschenrechtstradition – persönliche Freiheit und soziale Gerechtigkeit – zu verbinden in der Suche nach dem Gemeinwohl, in der Förderung gerechter, partizipatorischer und vertretbarer Gesellschaften und in der Erhaltung der gefährdeten Umwelt für künftige Generationen".

Rat der Europäischen Bischofskonferenzen (CCEE)

Seit 1962 unterhielt die KEK regelmäßige Kontakte zum vatikanischen Sekretariat für die Einheit der Christen. Eine neue Phase der Zusammenarbeit mit der römisch-katholischen Kirche begann, als sich aufgrund der positiven Erfahrungen mit der Zusammenarbeit der Bischöfe auf dem Zweiten Vatikanischen Konzil die katholischen Bischofskonferenzen Europas am 23./24. März 1971 in Rom zum Rat der europäischen Bischofskonferenzen (Consilium Conferentiarum Episcopalium Europae = CCEE) zusammenschlossen. Die Gründungsvorbereitungen reichen noch ins letzte Konziljahr (1965) zurück. Das Statut des CCEE wurde am 10. Januar 1977 durch die vatikanische Kongregation für die Bischöfe approbiert. Anläßlich eines vom CCEE organisierten Symposiums in Rom mit dem Thema „Kollegiale Verantwortung der Bischöfe und der Bischofskonferenzen Europas in der Evangelisierung des Kontinents" wertete Johannes Paul II. in seiner Ansprache vom 5. Oktober 1982 das Symposium als einen bedeutsamen gesamteuropäischen „Ausdruck jener bischöflichen Kollegialität, die eine der zentralen Entwicklungen und weitreichendsten Konsequenzen der Ekklesiologie des Zweiten Vatikanischen Konzils gewesen ist".

Oberstes Organ des CCEE, dem gegenwärtig 25 Mitglieder angehören, ist die Vollversammlung, deren Delegierte von den Bischofskonferenzen gewählt werden. Im Auftrag der Vollversammlung, die jährlich zusammentritt, arbeiten das Präsidium, delegierte Bischöfe oder Kommissionen und das Sekretariat mit Sitz in St. Gallen. Dazu findet jährlich ein Treffen der Sekretäre der einzelnen Bischofskonferenzen, jedesmal in einem anderen Land, statt. Präsident des CCEE ist gegenwärtig Kardinal Carlo Maria Martini (Mailand), Generalsekretär ist Ivo Führer.

Wichtige Zusammenkünfte sind die in mehrjährigem Abstand stattfindenden Symposien, an denen jeweils ca. 80 Bischöfe sowie Experten und Vertreter von Laien, Ordensleuten und Priestern teilnehmen. Die Tagesordnung dieser Treffen war anfangs noch von den nachkonziliaren Themen der Diözesanstrukturen, des Priester- und Bischofsamtes geprägt, seit den achtziger Jahren taucht das Thema der „Evangelisierung" auf, das zuvor die Konferenz von Puebla/Brasilien (1979) mit dem Papst bearbeitet hatte. Im Zusammenhang damit wendet sich die Studienarbeit und dann 1985 ein Symposium dem Problem der „Säkularisierung" in Europa zu.

Im KSZE-Prozeß konnte das CCEE keinen eigenen Beitrag einbringen, da der Heilige Stuhl selbst als Völkerrechtssubjekt und Unterzeichner der Helsinki-Akte an den Verhandlungen beteiligt war. Die gemeinsame Initiative erschöpfte sich in dem Erfahrungsaustausch der für Menschenrechtsfragen zuständigen Bischöfe und in Information durch die vatikanische Verhandlungsdelegation, die sich vor allem für die Religionsfreiheit – z. B. in einem Zehn-Punkte-Katalog von 1987 für das Wiener Treffen – eingesetzt hat.

Die Sonderversammlung der Bischofssynode zur Neuevangelisierung Europas, die unter dem Thema „Damit wir Zeugen Christi sind, der uns befreit" vom 28. November bis 14. Dezember 1991 in Rom tagte, war nicht vom CCEE, sondern von Papst Johannes Paul II. einberufen worden. Der vatikanischen Einladung an die nicht-katholischen Kirchen, „brüderliche Delegierte" (fraterni delegati) zur Europasynode zu entsenden, waren die meisten der orthodoxen Kirchen – allen voran das Moskauer Patriarchat – aus Protest gegen Aktivitäten der katholischen Kirche in Osteuropa nicht gefolgt. Andererseits überraschte auch, daß die gemeinsame Konferenz von CCEE und KEK in Santiago de Compostela, die sich unmittelbar vor der Synode mit dem gleichen Thema befaßt hatte (s. u.), von der Synode offiziell nicht gewürdigt wurde. Offenbar kommt bei realistischer Betrachtung allein das gleichberechtigte Miteinander der Kirchen auf der Ebene von CCEE und KEK als ökumenisches Forum in Europa in Frage, wie sich auch beim konziliaren Prozeß (s. u.) gezeigt hat.

EG-bezogene kirchliche Einrichtungen

Schon 1956 wurde vom Straßburger Bischof auf Anregung von Laien das von Jesuiten geleitete Katholische Sekretariat für Europafragen (OCIPE) gegründet, das inzwischen seinen Sitz von Straßburg nach Brüssel verlegt hat. Im September 1980 unterzeichneten die Präsidenten der europäischen Bischofskonferenzen eine Erklärung „Verantwortung der Christen für das Europa von heute und morgen". Im gleichen Jahr wurde von den westeuropäischen Bischofskonferenzen für Fragen des Europarats und der Europäischen Gemeinschaft die Kommission der Bischofskonferenzen aus Ländern der Europäischen Gemeinschaft (ComECE) gegründet. Ihr sind das vorgenannte Katholische Sekretariat, das im Dienst katholischer Laienorganisationen arbeitet, und das 1976 in Brüssel errichtete Informationsbüro SIPECA (Service d'Information Pastorale Européenne Catholique) zugeordnet. ComECE ist unabhängig vom CCEE, doch stehen beide Organisationen in Verbindung.

Die KEK hat sich bis zur politischen Wende im Jahr 1989 mit Rücksicht auf ihre mittel- und osteuropäischen Mitglieder im Blick auf den europäischen Einigungsprozeß zurückhalten müssen. In Brüssel kam es auf Initiative von Pfarrern und Beamten der EG-Institutionen Mitte der sechziger Jahre zur Gründung einer Ökumenischen Vereinigung für Kirche und Gesellschaft, die rasch die Aufmerksamkeit der protestantischen und anglikanischen Kirchen in den EG-Mitgliedsstaaten fand. So wurde 1973 eine „Kommission von Kirchen bei der EG" ins Leben gerufen, aus der 1981 die heutige European Ecumenical Commission for Church and Society (EECCS) hervorging.

Mitglieder sind die Kirchenräte von Großbritannien, Irland, den Niederlanden und Portugal, die Church of England, die Church of Scotland, die Vereinigte Protestantische Kirche Belgiens, die EKD, der Schweizerische Evangelische Kirchenbund, die Fédération Protestante de France, die Föderation der Evangelischen Kirchen in Italien, die Gereformeerde Kerken der Niederlande und die Spanische Evangelische Kirche. Andere ökumenische Organisationen sind der EECCS als Berater oder als Gäste angeschlossen, darunter auch das OCIPE und die ComECE. Seit der Erweiterung des

Mandats auf den Bereich des Europarates und seiner Mitgliedstaaten zu Beginn der 80er Jahre unterhält die EECCS Sekretariate in Brüssel und Straßburg. Sitz des Generalsekretariats ist das Ökumenische Zentrum in Brüssel (174, rue Joseph II), in dem noch einige andere nachstehend genannte kirchliche Organisationen untergebracht sind. Präsident der EECCS ist zur Zeit Oberkirchenrat Klaus Kremkau (Hannover). Die Kommission, der auch Kirchen aus Nicht-EG-Ländern als assoziierte Mitglieder angehören können, vertritt die Mitgliedskirchen gegenüber der EG bzw. dem Europarat und berichtet im Gegenzug über politische und administrative Entwicklungen.

Bei der EECCS-Konsultation „The new challenges of the European Community: Questions from the churches" (Brüssel, September 1991) standen vor allem die sozialen und ökologischen Probleme sowie die Konsequenzen der europäischen Einigung für die Flüchtlingsfrage und die Dritte Welt auf der Tagesordnung. Im Vorfeld der Vollversammlung der KEK in Prag 1992 warnte die EECCS vor einer Karikatur der Marktwirtschaft, die im Osten ein Gefühl der Ohnmacht und damit den Rückzug aus der politischen Verantwortung auslösen könnte, und rief die Kirchen zum zweifachen Einsatz an der sozialen Front und an der Front der internationalen Wirtschaftsbeziehungen auf. Strukturelle Überlegungen, die die gemeinsame Arbeitsgruppe von KEK und EECCS in einer gemeinsamen Erklärung vom 12./13. Dezember 1992 veröffentlichte, sehen eine engere Verbindung der beiden Organisationen vor, nachdem sich seit 1989 für die EECCS der europäische Horizont erweitert hat und für die KEK die bisherigen Beschränkungen gegenüber den Institutionen des Europarates und der Europäischen Gemeinschaft weggefallen sind. In einem „Modell assoziierter Organisationen" würde die EECCS unter Wahrung ihrer inneren und äußeren Eigenständigkeit mit Rederecht im Zentralausschuß der KEK und mit Stimmrecht in KEK-Ausschüssen vertreten sein. Bei einem „Kommissionsmodell" würde die EECCS zu einer KEK-Kommission mit Sonderstatus werden. Für eine Entscheidung sei indessen weitere Vorarbeit erforderlich.

Neben der EECCS arbeitet in Brüssel die Europäische Ökumenische Organisation für Entwicklungsfragen (EECOD) als eine Lobby für die Armen in Europa und vor allem der Dritten Welt. Sie wurde 1974 als „Gemeinsame katholisch-evangelische Arbeitsgruppe für Entwicklungsfragen" gegründet und erhielt 1986 unter dem heutigen Namen ihren rechtlichen Status. Ihre Mitglieder sind nicht Kirchen, sondern etwa 30 Einzelpersonen, die katholischerseits im allgemeinen von den Kommissionen Justitia et Pax entsandt werden, protestantischerseits zumeist kirchliche Organisationen für Entwicklungshilfe vertreten; andere Mitglieder kommen von christlichen NGOs (= Nicht-Regierungs-Organisationen).

Auf Empfehlung des ÖRK wurde 1964 von anglikanischen, protestantischen und orthodoxen Kirchen das Komitee der Kirchen für Fragen ausländischer Arbeitnehmer in Europa (CCME) gegründet, das 1978 seinen Sitz von Genf nach Brüssel verlegte. Seine Aufgabe besteht einmal darin, die nationale und internationale Gesetzgebung bezüglich Gastarbeiter- und Einwandererfragen zu verfolgen, zum anderen im Studium und in der Förderung des Zusammenlebens in multi-kulturellen Gesellschaften, wobei den christlich-islamischen Beziehungen (europäisches Zivilrecht und islamische Sharia) besondere Aufmerksamkeit geschenkt wird. Auf Fragen der Abrüstung, der Menschenrechte und der gerechten Verteilung der Ressourcen konzentriert sich der 1979 gegründete Quäkerrat für Europäische Angelegenheiten (QCEA). Die Konferenz der protestantischen Kirchen der lateinamerikanischen Länder Europas (CEPPLE) bearbeitet seit 1970 Fragen der Religionsfreiheit. Die Konferenz der Kirchen am Rhein unterhält seit 1979 ein Ökumenisches Sekretariat beim Europarat in Straßburg, das den nichtkatholischen Kirchen für Kontakte zu den europäischen Behörden und für Informationen zur Verfügung steht.

Ökumenische Zusammenarbeit der Kirchen

Schon vor der Konstituierung des CCEE 1971 gab es ökumenische Kontakte zwischen der KEK und den katholischen Bischöfen Europas. Seit 1972 besteht ein ständiger gemeinsamer Ausschuß von KEK und CCEE. „Europäische Ökumenische Begegnungen" fanden 1978 in Chantilly („Eins sein, damit die Welt glaube"), 1981 in Logumkloster/Dänemark („Berufen zu einer Hoffnung"), 1984 in Riva del Garda

(„Gemeinsam den Glauben bekennen"), 1988 in Erfurt („Dein Reich komme") und 1991 in Santiago de Compostela („Auf dein Wort hin – Mission und Evangelisation in Europa heute") statt. Das Erfurter Treffen, an dem jeweils 40 Vertreter der beiden Organisationen teilnahmen, konkretisierte die Vision des die Blöcke übergreifenden europäischen Hauses und stärkte die Christen in dem parallel laufenden konziliaren Prozeß für Frieden, Gerechtigkeit und Bewahrung der Schöpfung mit seinen kritischen gesellschaftlichen Anfragen.

Dieser Prozeß erreichte seinen europäischen Höhepunkt mit der von CCEE und KEK gemeinsam einberufenen Ökumenischen Versammlung „Frieden und Gerechtigkeit" in Basel am Pfingstfest 1989. Im Schlußdokument rufen die mehr als 600 Delegierten die Kirchen Europas und die einzelnen Christen zur Umkehr und zum Einsatz für die Kräfte des Lebens gegen diejenigen des Todes auf. „Unser Herr Jesus Christus hat die trennenden Wände eingerissen", heißt es fast prophetisch in dem Text, der die Werte des Friedens, der Partizipation und der Solidarität mit den Armen als Fundamente des gemeinsamen europäischen Hauses herausstellt.

Bei der Fünften Europäischen Ökumenischen Begegnung in Santiago, über deren Ergebnisse KEK-Generalsekretär Fischer vor der Sondersynode der europäischen Bischöfe in Rom berichten konnte, wurden die neuen Spannungen, die gegenwärtig das ökumenische Klima in Europa belasten, nicht verschwiegen. Die beteiligten Kirchen bekräftigen in Santiago die Absicht, sich gegenseitig über ihre Aktivitäten in der Evangelisierung zu informieren und „auf jegliche im Wettstreit gegeneinander betriebene Evangelisierung zu verzichten, die den Geist der Konkurrenz zwischen ihnen hervorruft". Wo noch nicht vorhanden, sollten nationale und lokale Kirchenräte als Instrumente des ökumenischen Friedens geschaffen werden, damit die Kirchen füreinander und inmitten des heutigen Europas zu Brennpunkten der Liebe werden könnten. Vor der römischen Sondersynode schlug Fischer eine Zweite Ökumenische Europäische Versammlung nach Art der Basler vor, die sich der Verantwortung der Kirchen im Blick auf Europa zu widmen hätte; die KEK-Vollversammlung in Prag machte sich diesen Vorschlag zu eigen.

Der westeuropäische Protestantismus hat den wirtschaftlichen und politischen Einigungsprozeß von Anfang an mit größerer Zurückhaltung begleitet als die römisch-katholische Kirche. Dies lag teils daran, daß man sich nicht der reaktionären Ideologie eines christlichen Abendlandes verschreiben und die etwa in der EKD noch bestehende Ost-West-Verbindung aufs Spiel setzen wollte, teils daran, daß es dem zersplitterten Protestantismus kaum gelang, mit einer Stimme zu sprechen und seinen Beitrag deutlicher einzubringen. Diesem strukturellen Mangel abzuhelfen, ist das erklärte Ziel einer Initiative, die im April 1990 mit dem Programm einer „Europäischen Evangelischen Synode“ in die Öffentlichkeit trat.

Mit der Leuenberger Konkordie (1973) haben zwar rund 80 von der kontinentalen Reformation geprägte Kirchen Europas untereinander Kirchengemeinschaft erklärt und sich auf eine „möglichst große Gemeinsamkeit in Zeugnis und Dienst an der Welt“ verpflichtet. Die Kirchengemeinschaft kann jedoch mit dieser Erklärung nicht als erreicht gelten, sie bedarf, wie die Konkordie selber weiß, der Verwirklichung im Leben der ‹Kirchen und Gemeinden›. Die alle sechs Jahre tagende „Vollversammlung“ der Unterzeichnerkirchen vereint lediglich Funktionäre der kirchlichen Exekutive, die dabei die in internen Arbeitspapieren niedergelegten Ergebnisse der regionalen Lehrgesprächsgruppen rezipieren. Auf der letzten Vollversammlung in Straßburg (1987) handelte es sich um Texte zur Arbeit mit den Lima-Erklärungen sowie über Taufe, Amtsverständnis und die Frage von Gesetz und Evangelium. Zu Gegenständen weiterer Lehrgespräche bestimmte die Versammlung die Themen „Kirche“ und „christliches Zeugnis von der Freiheit“. Maßgebend bei der Themenwahl waren theologische Relevanz, pastorale und gesellschaftliche Ausrichtung, ferner ein ökumenischer Bezug.

Der von Reinhard Frieling ins Spiel gebrachte Vorschlag einer europäischen evangelischen Synode ging davon aus, daß die bestehende Kirchengemeinschaft, die in ferner Zukunft möglicherweise auch Freikirchen und in Abstufung auch Anglikaner einschließen könnte, einer repräsentativen

Vertretung bedürfe, um dem protestantischen Beitrag auf europäischer Ebene mehr gemeinsames Profil zu geben. Nach Preisgabe des Reizwortes „Synode" war es möglich, für März 1992 zu einer „Europäischen Evangelischen Versammlung: Christliche Verantwortung für Europa" nach Budapest einzuladen.

Auf der Tagesordnung des Budapester Treffens standen die gleichen Themen, die seit der politischen Wende in Europa auch von der KEK und dem CCEE bearbeitet werden: Evangelisation und Diakonie, das Verhältnis von Staat und Kirche, Marktwirtschaft, Nationalismus, ökologisch verträglicher Lebensstil, Minderheitenprobleme und ökumenische Beziehungen.

ZUR DISKUSSION

Anregungen von Beatus Brenner

ÖKUMENISCHE BEZIEHUNGEN

1. Für ökumenische Zusammenarbeit, gegen Konfessionalismus

Evangelisierung Europas ist nicht die Aufgabe der evangelischen Kirchen allein. Unsere evangelischen Anliegen verfolgen wir in ökumenischer Gemeinschaft mit den orthodoxen Kirchen und der römisch-katholischen Kirche. Pro-evangelisch sein ist nicht anti-ökumenisch. Wir verweisen auf die positiven Erfahrungen beim Konziliaren Prozeß für Gerechtigkeit, Frieden und Bewahrung der Schöpfung. Wir wollen das christliche Leben in konfessionsverschiedenen Ehen fördern und rufen zu gemeinsamer Bibelarbeit und ökumenischem Gebet auf.

*

Zur Überwindung der Gottvergessenheit in Europa brauchen die Christen keine Einheitskirche. Sie anzustreben wäre illusionär. Viele Christen in allen Konfessionen aber meinen, daß die Kirchen neue Wege zu mehr ökumenischer Gemeinschaft und sichtbarer Einheit suchen müssen, wenn sie als Botschafter der Verständigung und Versöhnung die Menschen überzeugen wollen.
Auf dem Weg zu mehr ökumenischer Gemeinschaft lautet für die evangelischen Kirchen der momentane Stand:

- Die evangelischen Kirchen sind Kirche Jesu Christi. Ihnen ist jedoch bewußt, daß die eine Kirche Christi umfassender ist als sie selbst. Sie wissen sich zur Verkündigung des Wortes Gottes als Rechtfertigung aus Gnaden im Glauben berufen. Sie wissen daher, daß überall, wo Gottes Wort in dieser Weise verkündigt wird, Gemeinschaft das Glaubens über alle konfessionellen Unterscheidungen und Trennungen hinweg besteht.
- Einige Kirchen sind bereits in voller Kirchengemeinschaft in Wort und Sakrament vereint (z. B. die durch die Leuenberger Konkordie verbundenen lutherischen, reformierten und unierten Kirchen). Andere erkennen sich wegen der Gegensätze in einigen Lehren noch nicht gegenseitig voll an, obwohl sie im Bereich von Zeugnis und Dienst häufig zusammenarbeiten (z. B. Lutheraner und Reformierte einerseits und Baptisten und andere Freikirchen andererseits).
- Die evangelischen Kirchen sind sich noch nicht einig, ob und welche Strukturen sichtbarer Einheit aus der Kirchengemeinschaft in Wort und Sakrament folgen sollen.

Zeichen von mehr ökumenischer Gemeinschaft wären:

- eine Aktivierung des „Lund-Prinzips" von 1951, nach dem die Kirchen alles gemeinsam machen, was nicht unbedingt getrennt geschehen muß
- die Bildung eines eigenen Forums für evangelische Mitgliedskirchen innerhalb der Konferenz Europäischer Kirchen
- eine neue Form Europäischer Kirchengemeinschaft zwischen den „Leuenberger" Kirchen, der Evangelisch-methodistischen Kirche und der Kirche von England
- die Erklärung von Kirchengemeinschaft zwischen evangelischen Landes- und Freikirchen in Anlehnung an die Leuenberger Konkordie
- der Ausbau der Leuenberger Kirchengemeinschaft zu einer Europäischen Evangelischen Synode.

Die Frage nach mehr ökumenischer Gemeinschaft führt unweigerlich zu der Frage nach möglichen Strukturen sichtbarer Kircheneinheit. Die Diskussion hierüber zeigt, daß die unterschiedlichen Vorstellungen von der Einheit der Kirche vielleicht das größte Hindernis für die Einheit der Kirche ist. Eine Orientierungshilfe in dieser Diskussion können die

„Evangelischen Leitsätze für das ökumenische Gespräch" (Evangelischer Bund, Bensheim 1986) sein, in denen die „Konziliare Gemeinschaft der Konfessionen" als Ziel von mehr ökumenischer Gemeinschaft beschrieben wird.

- In der konziliaren Gemeinschaft erkennen sich die Kirchen gegenseitig als Glieder der einen Kirche Jesu Christi an, bekennen denselben apostolischen Glauben, erkennen die Taufe, die Gottesdienste, das Abendmahl und die Ämter gegenseitig an und sind in „konziliaren Zusammenkünften" strukturell miteinander verbunden, um repräsentativ für die Kirchen sprechen und handeln zu können.
- Die konziliare Gemeinschaft lebt von Kirchengemeinschaft, zielt aber nicht auf Union und kann vorbereitet werden z. B. durch „Ökumenische Räte" und „Arbeitsgemeinschaften christlicher Kirchen". Sie macht den konfessionellen Alleingang und Provinzialismus überflüssig und verhindert das Gegeneinander von Kirchen bei der Evangelisierung Europas.
- Im Gespräch mit der römisch-katholischen Kirche und den orthodoxen Kirchen wäre zu klären, ob die so beschriebene konziliare Gemeinschaft unter evangelischen Kirchen auch anwendbar ist auf ihre Kirchen, obwohl Fragen der Kirchenstruktur, des päpstlichen Jurisdiktionsprimates und des vatikanischen Unfehlbarkeitsdogmas ungelöst sind.

2. Kirchen sind eine Kraft unter anderen

Wir können den Prozeß der Entflechtung von Kirche und Gesellschaft nicht ungeschehen machen, sondern müssen uns als eine Kraft unter anderen geistigen Kräften mit der säkularisierten Welt auseinandersetzen. Unseren missionarischen Auftrag sehen wir darin, Gottes Wort zur Zeit und zur Unzeit zu verkündigen und Glauben zu wecken. Wir sind als ein Ferment der Solidarität besonders für die Menschen verantwortlich, denen sonst keiner hilft.

*

Die Sorge für mehr Menschlichkeit in der Welt ist ein gemeinsames Anliegen aller Christen. Bei der Frage allerdings, ob diese Sorge von den Kirchen als eine Kraft unter anderen geistigen Kräften in der säkularisierten Gesellschaft wahrgenommen werden kann und soll, zeigen sich noch immer konfessionelle Unterschiede. Das Selbstverständnis der Kirchen bestimmt ihre Rolle in der Gesellschaft. Um hier Mißtrauen und Mißverständnisse unter Christen abzubauen, kann es für die ökumenische Diskussion hilfreich sein, einige wesentliche Unterschiede im kirchlichen Selbstverständnis und damit im gesellschaftlichen Rollenverständnis von Protestanten und Katholiken einmal aufzulisten:

- „Für evangelische Christen besteht vornehmlich die Frage nach dem Verständnis der Bibel als der Grundlage aller ethischen Aussagen und damit nach dem Verständnis vom Evangelium als Heilsverkündigung und Gesetz als Lebensanweisung. Katholische Christen stehen in einer besonderen Tradition der Herleitung ethischer Forderungen aus der dem Geschaffenen innewohnenden Ordnung. Auftrag und Vollmacht der Kirche zu verbindlichen Aussagen über ethische Normen werden in den verschiedenen Bekenntnissen unterschiedlich beurteilt" (EKD/Katholische Bischofskonferenz, Grundwerte und Gottes Gebot, [Nr. 12] 1979).
- In der lutherischen Tradition finden sich zwar auch „naturgerechte" Elemente in Gestalt von „Ordnungen" wie Staat, Ehe oder Beruf. Sie erscheinen jedoch als durch die Macht der Sünde beeinträchtigt, so daß sie weder als zuverlässige Quelle für die ethische Norm dienen noch durch christliche Bemühungen „verchristlicht" oder „vergöttlicht" werden können.
- Evangelischen Christen gilt die „Welt" grundsätzlich als „weltlich", als „gefallene Schöpfung". Sie ist Ort der Glaubensbewährung des Christen und der Kirche. Sie soll verändert, menschlicher werden; sie ist aber nicht auf dem Weg, selber einmal „Kirche" zu werden.
- Nach dem Verständnis der katholischen Kirche ist die Kirche als Sakrament der Welt – so, wie die Gnade die Natur krönt – „der Sauerteig und die Seele der in Christus zu erneuernden und in die Familie Gottes umzugestaltenden menschlichen Gesellschaft" (Zweites Vatikanum, Pasto-

ral-Konstitution Nr. 40). In den Grundfragen der sittlichen Ordnung gilt die Kirche als „Mutter und Lehrmeisterin" (Johannes XXIII.). Sie ist „das Lebensprinzip der Gesellschaft" (Pius XII.).

- Die evangelische Kirche verkündet Gottes Willen als heilig und verbindlich, doch sie weist den einzelnen, wo es um Erfüllung dieses Willens in konkreten Konfliktsituationen geht, an sein Gewissen und seine Verantwortung. Sie gibt Hilfen für die Entscheidung, doch sie schreibt die Entscheidung im Einzelfall nicht vor. Mit den Denkschriften hat die evangelische Kirche eine Form der ethischen Orientierung entwickelt, die dem Verständnis von ihrer Rolle in der Gesellschaft entspricht.
- Auch die katholische Kirche gesteht seit dem Zweiten Vatikanum der Welt eine gewisse Eigenständigkeit in ihren Angelegenheiten zu. Sie beansprucht nicht mehr, etwa in Fragen der wirtschaftlichen Ordnungen und politischen Entscheidungen, ein für alle gültiges Wort zu sagen. Dennoch gilt für die einzelnen Gläubigen immer noch, daß die katholische Morallehre die ethischen Entscheidungen weitgehend vorwegnimmt. (Vgl. dazu: R. Frieling, E. A. Ortmann, Katholisch und Evangelisch, Informationen über den Glauben, Göttingen 1991, 74ff.)

Diese unterschiedlichen Voraussetzungen im Kirchenverständnis zeigen, daß die evangelischen Kirchen weniger Probleme damit haben.

- sich als eine Kraft unter anderen geistigen Kräften in der Gesellschaft zu begreifen
- den Wahrheitsanspruch des Evangeliums zwar als universalen Wahrheitsanspruch „für alles Volk" zu vertreten, ihn aber innerhalb der Gesellschaft als einen Wahrheitsanspruch unter vielen zu bejahen
- ihre sozialethischen Konzeptionen sowohl als einzelne Christen wie gemeinsam als Kirche ohne Anspruch auf Macht und Privilegien dialogisch in das pluralistische Ensemble der gesellschaftlichen Kräfte einzubringen, „Salz der Erde" zu sein, nicht jedoch der Gesellschaft durch kirchliche Führungsansprüche die politische Suppe zu versalzen.

3. In der Vielfalt zur Einheit finden

Die evangelischen Kirchen sind in Europa eine Minderheit. Darüber hinaus sind sie auch unter sich gespalten. Die Pluralisierung der Gesellschaft bringt auch für die Gemeinden eine größere Vielfalt der Meinungen und geistlichen Kräfte mit sich. Die Lebenskraft evangelischer Kirchen hängt wesentlich an der Lebendigkeit ihrer Gemeinden. Wir treten daher für das selbständige Zeugnis der einzelnen Christen und damit für die Stärkung des Priestertums aller Gläubigen ein.

*

Christen glauben gemeinsam an Christus, haben aber verschiedene kirchliche Zugänge zu ihm. Protestantische Bibelfrömmigkeit, katholische Sakramentenfrömmigkeit, orthodoxe Ikonenfrömmigkeit oder auch einfach Leben im Dienst der Nächstenliebe sind verschiedene Ausdrucksweisen für den persönlichen Glauben an Christus, den Gott selbst bewirkt und in dem eine Einheit unter Christen besteht, die durch nichts überboten werden kann. Zur Vielfalt in der Christenheit gehört es, daß die Konfessionen unterschiedlich auf die Frage antworten, wie dieser Glaube vermittelt und wie er aufgenommen wird und welche Autorität der Kirche und ihren Amtsträgern dabei zukommt.

- In der gegenwärtigen Situation Europas ist es eine der großen Gefährdungen, daß sich durchgehend politische und gesellschaftliche Strukturen bilden, die keine persönliche Verantwortung mehr zulassen oder ertragen. Dem kann nur durch eine Kultur des Gewissens begegnet werden, für die die Gewissensbildung unerläßlich ist. Die evangelischen Kirchen haben dazu vielleicht mehr beizutragen als jede andere europäische Institution.
- Alles Reden der Kirche hat vorrangig die Gewissensschärfung einzelner Christen im gesellschaftlichen Bereich, in Familie, Beruf und Politik zum Ziel. Kirchenverfassungen und -ordnungen sind prinzipiell variabel und situationsgerecht so zu regeln, daß das Evangelium richtig verkündigt wird.

Insbesondere vier konkrete Aufgaben ergeben sich für evangelische Christen in ihrem Europa-Engagement:

- Wir brauchen eine wahrheitsbewußte ordentliche Theologie, die deutlich macht, daß christliche Vielfalt in Einheit gründet und kein beziehungsloser Pluralismus ist, bei dem jeder für sich glaubt, was er will.
- Wir brauchen eine Sprache, mit der wir uns verständlich machen und unsere Beiträge zu den europäischen Themen theologisch qualifiziert und politikfähig artikulieren können. Was hilft uns eine noch so gute Theologie, wenn der säkularisierte Mensch nicht begreift, wovon Christen überzeugt sind?
- Wir brauchen in den Kirchen eine viel größere Bereitschaft zu delegieren, Verantwortung abzugeben an qualifizierte Einzelpersonen und an überregionale Gremien, die auf europäischer Ebene mit den entsprechenden staatlichen Stellen verhandeln.
- Wir müssen die Kluft schließen zwischen Konferenzergebnissen einerseits und dem Bewußtseinsstand von Gemeinden und einzelnen Christen andererseits. Neu-Evangelisierung beginnt mit Bewußtseinsbildung.

ANHANG

Rat der Evangelischen Kirche in Deutschland:

Erklärung zu den Wahlen zum Europäischen Parlament 21. Oktober 1978

Die Direktwahlen zum Europäischen Parlament werden die Bestrebungen der europäischen Integration stärker als bisher in das öffentliche Bewußtsein rücken. Wird durch den geplanten Zusammenschluß von Staaten und Völkern erreicht werden, daß der Frieden auf Erden sicherer, die Gerechtigkeit unter den Menschen glaubwürdiger und sicherer und die Hilfe für die Armen größer wird? Antwort auf diese Fragen werden wir alle geben müssen. Auch die Kirchen stehen vor der Aufgabe, vom Evangelium her ihren Betrag für Frieden, Gerechtigkeit und Solidarität einzubringen, wenn sich nun über die Grenzen der Staaten und Völker hinweg eine größere Einheit bildet.

Europa ist in seiner Entstehung und Geschichte nicht ohne die Anstöße und Lebensformen zu denken, die vom Evangelium geprägt sind. Es gibt darum auch gute Gründe dafür, vom christlichen Abendland, von christlicher Kultur und Sitte zu sprechen. Ein großer Teil der Menschen Europas gehört auch heute einer christlichen Kirche an. Von Europa ging die Botschaft der Versöhnung in Jesus Christus in alle Welt. Das tatsächliche Verhalten der Kirchen und der Christen hat aber in der Vergangenheit und bis in die Gegenwart hinein oft nicht der anvertrauten Botschaft entsprochen. Zur Geschichte Europas gehört daher auch die Schuld, welche die Kirchen auf sich geladen haben. Die Botschaft von der Versöhnung in Jesus Christus steht vom christlichen Erbe her als Verheißung und Verpflichtung, als Bezeugung der Schuld und aufrichtende Wegweisung über den Entscheidungen, die auf uns zukommen.

Im Jahre 1979 werden die Bürger der Europäischen Gemeinschaft ein Europäisches Parlament wählen. Damit beginnt ein neuer Abschnitt in der Geschichte der Europäischen Institutionen.

Vor 27 Jahren trat der erste der drei Verträge über die Gründung einer Europäischen Gemeinschaft in Kraft. Damals haben europäische Staaten aus freiem Entschluß einzelstaatliche Souveränitätsrechte — wenn auch nur im wirtschaftlichen und sozialen Bereich — an eine überstaatliche Autorität übertragen.

Die Gründung der Europäischen Gemeinschaft ist eine der wichtigsten Leistungen für Aufbau und Sicherung der künftigen Entwicklung unseres Erdteils. Sie geschah aus der Einsicht, daß nach den beiden Weltkriegen, die Europa in der ersten Hälfte dieses Jahrhunderts zweimal in die Katastrophe geführt hatten, eine Befriedung und Versöhnung des Kontinents sowie eine vertiefte Zusammenarbeit der Völker nötig waren.

Es erfüllt uns mit Trauer, daß unter den in Europa gegebenen politischen Verhältnissen sich diese Gedanken nur in einer Teilregion Europas, zunächst in sechs, jetzt in neun Staaten Westeuropas, verwirklichen lassen. Die Europäische Gemeinschaft ist daher nur ein Teil des ganzen Europa. Die kulturelle Einheit Europas geht weit darüber hinaus. Dies müssen sich die Menschen in der Europäischen Gemeinschaft immer wieder vergegenwärtigen, damit sie nicht der Versuchung erliegen, sich gegenüber dem übrigen Europa abzuschließen und den Teil für das Ganze zu nehmen. Die Gemeinschaft muß offen sein für die Verbindung und Zusammenarbeit mit den Völkern Osteuropas. Europa endet nicht an der Elbe.

Bei den europäischen Direktwahlen erhält der einzelne Bürger in den Mitgliedstaaten der Europäischen Gemeinschaft die Möglichkeit, durch seinen Stimmzettel unmittelbar Einfluß auf die Besetzung des Europäischen Parlaments zu nehmen. Die europäische Zusammenarbeit war bisher in der Hauptsache das Werk von Regierungen und der nationalen Parlamente, die ihre Vertreter in die Europäische Versammlung entsandten. Jetzt sollen die Vertreter unmittelbar von den europäischen Völkern bestellt werden. Zum ersten Mal wird ein Parlament zusammentreten, das gleichzeitig demokratisch und europäisch legitimiert sein wird.

Die Parteien haben die große Chance, die einzelnen Bürger mit europäischen Fragestellungen vertraut zu machen und für die europäische Integration wieder zu interessieren. Diese Chance wird vertan, wenn der Wahlkampf allein unter innenpolitischen Gesichtspunkten geführt und mit Themen der nationalen Politik bestritten wird.

Die Parteien müssen im Wahlkampf deutlich machen, daß sie die gemeinsame Absicht verbindet, das europäische Einigungswerk zu fördern.

Die Evangelische Kirche in Deutschland nennt einige Forderungen, die Grundorientierungen einer europäischen Politik sein sollten, weil sie dem Frieden und der Gerechtigkeit dienen. Dies geschieht in dem Bewußtsein, daß das Europa der Zukunft kein einheitliches, auch kein einheitlich christliches, sondern ein plurales Europa sein wird:

1. In der Europäischen Gemeinschaft müssen die verantwortlich Handelnden sich von den gemeinsamen Interessen aller Mitgliedsstaaten leiten lassen und berechtigte nationale Ziele der einzelnen Mitgliedsstaaten dazu in Bezug setzen. Das nationale Interesse ist so weit zu erhalten und so weit zu reduzieren, daß das Einzelinteresse im Gemeinschaftsinteresse bewahrt bleibt. Die Verantwortung für das Ganze sollte auch dann den Vorrang haben, wenn nationale wirtschaftliche Interessen mit dem Wunsch eines noch außerhalb der Gemeinschaft stehenden europäischen Landes, Mitglied zu werden, in Konflikt geraten.

2. Die neue Gemeinschaft darf nicht als ein geschlossenes weltanschauliches, wirtschaftliches oder politisches System aufgebaut werden, sondern muß sich als eine offene Völkergemeinschaft verstehen. Die Europäische Gemeinschaft sollte eine geschichtlich gewachsene demokratische Gemeinschaft sein, für die die Achtung der Würde und der Freiheit des Menschen oberste Richtschnur des Handelns ist, und die für die Verwirklichung der Menschenrechte überall in der Welt eintritt.

3. Die wirtschaftliche und soziale Dimension der Europäischen Gemeinschaft müssen sich ergänzen. Das Ziel, die Effizienz der Volkswirtschaften zu steigern und ihr Wachstum zu fördern, ist mit der Notwendigkeit in Einklang zu bringen, dem einzelnen Menschen und gerade auch den

schwächsten Gliedern der menschlichen Gesellschaft zu dienen. Die europäische Politik muß darum insbesondere auf einen Abbau von Benachteiligungen unterprivilegierter Gruppen hinwirken.

4. Eine Gemeinschaft, die ihre benachteiligten Regionen vergißt, setzt ihre Zukunft aufs Spiel. Auch deshalb muß eine Verminderung des wirtschaftlichen Gefälles zwischen den reichen Regionen und den ärmeren Gebieten erreicht werden.

5. Ihre große Wirtschaftskraft verpflichtet die Europäische Gemeinschaft zu einer verantwortlichen Entwicklungspolitik. Dies gilt nicht nur im Verhältnis zu den Staaten, die früher einmal europäische Kolonialgebiete waren, sondern für alle Länder der Dritten Welt, die auf die Hilfe der Industrienationen angewiesen sind.

6. Die Regierungen der Mitgliedsstaaten haben in den letzten Jahren im Rahmen der europäischen politischen Zusammenarbeit gemeinsame Stellungnahmen zu Fragen der internationalen Politik angestrebt. Dieser Weg muß im Interesse des Friedens und der internationalen Verantwortung fortgesetzt werden. Trotz mancher Enttäuschungen sollte er auch die Bereitschaft zum Gespräch und zur Zusammenarbeit mit den Völkern Osteuropas einschließen. Die Europäische Gemeinschaft hat eine besondere Verantwortung für die Erhaltung des Friedens zwischen Ost und West, weil Europa durch die Spaltung der Welt in Machtblöcke besonders betroffen ist.

7. Wir erwarten von den Politikern, daß sie den Wählern Zukunftsperspektiven für den Weg unserer Völker und für die Menschengemeinschaft auf Erden vor Augen stellen. Je klarer die Zukunftsaussagen sind, um so größer wird die Bereitschaft zum Engagement sein.

Verantwortung für ein soziales Europa

Herausforderungen einer verantwortlichen sozialen Ordnung im Horizont des europäischen Einigungsprozesses

Auszug aus der Denkschrift
der Kammer der Evangelischen Kirche in Deutschland
für soziale Ordnung (1991)

Ausblicke auf ein solidarisches Europa

1. Ein Europa der Integration

(125) Niemals können Tendenzen mitgetragen werden, die zu einer Abschottung eines EG-Binnenmarktes führen und neue Schranken, Grenzen oder gar Mauern in und um Europa herum begünstigen. Das „europäische Haus" darf nicht zu einer „Festung Europa" werden. Die Europäische Gemeinschaft sollte die Erweiterung des Binnenmarktes durch Formen der Assoziierung und Integration der ost- und nordeuropäischen Staaten zügig verfolgen. Es darf aber auch nicht übersehen werden, daß mit jeder neuen Mitgliedschaft eine Bewußtseinserweiterung, ein Lernprozeß bei allen Beteiligten erforderlich wird und auch Opfer gebracht werden müssen. Europa braucht aktive Gruppen, die sich an diesem Lernprozeß beteiligen und zum Träger dieser Willensbildung werden. Die christlichen Gemeinden sind aufgerufen, Mechanismen der Abgrenzung zu widerstehen und zu lebendigen Kräften der Integration zu werden. Für viele in unseren Gemeinden ist Europa schon lange eine biographische Gegebenheit. Uns allen sind Beispiele geläufig, wie in Gemeinden, in Verbänden und Vereinen, durch Besuche, Begegnungen, Städtepartnerschaften, offizielle Dialoge, Aufbaulager, internationale Jugendzentren ein Geflecht von formellen und mehr persönlichen Beziehungen in Europa entstanden ist. Diese bereits vielfältig bestehenden grenzüberschreitenden Partnerschaftsbeziehungen zwischen Gemeinden in Europa sollen weiter ausgebaut werden. Regionale Kooperationsstrukturen, z.B. zwischen den Ostseeanrainerländern, die

durch lange geschichtliche Erfahrungen besonders verbunden sind, sollen gefördert und vertieft werden.

2. Ein Europa sozialer Verbindlichkeit

(126) Unterstützung verdienen die Bestrebungen des Europäischen Parlaments, die „Europäische Sozialcharta" des Europarats sich zu eigen zu machen. Der Wirkungs- und Einflußbereich dieser Charta soll auf die EFTA-Staaten und die Staaten Osteuropas ausgedehnt werden. Dies würde dazu beitragen, daß die Bildung eines größeren europäischen Sozialraumes auf der Basis der „Europäischen Sozialcharta" möglich wird und bereits bestehendes — aber teilweise noch nicht rezipiertes — Sozialrecht in die Kooperations- und Assoziierungsabkommen eingebracht wird. Es muß das Ziel sein, die „Gemeinschaftscharta der sozialen Grundrechte der Arbeitnehmer" (1989) mit den teilweise weitergehenden Zielsetzungen der „Europäischen Sozialcharta" (1961) zu verschmelzen und diese zugleich den neuen Erkenntnissen anzupassen.

3. Ein Europa institutioneller Kompetenzen

(127) Zur Förderung und Absicherung der sozialen Rechte der Bürger in Europa bedarf es der Stärkung vorhandener und der Schaffung neuer Institutionen. In erster Linie kommt es darauf an, dem Europäischen Parlament die entscheidende Gesetzgebungs- und Kontrollkompetenz zu übertragen, durch die es die Gestaltungskraft für die zukünftige Ordnung in Europa gewinnt.

(128) Zusätzlich aber sind Institutionen nötig, um für die sozialrechtliche Sicherheit der Arbeitnehmer bzw. Bürger Sorge zu tragen. Vom Europäischen Parlament wurde z.B. die Einsetzung eines „Europäischen Rates für Arbeitspolitik" gefordert, der aus Vertretern der Gewerkschaften und Arbeitgeberverbände zusammengesetzt sein soll und die Aufgabe hat, Stellungnahmen abzugeben und europäische Tarifverträge abzuschließen. Des weiteren wurde vorgeschlagen, in den Grenzregionen „Sozialinformationsbüros" zu schaffen, um den zahlreichen Pendlern zwischen den Ländern die nötige Information und damit auch Sicherheit über ihre

Rechte und Möglichkeiten zu verschaffen. In Erwägung gezogen wird auch die Einsetzung eines „Europäischen Arbeitsgerichts“.

4. Ein Europa sozialpartnerschaftlicher Beziehungen

(129) Der Gedanke der Sozialpartnerschaft gehört zu den tragenden und bewährten Elementen des sozial-rechtsstaatlichen Systems in Deutschland. Es ist empfehlenswert, Sozialpartnerschaft auch im europäischen Rahmen zu entwickeln und zu praktizieren. Die evangelische Kirche begrüßt die „Gemeinsame Erklärung des Vorsitzenden des DGB und des Präsidenten der BDA zur sozialen Dimension des Europäischen Binnenmarktes“ vom 26. Juli 1989 und unterstützt die Bestrebung, gemeinsam für die Anerkennung der Koalitionsfreiheit, Tarifautonomie und Beteiligung der Arbeitnehmer in der Europäischen Gemeinschaft und an der sozialen Ausgestaltung der sozialen Ordnung auf hohem Niveau einzutreten. Es muß sichergestellt werden, daß das Recht auf Unterrichtung, vorherige Anhörung und Mitwirkung der Arbeitnehmer und ihrer Vertreter in den Unternehmen ungeachtet der Unternehmensart — transnationale bzw. andere Unternehmen mit komplexer Struktur oder nationale Unternehmen — sowie die Bildung „europäischer Betriebsräte“ gewährleistet werden. Deshalb sollen die grenzüberschreitenden Beziehungen zwischen den verantwortlichen Organisationen gefördert werden.

5. Ein Europa in subsidiärem Zusammenwirken

(130) Es ist ein Kennzeichen der sozialstaatlichen Ordnung in Deutschland, daß die Verwirklichung der sozialen Aufgaben im Zusammenwirken von Sozialpartnern, Ländern, Kommunen und freien Trägern, Kirchen und der großen Zahl der haupt- und ehrenamtlich arbeitenden Bürger geschieht. Die Kirchen setzen sich dafür ein, diesem verantwortlichen Zusammenwirken der Kräfte und freien Träger, der Verbände und Kirchen im sozialen Feld auch im weiteren Raum Europas Geltung zu verschaffen. Um dies zu erreichen, sind eine sehr viel bessere Kenntnis des informellen Sektors in den verschiedenen Mitgliedsländern und neue For-

men grenzüberschreitender Kooperation erforderlich. Überall in Europa – nicht zuletzt in den osteuropäischen Nachbarländern – zeichnen sich gegenwärtig Tendenzen ab, neue Strukturen der Hilfe und der diakonischen bzw. karitativen Arbeit aufzubauen.

(131) In der Präambel der Gemeinschaftscharta wird ausdrücklich die Bedeutung des „Subsidiaritätsprinzips" hervorgehoben. Dies bezieht sich zunächst auf das Verhältnis zwischen Gemeinschaft und Mitgliedsstaaten. Allerdings bedarf das „Subsidiaritätsprinzip" einer genauen Bestimmung. Es dient in Deutschland vor allem der Erhaltung der Autonomie und Leistungsfähigkeit gesellschaftlicher, kommunaler, kirchlicher und anderer Gruppen und Institutionen. Die Durchsetzung des Grundsatzes der Mitgestaltung und Mitwirkung von eigenständigen Gruppen und Institutionen an der Willensbildung der EG würde zur Schaffung einer partizipatorischen Entscheidungsweise in Europa beitragen, wobei dem Gedanken der Selbsthilfe und Hilfe zur Selbsthilfe im Bereich der sozialen Arbeit besondere Aufmerksamkeit geschenkt werden sollte.

6. Ein Europa kooperierender Kirchen

(132) Europa ist gekennzeichnet nicht nur durch seine nationalen, sondern auch durch seine konfessionellen Traditionen. Die Schaffung einer europäischen Sozialstruktur und einer „Zivilisation der Barmherzigheit" kann nur gelingen im Zusammenwirken der Konfessionen und der Entwicklung neuer Kooperationsformen kirchlicher Dienste untereinander. Deshalb müssen der verbindliche Dialog über die sozialen Konsequenzen des christlichen Glaubens bzw. über den Zusammenhang von Barmherzigkeit und Gerechtigkeit unter den Bedingungen unserer Wirklichkeit – mit der römisch-katholischen Kirche, den orthodoxen Kirchen, der anglikanischen Kirche sowie den Freikirchen – kontinuierlich geführt und gemeinsame Arbeitsvorhaben – insbesondere in sozialen Brennpunkten in Europa – entwickelt werden.

(133) Eine besondere Bedeutung kommt dabei der Tatsache zu, daß die osteuropäischen Kirchen nach vielen Jahren der staatlich verordneten Enthaltsamkeit nun rasch und wirkungsvoll ihre soziale Kompetenz zurückgewinnen müssen.

Ihnen dabei behilflich zu sein, ist eine vornehmliche Aufgabe. Über Jahre, wenn nicht über Jahrzehnte hinweg hatten sich die Kirchen in Ost- und Westeuropa nicht auseinanderdividieren lassen. Sie haben Verbindungen offengehalten und Brücken gebaut, damit Europa nicht geteilt blieb. Die Geduld und das Ausharren haben durch die radikalen Wandlungen in den Staaten Osteuropas innerhalb der letzten Jahre bei allen Schwierigkeiten, mit denen diese Staaten gegenwärtig konfrontiert sind, eine überraschende und erfreuliche Erfüllung gefunden. Um das Erreichte einzulösen und zu einer Verbesserung der Lebensgrundlagen beizutragen, bedarf es der Bereitschaft zu einem umfassenden solidarischen Zusammenwirken in Europa, bei dem gerade auch die Kirchen ihre Verantwortung wahrnehmen müssen.

7. Ein Europa humaner Innovationen

(134) In diese konkrete Perspektive gehört auch die Aufgabe, „Modelle sozialer Hilfe" europaweit zu entwickeln und auszuwerten. Zu denken ist an neue Konzepte integrativer Behindertenarbeit, Seniorenarbeit oder der Rehabilitation von sozialen Marginalgruppen (Straffälligen, Suchtgefährdeten, Wohnungslosen). Zu begrüßen sind z. B. die Vorschläge für Aktionsprogramme der Gemeinschaft zugunsten von Behinderten (HELIOS). Dazu gehören auch europaweite rechnergestützte Informationssysteme für Behinderte (Handynet). Die Bildung von Gemeinschaftsnetzen von Zentren und die Verzahnung mit Verbandsnetzen lokaler Modellaktivitäten, die von der Kommission der Gemeinschaft gefördert wird, ist ein erster Schritt in die richtige Richtung, dem weitere folgen sollen. Die Kirchen können und sollen zum Motor dieser Tendenz zum gegenseitigen Austausch und zur Förderung humaner Innovationen in Europa werden.

8. Ein Europa der offenen Türen

(135) Das Problem der Migration, Wanderarbeitnehmer, der Flüchtlinge und Asylsuchenden wird sich in den kommenden Jahren nicht nur in Europa weiter zuspitzen. Auch hier geht es darum, den Prinzipien der Gastfreiheit und der Asylgewährung Geltung zu verschaffen und diskriminieren-

den Verfahrensweisen in Europa rechtzeitig entgegenzuwirken. Den Kirchen kommt hier eine hohe Verantwortung zu: Sie können und dürfen dieses Thema nicht den Politikern, den Justiz- und Innenministern überlassen, sondern müssen zu einer einheitlichen Position gelangen und einen selbständigen Part in der Willensbildung übernehmen. Der „Schengener-Vertrag" von 1985, der konkrete Regelungen im Umgang mit Asylsuchenden für die Europäische Gemeinschaft entwickelt hat, und die „EG-Arbeitsgruppe zur Abwehr von Terrorismus, Radikalismus, Extremismus, Gewalt International (TREVI)", die seit 1986 ihre Konsultationen geführt hat, haben die Kirchen in Zugzwang gebracht und nötigen sie zur Stellungnahme und zum Handeln. Die Flüchtlingsthematik bedarf einer sozialethisch glaubwürdigen und differenzierten Perspektive und darf nicht den Geboten der Staats- oder Europaräson einfach subsumiert werden.

(136) Die evangelische Kirche sieht es deshalb als ihre Aufgabe an, die Bestrebungen der Konferenz Europäischer Kirchen (KEK) nachdrücklich zu fördern, um zu einer einheitlichen Haltung der Kirchen gegenüber dieser Herausforderung zu gelangen. Kirchliche Stellungnahmen zum Problem der Migranten und Flüchtlinge gewinnen an Glaubwürdigkeit, wenn sie mit einer offenen, gastfreundlichen Arbeit in den Gemeinden vor Ort verbunden sind. Dabei wird es nicht allein darum gehen, daß unsere Gemeinden für die Rechte der Migranten eintreten und die Option für die Armen aufrechterhalten. Wenn wir bei Besuchen und Begegnungen in den Kirchen anderer Länder beeindruckt und angerührt sind durch deren Gottesdienst und Gemeindeleben, dann fällt es uns meist sehr schwer, etwas davon in unsere eigenen Gemeinden mitzunehmen. Haben sich jedoch Menschen aus diesen Ländern in unserer Nachbarschaft niedergelassen, dann wandert oft langsam und unmerklich bei uns ein, was wir vordem aus der Ferne bewundert haben.

9. Ein Europa in der Verantwortung für die eine Welt

(137) Zum ersten Mal seit vielen Jahrzehnten ist es heute möglich geworden, über alle Grenzen der Staaten und Konfessionen in Europa hinweg, eine gemeinsame Willensbildung über die Stellung und den Auftrag Europas in der Welt

herbeizuführen. Die reichen Länder Europas sind herausgefordert, auf eine sozial ausgewogene Entwicklung in den wirtschaftlich und sozial schwachen Regionen des Kontinents hinzuwirken. Ohne Opfer wird eine ausgewogene, menschenwürdige Sozialordnung Europas nicht gelingen.

(138) Zugleich aber sind die Länder und die Kirchen in Europa daraufhin zu befragen, welchen gemeinsamen Beitrag sie zur Entwicklung in der „Dritten Welt" leisten. Hohe Priorität kommt dabei den am wenigsten entwickelten Ländern, deren Mehrzahl im afrikanischen Kontinent liegt, zu. Wie erneut der UN-Human-Development Report (1990) und der South Report (Challenge to the South 1990) deutlich gemacht haben, hat sich die wirtschaftliche und soziale Lage in immer mehr Ländern Schwarzafrikas im vergangenen Jahrzehnt erheblich verschlechtert. Als Nachbarkontinent zu Afrika ist Europa heute zu einer neuen und intensiven „Intercontinentalen Partnerschaft" zu Afrika in besonderem Maße aufgerufen. Über diese langfristige Aufgabe hinaus kommt es darauf an, eine den Herausforderungen der „Dritten Welt" angemessene und in Europa abgestimmte Strategie wirksamer Entwicklungspolitik zu erarbeiten. Dazu gehört allerdings auch, daß Eigenanstrengungen der Entwicklungsländer zur Überwindung ihrer Armuts- und Schuldenprobleme nicht durch die Abschottung des europäischen Binnenmarktes untergraben werden. Vielmehr sollte z. B. durch günstige Bedingungen für den Export von Rohstoffen die Wirtschaft der Entwicklungsländer gefördert werden. Im 4. Abkommen von Lomé (1989) hat die EG ihre Entwicklungszusammenarbeit mit den sogenannten AKP-Staaten (Afrikas, der Karibik und des Pazifik) auf eine neue rechtliche Grundlage gestellt. Die „Bemühungen um die Schaffung eines Modells für die Beziehungen zwischen entwickelten Staaten und Entwicklungsländern im Hinblick auf eine gerechtere und ausgewogenere Weltwirtschaftsordnung" (Art. 1 Lomé IV) sind zu begrüßen und weiter auszubauen.

(139) „We are called to be Neighbours" („Wir sind dazu berufen, einander Nächste zu sein"), dieser Leitgedanke der Weltkonferenz „Diakonia 2000" 1989 in Larnaca soll von den Kirchen in Europa wörtlich genommen werden und zu einer Neubesinnung auf den „intercontinentalen diakonischen Auftrag" der Kirchen gegenüber der einen Welt führen.

10. Ein Europa im Zeichen der Versöhnung

(140) Die Ausblicke auf ein solidarisches Europa zeigen, daß noch eine große und sicher auch mühevolle Wegstrecke zu durchschreiten ist. Niemand rechnet mit einer gradlinigen Entwicklung, vielmehr lauern überall Gefahren: der Bürgerkriege, der wirtschaftlichen Zusammenbrüche und der massenhaften Not. Es ist Kennzeichen der christlichen Hoffnung, daß sie weder in blinden Optimismus noch resignierenden Pessimismus verfällt, sondern sich an den Zeichen orientiert, die durch Gottes universalen Versöhnungsdienst in der Welt gesetzt sind. Deshalb sind Christen, die christlichen Gemeinden und Kirchen aufgerufen, sich in den Dienst der Versöhnung zu stellen. Die Zukunft in Europa wird nicht zuletzt davon mitbestimmt sein, wie glaubwürdig die Christenheit ihrem eigenen Auftrag entspricht.

Schlußdokument der Europäischen Ökumenischen Versammlung FRIEDEN IN GERECHTIGKEIT
15. bis 21. Mai 1989, Basel (Schweiz)

I. Europäische Ökumenische Versammlung Frieden in Gerechtigkeit

1. Wir haben uns hier in Basel versammelt, um gemeinsam zu verstehen, was der Heilige Geist den Kirchen heute zu sagen hat. Wir wissen um die das Leben gefährdenden Bedrohungen, vor denen die Menschheit heute steht, wir wissen aber auch, daß Gott ein Gott des Lebens ist, der das, was er geschaffen hat, nicht sich selbst überläßt. Gott fordert uns vielmehr dazu auf, den Weg der Ungerechtigkeit, der Gewalt und der Ausbeutung zu verlassen. Gott ruft uns zur Umkehr, die allein den Zugang zum Leben öffnet.

2. Wir danken Gott, der alles Bestehende erschaffen hat; wir danken Gott dem Sohn, der die Welt mit dem Vater versöhnt hat und allen Menschen – als einzelnen und in Gemeinschaft – das Heil anbietet; wir danken Gott dem Heiligen Geist, der Leben schenkt und vollkommen macht. Wir freuen uns auf das Kommen des Gottesreiches, in dem sich Frieden und Gerechtigkeit umarmen und die ganze Schöpfung erneuert wird, und wir sind dankbar für jedes Zeichen der Gottesherrschaft, das schon jetzt unter uns sichtbar wird.

3. Die Europäische Ökumenische Versammlung FRIEDEN IN GERECHTIGKEIT vom 15.-21. Mai in Basel hat sich als wichtiger Marktstein in der ökumenischen Zusammenarbeit erwiesen. Die Entscheidung, die Europäische Versammlung FRIEDEN IN GERECHTIGKEIT zu veranstalten, wurde 1986 auf der Vollversammlung der KEK getroffen. Wir, nahezu 700 Delegierte aus 120 Mitgliedskirchen der Konferenz Europoäischer Kirchen (KEK) und den

27 Bischofskonferenzen des Rates der Europäischen Bischofskonferenzen (CCEE), freuen uns über die breitgestreute Vertretung aus den Kirchen und Völkern Europas. Gleichzeitig nehmen wir mit Bedauern zur Kenntnis, daß keine in Albanien beheimateten Christen an der Versammlung teilnehmen konnten. Der Beschluß der KEK folgte dem Aufruf der Vollversammlung des Ökumenischen Rates der Kirchen in Vancouver 1983 an seine Mitgliedskirchen, in einem *„konziliaren Prozeß gegenseitiger Verpflichtung (Bund) für Gerechtigkeit, Frieden und die Bewahrung der ganzen Schöpfung"* einzutreten. Von den meisten Mitgliedskirchen der KEK wird die Basler Versammlung auch als Beitrag zu diesem „konziliaren Prozeß" verstanden. Andere auf der Versammlung vertretene Kirchen verzichten auf diesen Begriff, aber alle in Basel Versammelten sind sich in ihrer Verpflichtung zu einem ökumenischen Prozeß des Friedens, der Gerechtigkeit und der Bewahrung der Schöpfung einig.

4. Die Versammlung in Basel war für uns eine Gelegenheit, gemeinsam zu beten, uns zu beraten und Aussagen zu formulieren. Wir hoffen und erwarten, daß der Heilige Geist die Versammlung für seine eigenen Zwecke nutzen wird, indem er die Kirchen zu Versöhnung, Erneuerung und Veränderung führt und sie damit der Wahrheit des Evangeliums näherbringt und ihre Solidarität und gegenseitige Liebe stärkt. Wir glauben, daß sich die Christen auf allen Ebenen des kirchlichen Lebens zusammentun und darin übereinkommen müssen, wie sie den Bedrohungen entgegentreten, die die Zukunft der Menschheit überschatten. Viel wird von ihrem Leben und Zeugnis abhängen. Deshalb sind wir dankbar, daß bereits viele in unseren Kirchen und Gesellschaften engagiert sind, um der Gerechtigkeit, dem Frieden und einer tieferen Achtung vor den Rechten aller Geschöpfe zu dienen. Erfreulicherweise stehen wir nicht allein in diesem Bemühen – Grundlage unserer Verpflichtung ist der Glaube an Jesus Christus. Wir suchen auch den Dialog mit Menschen anderen Glaubens und anderer Weltanschauungen, die unsere Anliegen teilen. Der Weg in eine gesicherte Zukunft kann nur in gemeinsamer Verantwortung gefunden werden.

5. *KEK und CCEE haben uns zusammengerufen. Wir sprechen hier als Delegierte der Kirchen in Europa.* Obwohl unsere Kirchen noch keine volle Gemeinschaft haben, wollen

wir gemeinsam Zeugnis von unserem Glauben ablegen, aus dem wir als Christen leben. Mit dem Text dieser Erklärung wenden wir uns vor allem an die Kirchen, ihre Mitglieder, an Gruppen und einzelne – und durch unsere Kirchen auch an Regierungen und Gesellschaften.

6. Der Aufbau dieses Dokumentes folgt den drei Schritten „Sehen, Urteilen, Handeln". Der Text beginnt mit einer Beschreibung der Situation (Kap. II). In den nachfolgenden Kapiteln werden die Elemente unseres gemeinsamen Glaubens und unserer Umkehr beschrieben (Kap. III und IV). Im letzten Teil werden dann konkrete Vorstellungen vom zukünftigen Europa entwickelt sowie Aussagen, Empfehlungen und praktische Verpflichtungen formuliert (Kap. V und VI).

7. Die Intensität des Interesses und der Verpflichtung der Kirchen für die Bereiche Frieden, Gerechtigkeit und Bewahrung der Schöpfung, sowie der tatkräftige Einsatz anderer gesellschaftlicher Gruppen auf diesen Gebieten ist für uns eine Quelle erneuter Hoffnung und Ermutigung.

II. Herausforderungen

8. Wir sind zunehmend mit immer stärker ineinander verflochtenen Problemen konfrontiert, die das Überleben der Menschheit gefährden und eine globale Krise verursachen. Diese Probleme sind unter den Begriffen Frieden, Gerechtigkeit und Umwelt erfaßt. Die Einsicht wächst, daß sie eng zusammenhängen und dringend gelöst werden müssen. Wenn nicht bald tiefgreifende Veränderungen vorgenommen werden, wird sich diese Krise in den nächsten Jahren verschärfen. Was wir als Krise fürchten, wird für unsere Kinder und Enkel zu einer wirklichen Katastrophe.

2.1 Bedrohungen der Gerechtigkeit

9. Mehr als 950 Millionen Menschen mangelt es heute am Notwendigsten zum Leben. Millionen sind zu Opfern der Gewalt, des Bürgerkriegs und der kalten Gleichgültigkeit geworden, oder sie sind verhungert oder durch mangelnde gesundheitliche Versorgung gestorben. Überall in der Welt wird die Heiligkeit des Lebens auf vielerlei Art mißachtet.

Vielen der ärmsten Länder wird die Möglichkeit genommen, auch nur die Grundbedürfnisse ihrer Bürger zu decken. Sogar in den reichen Industrienationen wächst die Zahl derer, die unter dem Existenzminimum leben. Die Schuldenkrise ist vielleicht das spektakulärste Beispiel für diese wirtschaftliche Ungerechtigkeit. Massiv werden Menschenrechte verletzt. Das gilt für die wirtschaftlichen, sozialen und kulturellen Rechte ebenso wie für die bürgerlichen und politischen Rechte.

10. Kein Land kann die Probleme der weltweiten Armut und Ungerechtigkeit allein lösen. Wir brauchen eine neue internationale Ordnung, in der die Menschenrechte wirklich geachtet werden, in der das Völkerrecht gestärkt und durch entsprechende Institutionen in die Praxis umgesetzt wird und in der gerechte Wirtschaftsbeziehungen ausgebaut werden.

2.2 Bedrohung des Friedens

11. Seit 1945 sind über einhundert Kriege geführt worden, die unendlich viele Todesopfer gefordert haben. Und das in einer Zeit, die man oft fälschlich als „Nachkriegszeit" bezeichnet. Die riesigen Bestände an Atom-, konventionellen und anderen Waffen bilden eine Bedrohung für die ganze Menschheit. Das Bewußtsein wächst, daß man sich zur Sicherung des Friedens nicht auf eine Abschreckung verlassen kann, die sich auf Massenvernichtungswaffen stützt. Das bleibende Risiko eines Fehlers oder Versehens ist ein ausreichender Grund für die Überwindung des Systems der Abschreckung. Die weltweiten Rüstungsaufgaben verschlingen riesige Reichtümer, die für Entwicklung und den Schutz der Umwelt notwendig sind. Krieg und Kriegsdrohung sind selbst heute noch Merkmale unserer modernen Welt. Die Kriegsverhütung ist für unsere Regierungen eine der dringlichsten politischen Aufgaben. Das Konzept nationaler militärischer Verteidigung kann in der heutigen Welt keine Sicherheit mehr garantieren. Der Krieg als Institution muß abgeschafft werden. Wir brauchen eine Weltfriedensordnung.

2.3 Bedrohungen der Umwelt

12. Tausende von Tier- und Pflanzenarten sind ausgestorben oder ausgerottet worden. Der Mensch hat der Natur schon jetzt einen nie wieder gutzumachenden Schaden zugefügt. In den letzten zwei Jahrzehnten haben wissenschaftliche Berichte immer wieder vor den umweltschädigenden Folgen gewarnt, die die Industrie und Landwirtschaft unserer hochtechnologisierten Gesellschaften verursachen.

13. Der Energieverbrauch bereitet große Schwierigkeiten. Die reichen Länder des Nordens müssen ihre Verbrauchsgewohnheiten ändern. Der Treibhauseffekt und die Schädigung der Ozonschicht verlangen dringend international koordinierte Maßnahmen. Wir wissen nicht, wie wir problematische wissenschaftliche Entwicklungen wie die Genmanipulation/Biogenetik wirksam kontrollieren können. Umweltkatastrophen wie Tschernobyl, Bhopal und Schweizerhalle haben die Menschen für die Bedrohungen für die Umwelt wachgerüttelt. Sterbende Bäume und Wälder, vergiftete Flüsse und Seen sind das sichtbare Ergebnis der grenzüberschreitenden Luft- und Wasserverschmutzung. Ökologische Probleme können von keiner Regierung allein auf der nationalen Ebene gelöst werden. Wir brauchen eine ökologische Weltordnung.

2.4 Ineinandergreifende Dimensionen der Krise

14. Die ineinandergreifenden Dimensionen der Krise können nur an einigen ausgewählten Beispielen dargestellt werden. Einmal gibt es einen Zusammenhang zwischen der weltweiten ökonomischen Ungerechtigkeit und der Urwaldrodung im Amazonasgebiet. Brasilien leidet schwer unter seiner Auslandsverschuldung. Ein Großteil der Schulden wurde durch Militärausgaben verursacht und z.T. für die Entwicklung der brasilianischen Rüstungsindustrie eingesetzt. Die Anstrengungen, die Schulden zurückzuzahlen, gehen besonders zu Lasten der Armen. Als die Bodenreform nicht durchgesetzt werden konnte, wichen Siedler in den tropischen Regenwald aus. Dadurch wird die Lebensweise der eingeborenen Bevölkerung ernsthaft gestört und bedroht. Zusätzlich dazu haben transnationale Konzerne große

Urwaldgebiete aufgekauft, die sie nun gleichfalls roden. Dies hat zu einem schweren Verlust an genetischem Material geführt. Der Rodungsbrand belastet zudem die Atmosphäre unserer Erde.

15. Als zweites weisen wir auf die Flüchtlingskrise in Afrika hin, von der Millionen von Menschen betroffen sind. Der Krieg hat viele Menschen gezwungen, ihr Land zu verlassen. Bürgerkriege haben zu Fluchtbewegungen vieler Menschen im eigenen Lande geführt. Am Horn von Afrika haben Krieg und Naturschädigungen die Lebensgrundlage für große Teile der Bevölkerung zerstört. Die Anrainerstaaten, die selber arm sind, sind gezwungen, Hunderttausende von Flüchtlingen aufzunehmen. Im Vergleich dazu ist die von den europäischen Ländern aufgenommene Zahl von Flüchtlingen verschwindend klein.

16. Die Bevölkerungsfrage ist ein weiteres Beispiel für diese Verflechtung. Unausgewogener und sprunghafter Bevölkerungszuwachs und eine ungleichmäßige Verteilung der Bevölkerung verschlimmern noch die Armut und den Hunger, die sozialen Konflikte und die Schädigung der Umwelt. Die reichen Länder, deren Bevölkerung zahlenmäßig relativ stabil bleibt, verbrauchen den größten Teil der verfügbaren Energieressourcen, während es den armen Ländern mit ihren schnell wachsenden Bevölkerungen an Energie fehlt und sie gezwungen sind, diesen Mangel durch umweltschädliche Maßnahmen auszugleichen. Die Frage des Bevölkerungswachstums muß auf eine verantwortliche Weise angegangen werden, damit sowohl das Gewissen des einzelnen als auch die sozialen und umweltgebotenen Dimensionen dieses vielschichtigen und eng mit anderen Nöten verflochtenen Problems beachtet werden.

17. Und schließlich sollte noch ein Problem erwähnt werden: Ungerechtigkeit, Krieg und Schädigung der Umwelt haben auf Frauen größere und direktere Auswirkungen als auf Männer. Frauen machen die Hälfte der Menschheit aus, aber sie tragen die Hauptlast der heutigen Krise. Und oft sind als Folge davon die Kinder betroffen und werden zu Opfern der Krise. Gegenüber der Unterdrückung der Frau und der Verletzung ihrer Rechte hat man sich erschreckend lange blind gestellt. Frauen werden an den gesellschaftlichen Rand gedrängt und von den Strukturen der Entscheidungsfindung

weitgehend ausgeschlossen. Der Sexismus trägt zur globalen Krise bei. Der Begriff „Feminisierung der Armut" macht deutlich, wie ungerecht Lasten und Kosten verteilt sind. Für Frauen der südlichen Hemisphäre, die am Rande des Existenzminimums leben, ist das im wahrsten Sinne des Wortes eine Angelegenheit von Leben und Tod.

2.5 Tiefere Wurzeln der heutigen Krise

18. Wie sind wir in diese Lage hineingeraten? Was sind die Ursachen für die Bedrohungen, denen wir heute ausgesetzt sind? Für viele scheint die Antwort auf der Hand zu liegen: Die Ursache ist in den weitreichenden Mitteln und Möglichkeiten zu suchen, die dem Menschen durch Wissenschaft und Technologie verfügbar gemacht worden sind. Die tiefgreifenden Veränderungen, sowohl in den Gesellschaftsstrukturen als auch in den Beziehungen des Menschen zur Natur, sind Folgen der unerhörten Ausweitung aller menschlichen Tätigkeitsbereiche. Moderne Produktionsmittel bilden die Grundlage der heutigen Volkswirtschaften. Sie bieten noch nie dagewesene Möglichkeiten zur Ausbeutung. Die Technologie hat das Wesen des Krieges verändert und Diktaturen mit neuen Mitteln für die Überwachung und Unterdrückung von Menschen ausgestattet. Der falsche Einsatz der Technologie ist für die immer belastendere Ausnutzung der Natur verantwortlich, die – wenn sich nichts ändert – schließlich zu deren Zerstörung führen wird. Zwar hat die Technologie viele Segnungen gebracht. Anstatt aber der Menschheit zu dienen, ist sie gleichzeitig zu einer Bedrohung für die Zukunft geworden. Sie hat ganze Systeme hervorgebracht, in denen selbst der kleinste menschliche Fehler verheerende Folgen haben kann.

19. Der wahre Grund für diese Fehlentwicklung ist in den Herzen der Menschen, in ihrer geistigen Einstellung und Mentalität zu suchen: in der Selbsttäuschung, der Mensch sei fähig, die Welt zu gestalten; in der Vermessenheit, die zur Überbewertung der Rolle des Menschen für das Leben als Ganzes führt; in der Vorstellung eines ständigen Wirtschaftswachstums ohne Bezug auf ethische Werte, die den Wirtschaftssystemen im Osten wie auch im Westen zugrundeliegt; in der Überzeugung, daß dem Menschen die geschaf-

fene Welt zur Ausnutzung und nicht zur Fürsorge und Pflege übergeben wurde; in dem blinden Vertrauen, daß neue Entdeckungen die jeweils entstehenden Probleme schon lösen werden, und daß man deshalb nicht auf die von uns selbst geschaffenen Risiken und Gefahren zu achten brauche.

20. Zweifellos brauchen wir das Können und die Fähigkeiten von Wissenschaft und Technologie für die Bewältigung unserer Zukunft. Wenn wir aber der Sache der Gerechtigkeit, des Friedens und der Bewahrung der Schöpfung dienen wollen, müssen die an Technik und Wissenschaft geknüpften Erwartungen grundlegend überprüft werden. Als Christen können wir nicht unkritisch eine Ideologie des durch den Menschen geschaffenen Fortschritts vertreten, die nicht den ganzen Menschen angemessen berücksichtigt. Wir können daher das blinde Vertrauen in die menschlichen Fähigkeiten nicht teilen. Andererseits wenden wir uns aber auch entschieden gegen die wachsende Neigung zu Ohnmacht, Resignation oder Verzweiflung. Christliche Hoffnung ist für uns eine Bewegung des Widerstands gegen jeden Fatalismus. Wir glauben, daß wir durch die Umkehr zu Christus die volle Bedeutung des menschlichen Lebens erkennen.

III. Unser gemeinsamer Glaube

3.1 Grundlegung unserer Verantwortung

21. Unser Leben verdanken wir Gott dem Schöpfer, dem dreieinigen Gott — Vater, Sohn und Heiligem Geist, der sich in seiner Barmherzigkeit der Menschheit in Jesus Christus offenbart hat. Dies ist der gemeinsame Inhalt unseres Glaubens, auch wenn unsere Konfessionen weiterhin getrennt sind.

22. Mit der Vollendung seines Schöpfungswerkes hat Gott vollkommene Liebe bewiesen. „Und Gott sah alles an, was er gemacht hatte, und siehe: Es war sehr gut" (Gen. 1,31). Gott hat uns alle als einmalige menschliche Wesen nach seinem Ebenbild, als Geschwister, als Teil der Schöpfung und in enger Abhängigkeit von ihr geschaffen. Gott hat uns zu einem Leben in Liebe berufen und zu diesem Zweck bestimmte Beziehungen und Strukturen der Liebe unter uns

eingesetzt. Unsere Gemeinschaft soll dem Vorbild der Trinität gleichen, den drei göttlichen Personen, die in unendlicher Liebe untereinander verbunden sind: deshalb sollte sie eine „koinonia" (Gemeinschaft) der Liebe sein. Das Geheiligtsein der menschlichen Person nimmt einen zentralen Platz im Geheimnis der „oikonomia" (der Erlösungsordnung) ein. Der Schöpfer „setzte den Menschen auf der Erde ein, wie eine andere Welt groß in ihrer Kleinheit, einen neuen Engel, einen Anbeter, vollkommen eingeweiht in die sichtbare Schöpfung, aber nur teilweise in die geistige; König über alles auf der Erde ... ein lebendiges Geschöpf, das sich hier übt und dann an einen anderen Ort versetzt wird; und, um das Geheimnis zu vollenden, vergöttlicht durch seine Hinneigung zu Gott" (Gregor von Nazianz, or. 45,7). Die Schöpfung ist gegründet und wird zusammengefaßt in der Fleischwerdung des Logos Gottes und der Vergöttlichung der Menschheit. „Christus machte den alten Menschen neu" (Hippolytus, Adversus haereses, 10,34. PG 16,3454).

23. Wie die ganze Menschheit schon im ersten Adam existierte, so wurde sie in gleicher Weise zusammengefaßt im zweiten Adam, unserem Herrn Jesus Christus. „Für uns Christen gibt es nur eine Menschheit" (Gregor von Nazianz, or. 31,15. PG 36,149).

24. Aber wir haben uns gegen Gott versündigt. Der Sündenfall (Gen. 3) führte zum Verlust des göttlichen Friedens und der Gerechtigkeit für alle Menschen und brachte Leid und Schaden über die ganze Schöpfung. Durch den Verlust des göttlichen Friedens und der Gerechtigkeit wurden die menschlichen Beziehungen zerstört, wie man an der Geschichte vom Mord an Abel (Gen. 4,1-8) sehen kann. Dadurch wurde nicht nur die menschliche Gemeinschaft gestört, sondern es hatte auch Folgen für Gottes Schöpfung: „Wenn du den Ackerboden bestellst, wird er dir keinen Ertrag mehr bringen", sagt Gott zu Kain (Gen. 4,12).

25. Aus dem Zeugnis der Bibel wissen wir, daß Gott der Menschheit treu geblieben ist, obwohl sie sich von der Quelle allen Lebens abgewandt hatte. Immer wieder ist Gott bereit, mit der Menschheit den Bund zu schließen und neue Hoffnung zu stiften. Dabei ist von einer Reihe von Bundesschlüssen die Rede, von Noah (Gen. 9) über Abraham (Gen. 12) bis zu Moses und dem Volk Israel. Gott sucht die Gemeinschaft

mit den Menschen. Um aber wirklich das von Gott geschenkte Leben in Fülle leben zu können, muß auch das Volk Gott gegenüber treu sein. Aus der Heilsgeschichte erfahren wir jedoch, daß es durch Ungehorsam gegenüber dem Schöpfer immer wieder bereit war, den Bund zu brechen. Schließlich herrschten Unrecht und Unredlichkeit unter ihnen (Jes. 1,4) und Propheten mußten ausgeschickt werden, um das Volk auf die Wege Gottes zurückzuführen und seine Herzen und Gedanken zu ändern.

26. Der endgültige Bund Gottes mit der Menschheit wurde in Jesus Christus eingesetzt, durch den sie mit ihrem Schöpfer wieder versöhnt wurde: „Denn Gott wollte mit seiner ganzen Fülle in ihm wohnen, um durch ihn alles zu versöhnen. Alles im Himmel und auf Erden wollte er zu Christus führen, der Friede gestiftet hat am Kreuz durch sein Blut“ (Kol. 1,19-20). In Christus, seiner Kreuzigung und Auferstehung, ist für die gefallene Menschheit der Weg offen, den Frieden mit Gott und untereinander wieder herzustellen (Joh. 14,27), die göttliche Gerechtigkeit wiederzuerlangen (Mt. 6,33) und schließlich mit der ganzen Schöpfung erlöst zu werden; wie der Apostel Paulus sagt: „Wenn also jemand in Christus ist, dann ist er eine neue Schöpfung: Das Alte ist vergangen, Neues ist geworden“ (2. Kor. 5,17). An die ganze Schöpfung ist die Verheißung gerichtet. Gottes Schöpfertätigkeit ist noch nicht beendet. Er kann seine kreative Kraft überall auf der Welt ausüben; wie Jesus sagt: „Mein Vater ist noch immer am Werk, und auch ich bin am Werk“ (Joh. 5,17).

27. Die Versöhnung in Jesus Christus öffnet uns das Tor zum ewigen Leben. Wenn Gottes Reich, das „Gerechtigkeit und Friede und Freude in dem heiligen Geist“ (Röm. 14,17) ist, anbricht, wird uns die Fülle seines Segens offenbar werden. Gemeinsam mit der ganzen Schöpfung warten wir, daß uns diese zukünftige Herrlichkeit offenbart werde, und wir wissen, daß erst dann unsere Sünde endgültig besiegt sein wird. Aber wir wissen auch, daß diese Zukunft bereits hier und jetzt in unserem Leben auf Erden begonnen hat. Deshalb ist es unsere wichtigste Aufgabe, hier und jetzt Gottes Frieden und Gerechtigkeit zu suchen — im Bewußtsein unserer Solidarität mit der ganzem Schöpfung Gottes.

3.2 Evangelium des Friedens

28. Aufgrund dieses Glaubens verkündigen wir das Evangelium des Friedens. Im Neuen Testament wird die frohe Botschaft von der Offenbarung Gottes an die Menschheit und ihre Erlösung durch Jesus Christus der „Friede mit Gott" genannt (Eph. 6,15). Friede mit Gott ist die Quelle wahren und echten Friedens unter den Menschen. Jesus Christus ist das Fundament für die Wiederherstellung der Gemeinschaft unter den Menschen. Was er den Jüngern sagte, gilt auch uns: „Frieden hinterlasse ich euch, meinen Frieden gebe ich euch; nicht einen Frieden, wie die Welt ihn gibt, gebe ich euch" (Joh. 14,27).

29. Im Alten Testament steht das Verständnis von Frieden (Schalom) zentral. Es geht aber weit über unser heutiges Verständnis von Frieden hinaus. Harmonie und Ganzheit, Gesundheit und die Entfaltung der Persönlichkeit sind ebenso gemeint wie alle Bereiche des Lebens — des einzelnen, der Familie und der gesellschaftlichen Beziehungen in einem Land sowie zwischen den Ländern. Schalom ist mehr als die begrenzte politische Sicherheit, die heute häufig mit dem Begriff Frieden gleichgesetzt wird. Zur göttlichen Realität des Schalom gehören Gottes Gaben der Gerechtigkeit, des Friedens und der Bewahrung der Schöpfung in ihrem gegenseitigen Bedingtsein. Für den Propheten Jesaja bedeutet echter Friede auch Gerechtigkeit und Recht (Jes. 9,7); und der zukünftige Friedenszustand der Menschen wird begleitet werden vom Frohlocken und Blühen des dürren Landes und der Wüste (vgl. Jes. 35,1-2). So verstanden beschreibt der Schalom-Begriff wie kein anderer die messianischen Verheißungen.

30. Diese messianischen Hoffnungen wurden durch unseren Heiland und Erlöser Jesus Christus erfüllt, der den neuen und ewigen Bund mit der Menschheit geschlossen hat. Er ist unser Friede. Der Bundesschluß ist Initiative Gottes, und das setzt zwei Schritte voraus: Gott lädt die Menschen zur Gemeinschaft mit ihm selbst und miteinander ein. In seiner Barmherzigkeit läßt er uns seine Partner und Mitarbeiter sein.

31. *Der Gott der Gerechtigkeit:* Wir glauben, daß Gott der Schöpfer und Gott der Befreier gleichzeitig der Gott der

Gerechtigkeit ist. Wir werden von dem gnädigen Gott in Jesus Christus gerechtfertigt und aufgerufen, für seine Gerechtigkeit zu wirken. Im Alten Testament wird immer wieder die Forderung nach Gerechtigkeit erhoben. Ihr herausragendes Kennzeichen ist dort Sorge und Fürsorge für die Armen und die Fremdlinge, Verteidigung und Förderung ihrer Menschenrechte und das Miteinanderteilen als Grundsatz und praktisches Handeln. Die prophetische Botschaft der Gerechtigkeit ist der Auftrag, alle ungerechten Strukturen und Verhaltensformen von Grund auf zu verändern. Wir müssen auch bedenken, daß in der Tradition des alttestamentlichen Glaubens Jesus selbst seine messianische Berufung als Verpflichtung zur Befreiung aller, der Armen, Leidenden und Unterdrückten verstanden und gelebt hat. „Der Geist des Herrn ruht auf mir, denn der Herr hat mich gesalbt. Er hat mich gesandt, damit ich den Armen eine gute Nachricht bringe; damit ich den Gefangenen die Entlassung verkünde und den Blinden das Augenlicht; damit ich die Zerschlagenen in Freiheit setze und ein Gnadenjahr des Herrn ausrufe" (Lk. 4,18-19 nach Jes. 61,1-2). Diese Befreiung bricht bereits hier in der Geschichte an und findet in der Auferstehung ihre Vollendung (1. Kor. 15,42-57). Die prophetische Botschaft von der Gerechtigkeit wird im Neuen Testament aufgegriffen und in den beiden Seligpreisungen, die auf Gerechtigkeit bezogen sind (Mt. 5,6 und 5,10) und in der Rede von der besseren Gerechtigkeit (Mt. 5,20) in der Bergpredigt weitergeführt.

32. *Der Gott des Friedens und der Versöhnung:* Versöhnung mit Gott gehört wesentlich zum Evangelium des Friedens (Röm. 5,1). Die Kirche ist berufen, Zeugnis von Gottes Versöhnung zu geben. Weil Christus uns Versöhnung gebracht hat, sollen wir Botschafter der Versöhnung in der Welt sein. „Denn er ist unser Friede. Er vereinigte die beiden Teile — Juden und Heiden — und riß durch sein Sterben die trennende Wand der Feindschaft nieder" (Eph. 2,14). Die gnädige Liebe Gottes, aufgrund welcher er sündigen Menschen vergibt, ist die Grundlage unserer Liebe zu Freund und Feind. Nach dem Evangelium schließt das Streben nach Frieden Kampf, Leiden und aktiven Widerstand ein. Wirklichen Frieden gibt es nicht ohne Gerechtigkeit. Frieden und Gerechtigkeit müssen ihrem Verhältnis zueinander verstanden und be-

urteilt werden. Wenn uns die Propheten so eindringlich zur Gerechtigkeit mahnen, dann wollen sie uns davor warnen, Ungerechtigkeit zu tolerieren oder Kompromisse mit ihr einzugehen, passiv und feige zu werden, uns mitschuldig zu machen oder unseren eigenen Frieden auf Kosten anderer erhalten zu wollen, besonders der Schwachen, die keine Macht haben und kein Gehör finden, um ihre Würde und Rechte zu verteidigen. Als Christen glauben wir, daß wahrer Friede gewährt wird, wenn wir den Weg mit Christus gehen, auch wenn wir oft davor zurückscheuen, ihm bis ans Ende zu folgen. Seine Absage an Gewalt fließt aus der Liebe, die sogar den Feind sucht, um ihn zu verwandeln und sowohl Feindschaft als auch Gewalt zu überwinden. Diese Liebe ist bereit, in aktiver Weise zu leiden. Sie entlarvt den ungerechten Charakter des Gewaltaktes, zieht jene zur Rechenschaft, die Gewalt anwenden, und zieht den Feind in eine Beziehung des Friedens hinein (Mt. 5,38-48; Joh. 18,23). Jesus stellt den Weg der Gewaltlosigkeit unter die Verheißung einer friedlichen Erde (Mt. 5,5). Auch wenn wir das Problem der Selbstverteidigung und der Verpflichtung des Staates zum Schutz seiner Bürger erkennen, sind wir immer noch konfrontiert mit Leben, Lehre und Vorbild Jesu Christi.

33. *Der Gott der Schöpfung:* Wir glauben, daß Gott der Schöpfer alle seine Geschöpfe erhält und liebt. Deswegen haben sie alle ein fundamentales Recht auf Leben. Gott der Schöpfer hat dem Menschen eine besondere Stellung in der Schöpfung zugedacht. „Gott, der Herr, nahm ... den Menschen und setzte ihn in den Garten von Eden, damit er ihn bebaue und hüte“ (Gen. 2,15 und 1,28). In Gottes Welt sollen wir Haushalter, nicht Eigentümer sein. Gott allein bleibt — im vollsten Sinne des Wortes — Eigentümer der ganzen Schöpfung. Im Psalm heißt es: „Dem Herrn gehört die Erde und was sie erfüllt, der Erdkreis und seine Bewohner. Denn er hat ihn auf Meere gegründet, ihn über Strömen befestigt“ (Ps. 24, 1-2). Wenn wir die besondere Stellung des Menschen unter allen Geschöpfen richtig verstehen wollen, dürfen wir nicht vergessen, daß die ganze Schöpfung zur Ehre Gottes da ist. Hierin liegt auch die grundsätzliche Bedeutung des Sabbats (Gen. 2,3). Nicht der Mensch, sondern Gott ist Anfang, Mitte und Höhepunkt der ganzen Schöpfung und aller Geschichte: „Ich bin das Alpha und das Omega, der ist und

der war und der kommt, der Herrscher über die ganze Schöpfung" (Off. 1,8).

34. Damit muß die in den letzten Jahrhunderten vorherrschende Ethik neu bedacht werden, die es – im Gegensatz zur wahren Bedeutung des Wortes Gottes – der Menschheit gestattete, sich die Schöpfung für ihre eigenen Zwecke „untertan" zu machen. Stattdessen sollten die Menschen Haushalter im Dienste Gottes und der Schöpfung sein. Deshalb sind wir im Gehorsam gegenüber Gott zur Erhaltung und Förderung der Schöpfung zum Wohle zukünftiger Generationen verpflichtet. Als wahrhaftiges Bild Gottes und Herr der Schöpfung zeigt Christus uns den Weg zur Erfüllung unseres Auftrags im Gehorsam gegenüber Gottes Schöpfungsplan.

3.3 Zeugnis von unserer Hoffnung

35. Die Hoffnung, die wir bezeugen, beruht auf der Gewißheit: Gott will, daß alle Menschen gerettet werden (1. Tim. 2,4) und bietet ihnen das höchste Geschenk des ewigen Lebens an. „Wenn wir unsere Hoffnung nur in diesem Leben auf Christus gesetzt haben, sind wir erbärmlicher daran als alle anderen Menschen" (1. Kor. 15,19). Wir erwarten vielmehr „einen neuen Himmel und eine neue Erde" (Off. 21,1) d. h. die Verwandlung unserer Schöpfung: „Siehe, ich mache alle neu" (Off. 21,5). Mit dieser Neu-Schöpfung ist auch Gottes Herrschaft ein für allemal angebrochen, und mit der Auferstehung wird sich Gottes Vorhaben mit der Menschheit endgültig erfüllen: „Danach kommt das Ende, wenn er jede Macht, Gewalt und Kraft vernichtet hat und seine Herrschaft Gott, dem Vater, übergibt" (1. Kor. 15,24).

36. Die Hoffnung auf Gottes definitive Herrschaft lenkt uns aber nicht von unseren jetzigen Verpflichtungen ab. Gerade eine richtig verstandene Hoffnung ist ein kräftiger Impuls, mit Mut und Eifer für eine friedlichere, gerechtere Welt einzutreten, in der die Menschen in geschwisterlicher Liebe als Haushalter Verantwortung für die Schöpfung übernehmen, damit sie allen Männern und Frauen sowie allem zukünftigen Leben in weltweiter Solidarität erhalten bleibt. Unsere Nächstenliebe muß sich wirksam im konkreten Dienst an unseren Brüdern und Schwestern (Lk. 10,37),

selbst gegenüber unseren Feinden (Mt. 5,43-48) beweisen. Die Seligpreisungen der Bergpredigt gelten sowohl der Zukunft wie der Gegenwart (Mt. 5,1-12). Jesus weist uns den alleinigen Weg, der endgültig zum Reich Gottes führt: „Darum sage ich euch: Wenn eure Gerechtigkeit nicht weit größer ist als die der Schriftgelehrten und der Pharisäer, werdet ihr nicht in das Himmelreich kommen" (Mt. 5,20). Gleichzeitig zeigt Jesu Tun und Lehre, wie die wahre Liebe zu Gott sowie zum Nächsten hier und jetzt auszusehen hat. Christliche Hoffnung ist eine Aufforderung zum Handeln im Dienst Gottes und unserer Mitmenschen (Mt. 7,21). Je mehr wir hoffen, desto entschiedener und aktiver müssen wir uns für die Verbesserungen der menschlichen Lebensbedingungen einsetzen.

3.4 Die Kirche — Volk Gottes und Leib Christi in der Kraft des Heiligen Geistes

37. Wir glauben, daß Gott von Anfang an die Menschen zu seinem Volk erwählt und berufen hat, damit sie seine Liebe und Gnade in der Welt bezeugen. Gott stiftet einen Bund mit seinem Volk Israel, das er aus allen Völkern zu seinem besonderen Eigentum erkoren hatte (Ex. 19,1-25; Ex. 24,8), zum Segen aller Völker nach der Verheißung Gottes an Abraham (Gen. 12,2ff). Trotz des Ungehorsams seines Volkes blieb Gott treu und verhieß den neuen Bund (Jer. 31,31-34), der endgültig in Jesus Christus errichtet wurde (vgl. 1. Kor. 11,25; Mk. 14,24; Hebr. 8,1-13) und allen offensteht (1. Tim. 2,4ff).

38. Durch Glaube und Taufe sind wir Kinder Gottes geworden. Aufgrund dieser großen Gabe der neuen Schöpfung in Christus (2. Kor. 5,17; Gal. 6,15) gibt es „nicht mehr Juden und Griechen, nicht Sklaven und Freie, nicht Mann und Frau; denn ihr seid alle ‚einer' in Christus Jesus" (Gal. 3,28). In der Kraft des Heiligen Geistes ist die Kirche der Leib Christi, der in der Welt gegenwärtig ist. „Durch den einen Geist wurden wir in der Taufe alle in einen einzigen Leib aufgenommen, Juden und Christen, Sklaven und Freie; und alle wurden wir mit dem einen Geist getränkt" (1. Kor. 12,13). Die Kirche als Leib Christi ist die „Vision des Friedens" (Origenes, or. 9,2; PG 13,349), der nur dann wahrhaf-

tig und weltweit sein kann, wenn Friede und Gerechtigkeit als Synonyme verstanden werden (vgl. Clemens von Alexandrien, Strom., 4,25).

39. Wir sind zwar Glieder des Leibes Christi, gehören aber auch verschiedenen Kirchen und kirchlichen Gemeinschaften an. Durch die Taufe und die Antwort des Glaubens auf das Hören von Gottes Wort sind wir Christen bereits eins in Christus, auch wenn wir noch nicht in voller Gemeinschaft leben. Um diese zu erreichen, suchen wir die in Lehre und Praxis noch bestehenden Unterschiede zu überwinden. In diesem Streben halten wir uns an die Vision einer Gemeinschaft, in der die verschiedenen Traditionen nicht mehr Anlaß der Trennung, sondern der gegenseitigen Bereicherung sind. Alle Kirchen sind sich bereits bewußt, daß sie den Weg zu dieser Gemeinschaft zusammen gehen müssen.

40. Auch empfinden wir auf unserem gemeinsamen Weg des Suchens und Handelns im Bereich von Frieden, Gerechtigkeit und der Bewahrung der Schöpfung die Spaltung unserer Kirchen besonders schmerzlich am Tische des Herrn, denn dort empfangen und feiern wir den neuen Bund, der gleichzeitig der Bund der Gerechtigkeit, des Friedens und der Bewahrung der Schöpfung ist. So ist die Eucharistie, die wir hier in Basel getrennt gefeiert haben, ein Ansporn zur Einheit der Kirchen und der Menschheit: „Die Eucharistie umgreift alle Aspekte des Lebens. Sie ist ein repräsentativer Akt der Danksagung und Darbringung für die ganze Welt. Die eucharistische Feier fordert Versöhnung und Gemeinschaft unter all denen, die als Brüder und Schwestern in der einen Familie Gottes betrachtet werden, und sie ist eine ständige Herausforderung bei der Suche nach angemessenen Beziehungen im sozialen, wirtschaftlichen und politischen Leben (Mt. 5,23f; 1. Kor. 10,16f; 11,20-22; Gal. 3,28). Alle Arten von Ungerechtigkeit, Rassismus, Trennung und Mangel an Freiheit werden radikal herausgefordert, wenn wir miteinander am Leib und Blut Christi teilhaben" (Taufe, Eucharistie und Amt, § 20). Dies gilt für jede Form der Diskriminierung. Die durch Gott erwirkte Versöhnung wird deutlicher sichtbar, wenn in der christlichen Gemeinschaft alle Gegensätze zwischen Rassen, Klassen und Geschlechtern abgebaut sind.

IV. Sündenbekenntnis und Umkehr zu Gott (Metanoia)

41. Angesichts der Gefahren für die Zukunft der Menschheit wollen wir die Wahrheit des Evangeliums bekennen. Wenn wir auf das Wort Gottes hören, erkennen wir unsere Verantwortung. Wir glauben, daß die Zukunft sich uns dann öffnen wird, wenn wir uns Jesus Christus zuwenden. Die Sackgasse, in der wir uns heute befinden, ist letztlich darauf zurückzuführen, daß wir von Gottes Wegen abgewichen sind. Wir wollen verkünden, daß Gott denen die Zukunft öffnet, die zu ihm umkehren.

42. Aber wir sind nicht in der Lage, so zu sprechen, als wären wir im vollen Besitz der endgültigen Wahrheit. Die Kirchen und Christen haben in vieler Hinsicht versagt und haben es nicht immer vermocht, nach den Maßstäben von Gottes Ruf zu leben; manchmal haben sie es sogar versäumt, die Wahrheit von Jesus Christus zu verkünden. Wir sind dankbar für das Zeugnis der Generationen vor uns. Wir danken für das Engagement der vielen Christen, die ihr Leben selbst bis ins Martyrium in den Dienst Christi gestellt haben. In den Kirchen haben zwar prophetische Stimmen rechtzeitig vor den anstehenden Gefahren gewarnt, aber wir müssen auch zugeben, daß das Zeugnis der Christen nicht deutlich genug gewesen ist. Zu lange haben wir uns gegenüber den Auswirkungen und Forderungen des Evangeliums nach Gerechtigkeit, Frieden und der Bewahrung der Schöpfung blind gezeigt. Gemeinsam mit anderen brauchen wir einen neuen Anfang.

43. Wir bekennen unser Versagen gemeinsam und als einzelne. Wenn wir Christus nachfolgen, sind wir dauernd mit den Forderungen seines Rufes konfrontiert und müssen unser Leben im Lichte dieses Rufes überprüfen. Der wahre Glaube an Christus ist immer ein persönlicher, aber nie ein privater. In der Nachfolge Christi erkennen wir, daß wir gefangen sind in Strukturen, die Ungerechtigkeit, Gewalt, Verschwendung und Zerstörung schaffen. Sie sind das Ergebnis der Sünde des Menschen und sie scheinen oft den Kurs in die Zukunft zu bestimmen. Der Weg, der zur Überwindung dieser Strukturen führt, beginnt mit einem gemeinsamen Sündenbekenntnis. Wenn wir uns gemeinsam Gott zuwenden, wird Er uns vielleicht die Freiheit schenken, einen neuen

Anfang zu finden. Der ökumenische Prozeß für Gerechtigkeit, Frieden und die Bewahrung der Schöpfung ist für die Kirchen eine Bewegung der Reue und Buße sowie ein Zeichen des neuen Lebens.

– Wir haben versagt, weil wir nicht Zeugnis abgelegt haben von Gottes sorgender Liebe für alle und jedes Geschöpf und weil wir keinen Lebensstil entwickelt haben, der unserem Selbstverständnis als Teil von Gottes Schöpfung entspricht.

– Wir haben versagt, weil wir die Trennungen unter den Kirchen nicht überwunden haben und weil wir die uns gegebene Macht oft dazu mißbraucht haben, falsche und eingeschränkte Solidarität wie Rassismus, Sexismus und Nationalismus zu stärken.

– Wir haben versagt, weil wir Kriege verursacht und nicht alle Möglichkeiten ausgeschöpft haben, uns für Vermittlung und Versöhnung einzusetzen. Wir haben Kriege entschuldigt und oft zu leicht gerechtfertigt.

– Wir haben versagt, weil wir nicht entschieden genug die politischen und wirtschaftlichen Systeme kritisiert haben, die Macht und Reichtum mißbrauchen, die die natürlichen Ressourcen der Welt nur zum eigenen Nutzen ausbeuten und Armut und Marginalisierung fortbestehen lassen.

– Wir haben versagt, weil wir Europa als Zentrum der Welt und uns als den anderen Teilen der Welt überlegen betrachtet haben.

– Wir haben versagt, weil wir nicht immer Zeugnis abgelegt haben von der Heiligkeit und der Würde allen Lebens und von der Achtung, die wir allen Menschen gleicherweise schulden, sowie von der Notwendigkeit, allen Menschen die Möglichkeit zu geben, ihre Rechte auszuüben.

44. Gott bietet neues Leben und macht frei. Vergebung wischt indes die Folgen unserer früheren Fehler und Irrtümer nicht einfach fort. Wir bleiben mit der Vergangenheit verbunden und müssen die Verantwortung für die durch unsere Fehler entstandene Situation übernehmen. Aber Vergebung eröffnet uns von neuem die Perspektive des Reiches Gottes mit seinen erneuernden Kräften.

45. Gottes Vergebung suchen heißt, dem Ruf zur Umkehr Folge zu leisten. Umkehr zu Gott (Metanoia) bedeutet mehr als ein bloßes Annehmen der Vergebung. Umkehr bedeutet

Veränderung des Herzens, der Einstellung und der Geisteshaltung. Unsere Umkehr zu Gott fordert, daß wir uns aktiv Gottes Gerechtigkeit zuwenden, Gottes Shalom annehmen und in Harmonie mit der ganzen Schöpfung Gottes leben.

Umkehr zu Gott (Metanoia) bedeutet heute die Verpflichtung, einen Weg zu suchen

— aus den trennenden Unterschieden zwischen den Armen und den Reichen, den Mächtigen und den Machtlosen,

— aus Strukturen, die Hunger, Entbehrung und Tod verursachen,

— aus der Arbeitslosigkeit von Millionen von Menschen,

— aus einer Welt, in der Menschenrechte verletzt und Menschen isoliert und gefoltert werden.

— aus einer Lebensweise, in der moralische und ethische Werte unterhöhlt, wenn nicht sogar verworfen werden,

in eine Gesellschaft, in der die Menschen gleiche Rechte besitzen und in Solidarität miteinander leben.

Umkehr zu Gott (Metanoia) bedeutet heute die Verpflichtung, einen Weg zu suchen

— aus den isolierenden Trennungen, die durch rassische, ethnische und kulturelle Diskriminierungen vertieft werden,

— aus der Mißachtung und Marginalisierung der Zwei-Drittel-Welt,

— aus dem Erbe des Antisemitismus in unseren Gesellschaften und Kirchen und dessen tragischen Folgen,

in eine Vielfalt der Kulturen, Traditionen und Völker in Europa.

Umkehr zu Gott (Metanoia) bedeutet heute die Verpflichtung, einen Weg zu suchen

— aus den Trennungen zwischen Männern und Frauen in Kirche und Gesellschaft,

— aus der Abwertung der Frau und aus dem Unverständnis für den unverzichtbaren Beitrag der Frauen,

— aus den ideologisch fixierten Rollen und Stereotypen für Frauen und Männer,

— aus der Weigerung, die den Frauen für das Leben und die Entscheidungsfindungsprozesse der Kirche geschenkten Gaben anzuerkennen, *in eine erneuerte Gemeinschaft von Männern und Frauen in Kirche und Gesellschaft, in der Frauen auf allen Ebenen gleiche Verantwortung tragen wie Männer und in der sie ihre Gaben, Einsichten, Werte und Erfahrungen frei einbringen können.*

Umkehr zu Gott (Metanoia) bedeutet heute die Verpflichtung, einen Weg zu suchen

— aus Krieg und Ideologien, die das Göttliche in jedem Menschen mißachten,

— aus der Vergötzung und den konkreten Strukturen von Gewalt und Militarismus,

— aus den destruktiven Folgen der für die Rüstung heute ausgegebenen Riesensummen,

— aus einer Situation, in der der Einsatz des Militärs oder die Drohung, es einzusetzen, notwendig zu sein scheint, um die Menschenrechte zu wahren oder durchzusetzen,

in eine Gesellschaft, in der Friedensstiftung und die friedliche Lösung von Konflikten gesucht und eingehalten werden, und in eine Gemeinschaft von Völkern, die solidarisch zum Wohl der anderen beitragen.

Umkehr zu Gott (Metanoia) bedeutet heute die Verpflichtung, einen Weg zu suchen

— aus der Trennung zwischen dem Menschen und der übrigen Schöpfung,

— aus der Herrschaft des Menschen über die Natur,

— aus einem Lebensstil und aus wirtschaftlichen Produktionsweisen, die die Natur schädigen,

— aus einem Individualismus, der die Integrität der Schöpfung zugunsten privater Interessen schändet,

in eine Gemeinschaft der Menschen mit allen Geschöpfen, in der deren Rechte und Integrität geachtet werden.

Umkehr zu Gott (Metanoia) bedeutet heute die Verpflichtung, einen Weg zu suchen

— aus der Trennung, in der die Kirchen immer noch leben,

— aus dem Argwohn und dem Hader in ihrem Umgang miteinander,

— aus der Last der lähmenden Erinnerungen an die Vergangenheit,

— aus der Intoleranz und der Weigerung, die Glaubensfreiheit anzuerkennen,
in eine Gemeinschaft, die sich bewußt ist, daß sie der ständigen Vergebung und Erneuerung bedarf, und die Gott für seine Liebe und Gaben lobt und preist.

V. Auf dem Weg zum Europa von morgen

5.1 Reflexionen über die Vergangenheit

46. Jedes Nachdenken über die Zukunft Europas beginnt mit einer Reflexion über die Vergangenheit. Die europäische Geschichte ist von großen kulturellen und wissenschaftlichen Errungenschaften und der Entwicklung der grundlegenden Menschenrechte sowie von geistlichen Einsichten und Erfahrungen geprägt. Aber sie ist auch gekennzeichnet von Gewalt, sowohl auf dem eigenen Kontinent als auch in anderen Teilen der Welt. Für viele Menschen außerhalb Europas ist daher dieser kleine Teil der Welt, den man „Europa" nennt, nicht gleichbedeutend mit dem Streben nach Menschenwürde, Freiheit und sozialer Gerechtigkeit, sondern vielmehr mit kolonialer Expansion, Sklaverei, Rassismus, Diskriminierung, wirtschaftlicher Ausbeutung, kultureller Vorherrschaft und ökologischer Verantwortungslosigkeit.

47. Von Europa sind zudem in diesem Jahrhundert zwei Weltkriege ausgegangen. Gerade in diesem Jahr 1989, d.h. fünfzig Jahre nach dem Ausbruch des letzten Weltkrieges, erinnern wir uns der Toten, des Leidens, der Trauer, der Verbrechen und der Verwüstungen, die dieser Krieg verursacht hat.

48. Als Christen sind wir für dies alles mitverantwortlich. Kirchenspaltungen und Religionsstreitigkeiten haben die europäische Geschichte weitgehend mitbestimmt. Viele Kriege sind Religionskriege gewesen. Millionen von Menschen sind um ihres Glaubens willen gefoltert und getötet worden. In den großen sozialen Konflikten, in denen es um Gerechtigkeit ging, haben die Kirchen nicht selten geschwiegen. Als Folge dieser Geschichte und des letzten Weltkriegs ist Europa zu einem gespaltenen Haus geworden.

49. Diese Einsicht muß uns bescheiden machen, aber sie soll uns auch helfen, aufgeschlossener gegenüber den Herausforderungen zu sein, die sich uns im Wandlungsprozeß Europas heute stellen.

50. Fünfzig Jahre nach Ausbruch des letzten Weltkriegs zeigt sich immer mehr der Wunsch, die Spaltung Europas zu überwinden. Sowohl in einzelnen Ländern als auch über die Ländergrenzen hinweg kritisieren viele — und auch viele Christen —, daß die Strukturen Frieden und Gerechtigkeit nicht zureichend sicherstellen und ungeeignet sind, den Bedrohungen der Schöpfung mit Nachdruck und Phantasie entgegenzutreten.

51. Drei wichtige und bedeutungsvolle Entwicklungen verlangen unsere besondere Aufmerksamkeit:

— *die Verbesserung der Ost-West-Beziehungen* im Rahmen des KSZE-Prozesses

— *die demokratischen Reformen* in der UdSSR und den anderen osteuropäischen Ländern

— *der Integrationsprozeß in Westeuropa* (Einheitliche Europäische Akte mit dem für Anfang 1993 zu schaffenden europäischen Binnenmarkt).

Gleichzeitig jedoch flammen aufgrund der überkommenen und immer noch bestehenden Ungerechtigkeiten ethnische und regionale Konflikte (wieder) auf.

52. In Europa gibt es kleinere und auch größere nationale Gruppen, deren Recht auf die eigene Kultur, Religion und ihr eigenes politisches System nicht oder nur sehr begrenzt anerkannt werden. Wir unterstützen die Bemühungen dieser Menschen und nationalen Gruppen um Selbstbestimmung und Förderung ihrer Kultur und Religion. Wir rufen alle Christen auf, solchen Ungerechtigkeiten entgegenzuwirken und diesen Menschen und nationalen Gruppen mit gewaltfreien Mitteln zu helfen.

53. Als Christen müssen wir mit darüber nachdenken, wie Europa in der Zukunft aussehen soll. Was sind unsere Hoffnungen? Was sind unsere Sorgen und Probleme?

5.3 Die Wunde der Spaltung Europas heilen

54. Die Kirchen sind zweifellos dazu aufgerufen, ihren Beitrag dazu zu leisten, daß die völkertrennenden Spaltungen auf unserem Kontinent überwunden werden. Wir Europäer dürfen uns mit der jetzigen Situation nicht abfinden.

55. Der angelaufene Entspannungsprozeß hat sichtbar Früchte getragen: in der Konferenz über Sicherheit und Zusammenarbeit in Europa (KSZE, angefangen von der Schlußakte von Helsinki 1975 bis zum Wiener Schlußdokument von 1989) und dem INF-Vertrag über die Mittelstreckenraketen in Europa von 1987. Die große Frage an uns alle ist, ob Europa – Ost wie West – bereit ist, in eine neue Phase des Prozesses einzutreten. Wird Entspannung in den kommenden Jahren nur in dem Bemühen bestehen, die Spaltung weniger gefährlich zu machen? Oder werden wir endlich eine wirkliche Versöhnung in Europa erreichen? Aufgrund ihrer Sendung haben die Kirchen eine besondere Aufgabe, zu dieser Versöhnung beizutragen.

56. Entspannung und Versöhnung in Europa dürfen allerdings nicht auf Kosten der Länder in Asien, Afrika, Mittel- und Lateinamerika geschehen. Unsere ernste Sorge über die eklatanten Ungerechtigkeiten in Europas Wirtschaftsbeziehungen zu den ärmeren Ländern muß nicht nur weiter wachbleiben, sondern sie muß vertieft werden. Ein Europa, das seine eigenen Probleme und Schwierigkeiten löst, kann seine Verantwortung für andere Länder um so wirksamer erfüllen.

5.4 Abrüstung und Vertrauensbildung

57. Unsere Hoffnung auf Heilung setzt voraus, daß der mit dem INF-Vertrag begonnene Prozeß fortgesetzt wird. Die riesige Anhäufung von Waffen in Europa wird heute – was auch immer die Gründe in der Vergangenheit dafür gewesen sein mögen – immer mehr als Ausdruck der europäischen Spaltung betrachtet, die überwunden werden muß. In vieler Hinsicht scheint der „Kalte Krieg“ vorbei zu sein. Und doch ist Europa, mit Ausnahme einiger neutraler Staaten, in zwei feindlichen Militärblöcken organisiert, die beide über umfangreiche Streitkräfte verfügen. Die Mittel, die zur Aufrechterhaltung dieser Strukturen eingesetzt werden, werden

Millionen von Menschen innerhalb und außerhalb Europas entzogen. Als Kirchen müssen wir dazu beitragen, daß neue Strukturen in Europa aufgebaut werden, die auf die Probleme von heute und von morgen – und nicht auf die von gestern – eingehen. Wenn wir in Europa in Frieden leben möchten, brauchen wir ein *gemeinsames Sicherheitssystem.* Wir erwarten viel von den in diesem Jahr begonnenen Gesprächen über konventionelle Waffen und vertrauensbildende Maßnahmen.

58. Wenn wir auf unserem Kontinent in Frieden zusammenleben möchten, brauchen wir eine neue Vision von Europa und eine Politik der gemeinsamen Sicherheit.

5.5 Dialog und Partizipation

59. Unsere Hoffnung auf Heilung ist durch die letzten Entwicklungen in einigen Ländern Europas gestärkt worden. Diese Entwicklungen lassen durch einen Reform- und Demokratisierungsprozeß in der Gesellschaft mehr Raum für Dialog in der Außen- und Innenpolitik. In einigen Ländern entsteht so allmählich, was man als eine „Zivilgesellschaft" bezeichnet, d.h. vom Staat unabhängige Gruppen, nichtstaatliche Organisationen und Initiativen. Die Menschen werden sich zunehmend ihrer Rechte, ihrer Rolle und ihrer Stärke in der Gesellschaft bewußt. Sie möchten aktiv ihre Zukunft mitgestalten. Für diesen Prozeß könnte auch das Wiener KSZE-Schlußdokument von 1989 wichtig sein, denn es enthält eindeutige Erklärungen zur Glaubens- und Überzeugungsfreiheit, zu den Menschenrechten, den nationalen Minderheiten und den menschlichen Kontakten.

60. Diese Schritte in Richtung auf Dialog und Gespräch, sowohl in einzelnen Ländern als auch zwischen den Ländern, sind auch für die Kirchen eine dringende Aufforderung, an diesem Prozeß teilzunehmen. Die Kirchen sollten alle, die nicht miteinander übereinstimmen, aber nach der Wahrheit suchen, ein Ort der Offenheit und des Dialogs sein. In Zeiten der Polarisierung und der Spannung haben die Kirchen die Verantwortung, den Dialog zwischen allen zu erleichtern, die sonst Schwierigkeiten hätten, miteinander zu reden, d.h. auch mit Anhängern anderer Weltanschauungen und Glaubensformen und über den entzweienden Graben in Europa

hinweg. So können wir mitwirken an dem Prozeß, bei dem die Grenzen allmählich ihren trennenden Charakter verlieren.

61. Wir bekräftigen mit Nachdruck die Bedeutung gewaltfreier politischer Mittel; sie sind der angemessene Weg, Veränderungen in Europa zu erreichen. *In unseren Ländern oder auf unserem Kontinent gibt es keine Situation, die einen Einsatz von Gewalt verlangen oder rechtfertigen würde.*

5.6 Übergangszeit

62. Diese Zeit der Hoffnung und der Erwartungen ist jedoch nicht ohne neue Gefahren. In dem neugeschaffenen Freiraum tauchen alte Probleme in neuem Gewand wieder auf. Und auch der Prozeß der Veränderung bringt, wie jede Wandlung, seine eigenen Probleme mit sich. Was vielen als eine neue Zukunft erscheint, mag von anderen als Bedrohung empfunden werden. Es ist ein schwieriger Prozeß. Daher ist es wichtig, daß wir als Kirchen in Europa auch über die Risiken bei diesem Wandel nachdenken. Dabei müssen wir vor allem folgendes hervorheben:

— Im heutigen Wandlungsprozeß Europas könnten sich einzelne Länder, Gruppen oder Menschen versucht fühlen, ihren eigenen Interessen, Rechten und Ansichten einen absoluten Vorrang zu geben. Wenn dies geschehen sollte, wird bald kaum noch Raum für den raschen Wandel bleiben. Daher möchten wir dringend bitten: Lassen wir diesen Prozeß der Wandlung zu einem *Prozeß der Versöhnung* werden. Dabei bedeutet „Versöhnung" mehr als lediglich Verzicht und die Anwendung von Gewalt. Es bedeutet auch Offenheit gegenüber den Forderungen und Rechten der anderen Seite. Beide Seiten sollten die Fähigkeit zum Wandel, die sie vom anderen erwarten, selbst zeigen und gegenseitig deren Grenzen erkennen.

— Die *Europäische Einheitliche Akte*, durch die nach 1992 ein großer Binnenmarkt angestrebt wird, treibt jetzt schon die westeuropäische Inregration voran. Mit dieser Entwicklung sind sowohl Erwartungen als auch Befürchtungen verbunden. Man hofft, durch diesen Schritt den Wohlstand vieler anheben zu können. Aber nicht wenige befürchten, daß dies auf Kosten und unter Ausschluß vieler anderer erkauft werden könnte. Als in ganz Europa vertretene Kirchen müssen wir darauf achten, daß diese Öffnung der inneren Grenzen in Westeuropa nicht zu einem *„westeuropäischen Bollwerk“* führt, das sich gegenüber den anderen Teilen der Welt zunehmend abschottet. Wirtschaftliche Maßnahmen und Zusammenarbeit sind notwendig, um die Schuldenlast zu erleichtern und die technologische Kluft zwischen West- und Osteuropa und zwischen Nord- und Südeuropa zu verringern. Dasselbe gilt für andere Problembereiche. Gerade die *Flüchtlings- und Asyl*politik wird ein Testfall für die Offenheit Westeuropas sein. Auch müssen die Kirchen dieser Länder die Auswirkung der westeuropäischen Integration auf die Nord-Süd-Beziehungen in Europa sehr aufmerksam verfolgen. Sie müssen kritisch beobachten, wie die Bedürfnisse der Armen in ihren eigenen Ländern befriedigt und Fragen der sozialen Sicherheit und der Partizipation behandelt werden. Der Schutz der Umwelt muß besonders beachtet und respektiert werden. Besondere Aufmerksamkeit sollte den Strukturen der Ungerechtigkeit und der Ausbeutung im Zusammenhang mit dem Tourismus geschenkt werden.

5.7. Ethnische und regionale Konflikte

63. Als Kirchen sind wir in Europa keine bloßen Zuschauer; wir sind vielmehr sowohl ein Teil der Hoffnung als auch ein Teil der Spaltungen. Das gilt für die in unserem Kontinent neu aufflammenden ethnischen und regionalen Konflikte, die oft schon seit langem schwelen und weit in die Geschichte zurückreichen. Als Kirchen müssen wir bereit sein, Minderheiten bei uns aufzunehmen, die sich gegen den Assimilationsdruck wehren, und wir müssen für die Menschenwürde der Randgruppen eintreten. Wir dürfen uns nicht nur angesichts der großen Konflikte zwischen Nord und Süd und Ost und West für Versöhnung einsetzen, sondern müssen dies auch tun angesichts der trennenden Bitterkeit, ja des Hasses zwischen den Menschen in unseren eigenen Gesellschaften.

64. Wir fordern die Regierungen Europas auf, alles in ihrer Macht Stehende zu tun, um alle Bedingungen und Maßnahmen abzuschaffen, die Menschen dazu veranlassen, zu

Flüchtlingen zu werden und die Zukunft für sich und ihre Kinder fern ihrer Heimat zu suchen.

5.8 Überwundene Feindschaft

65. Wir beten und hoffen, daß unser Zusammenkommen in Basel ein Zeichen der Hoffnung für die wachsende Gemeinschaft auf diesem geteilten Kontinent sein möge. Wir laden die Kirchen und Gemeinden aus unterschiedlichen Teilen Europas dazu ein, einander zu treffen, miteinander zu sprechen und zu beten. Als Kirchen wissen wir, daß die Gemeinschaft, die wir feiern dürfen, nicht von uns gestiftet ist. Unser Herr Jesus Christus hat die trennenden Wände eingerissen. Weil — in einem tieferen Sinn — der Leib Christi „überwundene Feindschaft" ist, bitten wir darum, daß der ökumenische Prozeß in Europa ein konziliarer Prozeß sein möge. Aus dieser Erwartung heraus sind wir dazu aufgefordert, in unseren eigenen Gesellschaften und in ganz Europa unsere eigene Rolle zu spielen.

5.9 Unser europäisches Haus

66. In der letzten Zeit sind unsere Vorstellungen von Europas Zukunft durch das Bild des gemeinsamen europäischen Hauses angeregt worden. Wie realistisch ist dieses Bild auf einem Kontinent, der so lange und auf so unterschiedliche Art getrennt und gespalten gewesen ist? Die Vorstellung vom gemeinsamen europäischen Haus erinnert uns daran, daß alle Menschen und Staaten in Europa gemeinsame Grundlagen haben, Gemeinsamkeiten in ihrer Geschichte, ihrem kulturellen Erbe und ihren Werten. Und es erinnert uns daran, *daß „Europa" nicht nur der Name für einen Teil dieses Kontinents ist.* In einem gemeinsamen Haus gibt es gemeinsame Verantwortungen. Es darf nicht zugelassen werden, daß sich die Lage einiger Teile verschlechtert, während andere in Luxus glänzen. In einem gemeinsamen Haus wird das Leben vom Geist der Zusammenarbeit und nicht der Konfrontation bestimmt. Dabei ist wichtig, daß die Vorstellung von einem gemeinsamen europäischen Haus auch die Kritik an allen trennenden Wänden, Gräben und Schranken zuläßt, die die Kommunikation unmöglich machen.

67. Das Bild macht deutlich, daß wir lernen müssen, mit vielen Menschen auf einem kleinen Kontinent zusammenzuleben. Es gibt nur wenig Raum und die verfügbaren Vorräte sind knapp. Einige grundlegende *Hausregeln* sind daher nötig, eine Art „Hausordnung", die das Zusammenleben möglich macht. In diesen Regeln müßten enthalten sein:
— das Prinzip der Gleichheit aller Bewohner, seien sie stark oder schwach,
— die Anerkennung von Werten wie Freiheit, Gerechtigkeit, Toleranz, Solidarität und Partizipation,
— eine positive Einstellung gegenüber Anhängern anderer Religionen und Weltanschauungen,
— offene Türen und Fenster — mit anderen Worten: viele persönliche Kontakte und viel Gedankenaustausch,
— Konfliktlösung durch Dialog und nicht durch Gewalt.

68. Das europäische Haus sollte ein *offenes Haus* sein, ein Ort der Zuflucht und des Schutzes, ein Ort des Willkommens und der Gastfreundlichkeit, wo Gäste nicht diskriminiert, sondern als Mitglieder der Familie behandelt werden. In diesem Haus sollte sich niemand davor fürchten, die Wahrheit zu sagen. Im europäischen Haus sollten die Bewohner etwas unternehmen gegen das Gefälle zwischen den Armen und den Reichen in Europa, gegen die Trennung zwischen Nord und Süd auf diesem Kontinent, gegen die diskriminierende Behandlung von „zugezogenen Bewohnern", gegen die Ungerechtigkeit der Massenarbeitslosigkeit, gegen die Vernachlässigung der Jugend und das Sich-selbst-Überlassensein der Alten. Das tägliche Brot sollte unter allen gerecht verteilt werden.

5.10 Eine Weltorientierung

69. Aber das Bild vom gemeinsamen europäischen Haus hat auch seine Grenzen. Einmal läßt es die Gründe außer acht, warum sich in diesem Jahrhundert einzelne Teile Europas in unterschiedliche Richtungen entwickelt haben. Eine beflügelnde Vision darf uns nicht davon abhalten, schwierige Fragen praktisch anzugehen. Zweitens könnte das Bild vom Haus, wenn es von Kirchen benutzt wird, als der Versuch mißverstanden werden, eine verlorene Vergangenheit wieder heraufzubeschwören. Wir messen unseren gemeinsamen

christlichen Werten sowohl für das Leben des einzelnen als auch für das der Gesellschaft höchstes Gewicht bei. *Aber wir wollen keine Modelle aus der Vergangenheit wiederherstellen.* Wir müssen vielmehr Zeugnis ablegen von einer „Kultur der Liebe“ und inmitten der reichen Vielfalt unserer heutigen kulturellen Prägungen auf den Ruf in Gottes Reich hören. Und drittens könnte das Bild vom Haus eurozentrisch klingen. Aber als Kirchen in Europa sind wir Teil des weltweiten Leibes Christi. Unser Blick ist daher nicht allein auf die Zukunft Europas gerichtet, sondern auf die Zukunft der Welt, auf die Zukunft der Schöpfung Gottes.

VI. Grundsätzliche Aussagen, praktische Verpflichtungen, Empfehlungen und Ausblicke auf die Zukunft

1. Aussagen und Verplichtungen

70. Die Europäische Ökumenische Versammlung FRIEDEN IN GERECHTIGKEIT stellt einen *Schritt in einem Prozeß* dar. Sie ist nicht der Prozeß selbst. Wir betonen, daß wir als europäische Kirchen und Christen in unserem gemeinsamen Reden und Handeln für Gerechtigkeit, Frieden und Bewahrung der Schöpfung den größtmöglichen Konsens anstreben.

71. Als Delegierte der europäischen Kirchen *verpflichten wir uns,* in unseren Kirchen und Gesellschaften für Gerechtigkeit, Frieden und Bewahrung der Schöpfung einzutreten. Wir bitten die Kirchen in Europa, in ihren jeweiligen Ländern und weltweit genauso zu handeln. Zu diesem Engagement gehören das Hinwirken sowohl auf *persönliche Erneuerung wie auf die Veränderung der Strukturen;* dies sind zwei Seiten derselben Medaille.

72. Als Delegierte aus europäischen Kirchen und im Gehorsam gegenüber dem Evangelium: *betrachten wir es als Skandal und Verbrechen,* daß jährlich Millionen von Menschen in einer Welt verhungern, die genügend Güter und Nahrungsmittel für alle haben könnte. *Wir verpflichten uns,* unsere Ressoursen miteinander zu teilen. *Wir verpflichten uns,* bevorzugt für die Armen, Unterdrückten und Macht-

losen einzutreten. Wir werden uns für eine neue Weltwirtschaftsordnung einsetzen.

73. *Wir betrachten es als Skandal und Verbrechen,* wie *Menschenrechte* verletzt werden. Die Menschen sind nach Gottes Ebenbild geschaffen und haben ein unveräußerliches Recht auf die Grundgarantien des Lebens. *Wir verpflichten uns* zur Bekämpfung aller Menschenrechtsverletzungen und sozialer Strukturen, die sie ermöglichen. Wir betrachten es als äußerst dringend, die Würde aller Menschen während ihres ganzen Lebens zu schützen, besonders wenn es am verwundbarsten ist, d.h. an seinem Anfang und an seinem Ende, in Krankheit und bei Ausschluß aus der menschlichen Gemeinschaft. *Jegliche Diskriminierung aufgrund von Klasse, Rasse, Geschlecht, Glaubensüberzeugung sowie jede erzwungene Trennung von Familien verletzt die Würde des Menschen zutiefst. Wir verwerfen* unter allen Umständen die Praxis von *Folter und Todesstrafe. Wir wollen uns dafür einsetzen, daß alle Abkommen über Menschenrechte Anwendung und Durchführung finden.*

74. *Wir betrachten es als einen Skandal und Verbrechen,* daß der Schöpfung weiterhin nicht wiedergutzumachende Schäden zugefügt werden und werden uns immer stärker der Notwendigkeit einer neuen partnerschaftlichen Beziehung zwischen dem Menschen und der übrigen Natur bewußt. *Wir verpflichten uns,* bei der Lösung unserer Probleme nicht mehr auf Kosten anderer zu handeln oder neue Probleme zu verursachen. *Unser Ziel ist eine internationale Umweltordnung.*

75. *Wir betrachten* es als dringend und für das Überleben der Menschheit notwendig, *den Krieg als Institution abzuschaffen und die auf Massenvernichtungswaffen gestützte Abschreckung zu überwinden.* Wir empfinden es als eine Notwendigkeit, die Welt fortschreitend von allen Massenvernichtungswaffen zu befreien. *Wir verpflichten uns* zur gewaltfreien Schlichtung von Konflikten auf der ganzen Welt und zum Aufbau einer *internationalen Friedensordnung.* Insbesondere müssen wir alle zum Abschluß konkreter Abkommen beitragen, welche die Grundlage für eine internationale Friedensordnung bilden.

76. *Wir müssen dringend zu der Einsicht gelangen,* daß die Schätze dieser Erde mit den kommenden Generationen und

zukünftigem Leben zu teilen sind. Deshalb *verpflichten wir uns zu einem neuen Lebensstil in unseren Kirchen, Gesellschaften, Familien und Gemeinden.*

77. Als Christen leben wir in Gottes Bund mit uns und der ganzen Schöpfung. Wir gehören alle zu dem einen Leib Christi. Weil Gott unsere Herzen und Gedanken verändert, *schließen wir als Christen einen Bund miteinander. Ihm, unserem Gott, sind wir zuallererst zur Treue verpflichtet. Alle anderen Loyalitäten (gegenüber Staat, Kultur oder sozialer Gruppe usw.) sind zweitrangig.* Hierauf begründet sich unser Eintreten für Gerechtigkeit, Frieden und Bewahrung der Schöpfung.

6.2 Empfehlungen

78. *Wir verpflichten uns* erneut, als Kirche, Leib Christi und Volk Gottes zu leben. Wir fordern unsere Kirchen und alle Christen in Europa auf, für Gerechtigkeit, Frieden und die Bewahrung der Schöpfung einzutreten, wie dies in den folgenden Empfehlungen beschrieben wird.

79. *Wir halten es für wesentlich,* daß die lebenswichtigen Anliegen von *Gerechtigkeit, Frieden und der Bewahrung der Schöpfung nicht vom Auftrag der Kirche* zur Verkündigung des Evangeliums getrennt werden. *Wir verpflichten uns* deshalb, Gottes Angebot des neuen Lebens in Christus allen Menschen zu verkünden.

80. *Wir regen* die Einrichtung von *ökumenischen „Schalom-Diensten" an.* Frauen und Männer, die sich in solchem Dienst engagieren, werden erkennen, daß ihre eigene Kirche zum dienenden Gottesvolk gehört, das sich aus allen Völkern zusammensetzt. *Wir verpflichten uns,* durch unser Handeln diesen Geist des Schaloms weiter zu verbreiten.

81. Insbesondere werden wir unsere Bemühungen auf die Strukturen konzentrieren, die für den europäischen Bereich durch den *KSZE-Prozeß* und auf globaler Ebene durch die *Vereinten Nationen* vorgesehen sind — und bitten andere, das gleiche zu tun.

82. Der in der *Stuktur der KSZE* gewählte Ansatz, demzufolge Sicherheitspolitik, wirtschaftliche Zusammenarbeit, menschliche Kontakte und Menschenrechte als ein Ganzes behandelt werden, soll beibehalten und erweitert werden,

damit auch die ökologische Dimension und die Frage nach der Gerechtigkeit in den Nord-Süd-Beziehungen stärker berücksichtigt werden können.

83. Die Zusammenarbeit auf internationaler Ebene sollte wirksamer gestaltet werden. Die *Vereinten Nationen* haben sich als hilfreich bei der Lösung regionaler Konflikte, bei der Unterstützung der Entwicklungsbemühungen vieler Länder und bei der Behandlung von Umweltproblemen erwiesen. Deshalb sollten die Regierungen der ganzen Welt die UNO stärker unterstützen und dies auch in sichtbarer Form zum Ausdruck bringen. Die Arbeit *nicht-staatlicher Organisationen* in Fragen des Friedens, der Gerechtigkeit, der internationalen Zusammenarbeit und der Verteidigung der Menschenrechte sowie des Umweltschutzes sollte unterstützt und ausgebaut werden.

84. *Gerechtigkeit*

a) Die gesamte Menschheit, aber *besonders die Armen, Unterdrückten und Machtlosen,* benötigen dringend eine neue Weltwirtschaftsordnung. Jede wirtschaftliche Entwicklung muß sozial *verträglich* und international *verantwortbar* sein: sie muß unter Rücksichtnahme auf die Umwelt und auf zukünftige Generationen geplant und verwirklicht werden. Solche Kriterien sollten auch für die Regulierung der internationalen Handelsbeziehungen, die Erleichterung der Schuldenlast der armen Länder und die Zusammenarbeit von Entwicklungsorganisationen gelten, die mit ihren Investitionen der Gerechtigkeit dienen, wie z. B. die Ökumenische Entwicklungsgenossenschaft (EDCS). Produktion und Konsum müssen sich aus der Abhängigkeit von neuen Technologien lösen, welche die Gesellschaft zu einem Dualismus von Reichen und Armen führen.

Wir sollten auch unsere Regierungen daran erinnern, daß vor nunmehr zwanzig Jahren die Mitgliedsstaaten der UNO übereinkamen, *0,7 % ihres Bruttosozialproduktes* für Zwecke der Entwicklung zu gebrauchen. Ähnliche Programme, wie z. B. die Solidaritätsfonds Europas (Solidarity Funds of Europe) verdienen ebensolche Unterstützung.

b) In bezug auf die Schuldenkrise *empfehlen wir* den Erlaß der *Schulden* für die ärmsten Entwicklungsländer und wirksame Maßnahmen zur Erleichterung der Last für alle Schuldnerländer einschließlich derer in Osteuropa. Regierungen sind sehr wohl in der Lage, Schulden zu tilgen oder umzuschulden und Handelsbanken und internationalen Institutionen bei ähnlichen Aktionen behilflich zu sein. Auch müssen die nötigen Vorbedingungen geschaffen werden, damit diese Länder vor einer neuerlichen Verschuldung dieses Umfangs bewahrt werden (Verhinderung von Kapitalflucht, Überprüfung des internationalen Währungssystems, Veränderung der Politik des Internationalen Währungsfonds, Revision der internationalen Handelsbeziehungen usw.). Auch muß sichergestellt werden, daß freigegebene Gelder zugunsten der Opfer der Armut benützt werden. Außerdem dringen wir darauf, daß der Fonds *„Abrüstung für Entwicklung“* (UN-Konferenz 1987) in Kraft gesetzt wird.

c) Zur Bekämpfung der Ungerechtigkeiten, die durch Diskriminierung, Rassismus, Sexismus, Folter, Verschwinden und Töten von Personen oder andere Verletzungen von Menschenrechten entstanden sind, zu denen auch das Selbstbestimmungsrecht der Völker und Nationen gehört, *rufen wir auf* zur vollständigen Verwirklichung aller internationalen Menschenrechtsabkommen über zivile, politische, wirtschaftliche, soziale und kulturelle Rechte einschließlich ihrer Durchführungsbestimmungen, namentlich:

— Universale Erklärung der Menschenrechte (1948)

— Internationaler Pakt über bürgerliche und politische Rechte und das dazugehörende freiwillige Protokoll (1966)

— Internationaler Pakt über wirtschaftliche, soziale und kulturelle Rechte (1966)

— Genfer Flüchtlingskonvention und Protokoll über Rechtsstellung der Flüchtlinge (1951/1967)

— Internationales Übereinkommen über die Beseitigung aller Formen von Diskriminierung aufgrund der Rasse (1965)

— Konvention über die Beseitigung aller Formen der Diskriminierung von Frauen (1975)

— UN-Erklärung über die Grundrechte von Kindern (1959)

— UN-Erklärung über die Beseitigung aller Formen von Intoleranz und Diskriminierung aufgrund der Religion oder der Überzeugung (1981)

— Übereinkommen über den Schutz aller Personen vor Folter und anderer grausamer, unmenschlicher oder erniedrigender Behandlung oder Strafe (1984)

— Europäische Menschenrechtskonvention (1950)

— Schlußakte der Konferenz für Sicherheit und Zusammenarbeit in Europa, (Helsinki 1975) sowie die Dokumente der KSZE-Folgekonferenzen — insbesondere Madrid 1983-1985 und Wien 1986-1989.

d) *Wir fordern* die Errichtung der nötigen Kontrollmechanismen für den Fall der Nichteinhaltung dieser Rechte, damit sich auch Einzelpersonen bei einem internationalen Gerichtshof beschweren können wie im Fall der Europäischen Menschenrechtskonvention.

e) Der *Rassismus* ist eine fundamentale Verletzung von Menschenwürde und Menschenrechten. Nach unserer christlichen Tradition ist er außerdem eine Sünde. Dennoch existieren Rassismus und ethnische Diskriminierung vielerorts, auch in unseren Ländern in Europa. Manchmal wird der Rassismus institutionalisiert, wie im Falle der *Einwanderungsgesetze bestimmter europäischer Länder* und anderer Regelungen und Praktiken in verschiedenen Teilen Europas. Manchmal nimmt er neben der Institutionalisierung extreme Ausmaße an, wie im Falle der *Apartheid in Südafrika.* Wir betrachten alle Formen von Rassismus als unzulässig. Die Apartheid als System ist nicht reformierbar und deshalb abzuschaffen. Wir bitten die Kirchen, Gemeinden und einzelnen Christen, sich aktiv auf das *„Minimale Aktionsprogramm" (minimum programme of action)* diplomatischer und wirtschaftlicher Maßnahmen (wie Kohleboykott, keine neuen Darlehen, keine direkten Flugverbindungen) zu verpflichten, wie es vom Südafrikanischen Kirchenrat und der Katholischen Bischofskonferenz im Südlichen Afrika beim Besuch ihrer Delegation in Europa im Mai 1988 dringend erbeten wurde.

f) *Das Bevölkerungsproblem* sollte weltweit hervorgehoben werden. Weil Überbevölkerung großenteils Folge wirtschaftlicher Armut ist, muß eine sachgerechte Bevölkerungspolitik sich hauptsächlich auf allgemeine wirtschaftliche und soziale Entwicklung konzentrieren. Niemals dürfen Menschenwürde und Achtung vor dem Leben als oberste Kriterien außer Kraft gesetzt werden.

g) *Wir drängen darauf,* daß *Erhaltung des Lebens* als oberstes Kriterium beim Aufbau der gesellschaftlichen Ordnung anerkannt wird. Das betrifft besonders den Schutz des ungeborenen Lebens und der Kinder.

h) Als weiteres Anwendungsgebiet *fordern wir* insbesondere ein *Verständnis der Arbeit,* bei dem Frauen und Männer gleichen Zugang zu allen Tätigkeiten haben und jeder den rechtmäßigen Anteil bekommt, ohne daß die Arbeitnehmer oder die Schwächsten in der Gesellschaft ausgebeutet werden, wie junge Frauen mit Kindern, ältere Menschen, Flüchtlinge und Wanderarbeitnehmer. Dazu könnte auch gehören, daß Arbeitsstellen geteilt werden und ein garantiertes Mindesteinkommen an alle Mitglieder der Gesellschaft gezahlt wird, unabhängig davon, ob sie Arbeit haben oder nicht. Dazu gehören auch Maßnahmen, die es Menschen ermöglichen zu arbeiten, während sie für eine Familie sorgen. Die Sorge für Kinder, ältere und behinderte Menschen sollte als wichtige und sinnvolle Tätigkeit gewertet werden, die auch Anerkennung durch die Gesellschaft verdient.

i) Jede *Diskriminierung der Frauen,* z. B. bei Entlöhnung und Einstellungsbedingungen, sollte beseitigt werden. Gewalt gegen Frauen muß unterbleiben. Frauen in besonders schwierigen Situationen, wie z. B. als alleinerziehende Mütter oder als Opfer von Gewalt, sollen ausreichenden Schutz genießen.

j) *Wir fordern* unsere Kirchen dazu auf, *Frauen* sehr viel stärker an den Entscheidungsprozessen *zu beteiligen* und in das kirchliche Leben einzubeziehen, dafür zu sorgen, daß sie gleichberechtigt in kirchlichen Gremien und an theologischen Fakultäten vertreten sind, in einen tiefgehenden Dialog mit der feministischen Theologie einzutreten und das ökumenische Engagement von Frauen anzuerkennen und zu fördern.

k) Wir bemerken zwar eine Idealisierung der Jugend in un seren Gesellschaften, glauben aber, daß in Wirklichkeit viele junge Menschen eine Geringschätzung ihrer Fähigkeiten und ihrer Kreativität erleben, daß sie keine sinnvolle Rolle in der Gesellschaft und Aussicht auf eine Zukunft haben. Junge Menschen leiden unter Arbeitslosigkeit, Armut, Heimatlosigkeit, zwangsweisem Militärdienst ohne die Möglichkeit zur Verweigerung aus Gewissensgründen in einigen Ländern. Sie leiden auch an Alkoholismus und Drogenmißbrauch. Wir bitten unsere Kirchen zu erkennen, daß viele junge Menschen sich nicht imstande fühlen, am Leben und Zeugnis ihrer Kirchen voll teilzunehmen. Ein Grund dafür ist, daß junge Menschen in den Entscheidungsgremien der Kirchen unterrepräsentiert sind. Wir glauben, daß eine bessere Zusammenarbeit zwischen Kirchen und Jugendorganisationen ein wichtiger Schritt zur Verbesserung der Situation wäre.

l) Die Kirchen müssen erkennen, daß *Flüchtlinge und Wanderarbeitnehmer* hauptsächlich deshalb ihre Heimatländer innerhalb und außerhalb Europas verlassen, weil ihre wirtschaftliche Situation hoffnungslos ist oder weil sie Opfer politischer, gesellschaftlicher oder religiöser Unterdrückung sind. Wir verlangen die Abschaffung aller Restriktionen gegen diese Menschen und rufen alle europäischen Christen dazu auf, sie als Brüder und Schwestern auf- und anzunehmen sowie auf Änderung in der Gesetzgebung, der öffentlichen Meinung und dem Verhalten hinzuwirken, damit sich ihre Lage verbessert.

Außerdem wollen wir auf das Schicksal von Millionen von *Flüchtlingen und Heimatvertriebenen* in anderen Kontinenten aufmerksam machen, die Opfer von wirtschaftlichen, politischen, sozialen und umweltbedingten Veränderungen oder Gewalt sind. Europäische Kirchen und Christen sollten alles in ihrer Macht Stehende tun, um die Grundursachen für solche Schicksale zu bekämpfen und unverzüglich Hilfe zu leisten.

m) Ganz besonders wenden wir uns an Kirchen, Christen und Entscheidungsträger in den EG-Ländern, dafür Sorge zu tragen, daß die Verwirklichung der *Europäischen Einheitlichen Akte 1992/93* nicht zu Rückschritten in den Sozialleistungen und ökologischen Maßstäben führt. Darüber hinaus sollten sie dafür Sorge tragen, daß in der EG die Erkenntnis wächst, daß sie nicht ganz Europa vertritt, und dies sollte auch in ihrer Bezeichnung deutlich werden. Die Europäische Gemeinschaft sollte weiterhin Kontakte über die jetzigen Grenzen hinaus zu den ihr nicht angehörenden Ländern Europas und der Welt anstreben.

n) 1992 ist außerdem der *500. Jahrestag des Beginns einer Periode europäischer Expansion* – zum Nachteil anderer Völker. Dies mahnt uns, für eine gerechte und friedliche Beziehung unter den europäischen Ländern sowie zwischen Europa und den anderen Weltteilen einzutreten, insbesondere für den Mittleren Osten, für den Europa große historische Verantwortung trägt. Wir bitten unsere Kirchen um

Unterstützung für den Kampf der Völker in Lateinamerika, Afrika und Asien um soziale Gerechtigkeit, Menschenwürde und Erhaltung ihrer Umwelt.

85. Wir appellieren nachdrücklich an alle Christen Europas, aktiv zur Lösung dieser Probleme in ihren Kirchen und Gesellschaften beizutragen. Die Nöte der Armen und Marginalisierten in unseren eigenen Gesellschaften und in der Zwei-Drittel-Welt sollten unseren *Lebensstil* mitbestimmen, denn jeder von uns trägt zu den Ursachen der Ungerechtigkeit bei. Unser Einsatz für die Veränderung der Strukturen der Ungerechtigkeiten wird nur dann glaubwürdig sein, wenn wir auch als einzelne bereit sind, unsere persönliche Verantwortung dafür ernst zu nehmen.

86. *Frieden*

a) Da die europäischen Kirchen davon überzeugt sind, daß der Krieg nach dem Willen Gottes nicht sein darf, sollten sie alles tun, um die internationalen Mechanismen zur friedlichen Konfliktlösung zwischen den Völkern auszubauen, z.B. durch internationale Abkommen, durch die Anerkennung internationaler Gerichtshöfe etc. Diese Bemühungen sollten darauf ausgerichtet sein, *die Institution des Krieges abzuschaffen. Friedensförderung muß Vorrang vor Kriegsverhütung haben.*

b) Wir rufen die UdSSR, die USA und die Länder Europas dazu auf, sich an bestehende Verträge zu halten, ihre *Abrüstungsverhandlungen* fortzusetzen, Schritte zur Abrüstung konventioneller Streitkräfte zu ergreifen, einen *umfassenden Atomwaffenteststop* zu vereinbaren und von der *Benutzung des Weltraums und der Antarktis für militärische Zwecke* Abstand zu nehmen. Wir begrüßen Abkommen wie den ABM-Vertrag (zur Abwehr ballistischer Interkontinentalraketen im Rahmen des Rüstungsbegrenzungsabkommens SALT) von 1972 und den Vertrag zur Nicht-Verbreitung von Atomwaffen und fordern die uneingeschränkte Einhaltung dieser Verträge.

c) Unser Aufruf richtet sich an alle Länder in Europa, sich zusammenzutun und zusammenzuarbeiten mit dem Ziel, *die Entwicklung, Herstellung, Stationierung, sowie den Besitz und Gebrauch von atomaren, biologischen oder chemischen Massenvernichtungswaffen* durch internationale Gesetze zu verurteilen und folglich zu beenden; darüberhinaus sollte auf diese Weise *das System der nuklearen Abschreckung überwunden* und durch ein anderes, weniger gefährliches ersetzt werden. Wir unterstützen ausdrücklich die Bemühungen der Vereinten Nationen und anderer internationaler Institutionen um weltweite und regionale Sicherheit.

d) Sicherheit kann heutzutage nicht mehr allein auf nationaler Ebene gewährleistet werden. Die Bewahrung des Friedens erfordert vielmehr kooperative Sicherheitsstrukturen. Alle Länder in Europa sollten nach Zusammenarbeit bei der Entwicklung und Einführung rein *defensiver Sicherheitsstrukturen* streben. So könnte die Gefahr des Mißbrauchs nationalistischer Gefühle verringert werden, die Spannungen und Konflikte innerhalb jedes Landes und in den Beziehungen zu anderen Ländern verursachen und fördern.

e) Diejenigen, die in den *Streitkräften* mit dem Ziel dienen, Rechte und Freiheiten ihrer Völker zu schützen, sollten ihr Amt im Dienst des Weltfriedens ausüben. Gleichzeitig muß das Recht auf *Verweigerung des Militärdienstes* als Teil der Religions-, Gewissens- und Gedankenfreiheit von allen Regierungen dadurch anerkannt werden, daß Möglichkeiten für einen angemessenen Alternativdienst geschaffen werden. Kirchen und Gemeinden haben die Aufgabe, die zum Militärdienst Einberufenen in ihrer Gewissensentscheidung zu beraten und ihnen unter Respektierung der Entscheidung des einzelnen seelsorgerische Hilfe anzubieten.

f) Der *internationale Handel und Export von Waffen und Waffentechnologie* in Konflikt- und Spannungsgebiete sollte eingestellt und in allen anderen Fällen strengsten Regeln und Vorschriften unterstellt werden. Es müssen Maßnahmen ausgearbeitet werden, um die Rüstungsindustrie in zivile Produktion umzuwandeln.

g) Besonders begrüßen wir, daß im *Januar 1989 das Schlußdokument der Wiener Nachfolgekonferenz der KSZE* verabschiedet wurde, das entscheidend dazu beiträgt, den Entspannungsprozeß innerhalb Europas und zwischen der UdSSR und den USA fortzusetzen und zu vertiefen. In bezug auf Menschenrechte, Religionsfreiheit und menschliche Kontakte sind wichtige Ergebnisse erzielt worden. Wir erkennen auch, daß Europa versäumt hat, das Selbstbestimmungsrecht jener Nationen und Völker zu unterstützen, die innerhalb von Staaten leben und ihre eigene Kultur, Tradition und Sprache haben. Wir stimmen dem zu, daß Menschenrechte als Ganzes und in ihrem Verhältnis zueinander verwirklicht werden müssen, d.h. als politische, bürgerliche, soziale, wirtschaftliche und kulturelle Rechte. *Wir verpflichten uns,* in unseren jeweiligen Ländern für die Anwendung dieser Rechte zu sorgen und über ihre Durchführung zu wachen. Wir sind davon überzeugt, daß zwischen den europäischen Ländern auf allen Ebenen der Gesellschaft menschliche Kontakte geknüpft werden sollten und daß von nun an die Grenzen in Europa vor allem zwischen Ost und West mehr und mehr ihren trennenden Charakter verlieren werden. Wir ermutigen die Kirchen dazu, die bestehenden Möglichkeiten zu nutzen und insbesondere Partnerschaft zwischen Gemeinden zu gründen.

h) Bei einem Blick in die Welt sehen wir mit großer Betroffenheit, daß einige Konflikt- und Spannungssituationen andauern. Wir denken besonders an den *Nahen Osten und den Mittelmeerraum, die Palästinafrage, die Lage im Libanon und auf Zypern.* Wir bitten darum, alle Anstrengungen zur Lösung dieser Konflikte und unter Wahrung der legitimen Forderungen aller Betroffenen zu unternehmen. Es sollte alles getan werden, um diese Situation zu entschärfen, so daß die Völker frei ihre politischen Entscheidungen treffen können und das friedliche Zusammenleben von Frauen und Männer unterschiedlicher Religion und Herkunft wieder ermöglicht und zu einem Zeichen der Hoffnung und des Friedens für alle wird.

Wir appellieren dringend an alle Christen in Europa, ihren Kirchen und Regierungen bei der Lösung dieser Probleme beizustehen.

i) Auf allen Ebenen in Kirche und Gesellschaft muß die *Erziehung zum Frieden* entwickelt und gefördert werden mit dem Ziel der friedlichen Konfliktlösung. Dabei müssen in jedem Fall *gewaltfreie Alternativen* Priorität erhalten. *Gewaltlosigkeit* muß als aktive, dynamische und konstruktive Kraft verstanden werden, die von tiefer Achtung vor der menschlichen Person ausgeht.

j) Alle Christen in Europa sollen auf *Gewalt im täglichen Leben* – in Familie, Schule und am Arbeitsplatz – verzichten und besonders der Verherrlichung der Gewalt in den Massenmedien entgegenwirken. Als Christen tragen wir eine besondere Verantwortung für die Erziehung unserer Kinder. Sie können die Visionen einer friedlichen und gerechten Welt widerspiegeln, solange sie sich der bedingungslosen Liebe der Erwachsenen gewiß sind. Die heute lebenden und handelnden Erwachsenen sind die verwundeten Kinder von gestern – die verwundeten Kinder von heute sind die Erwachsenen von morgen. Die Kinder sind unsere Zukunft und Hoffnung.

Die Rechte und Wünsche der Eltern sowie ihre religiöse Überzeugung sollten bei der Erziehung ihrer Kinder respektiert werden. Außerdem sollten Eltern das Recht zum Widerstand gegen militärische oder vormilitärische Erziehung haben. Kinder dürfen nicht benachteiligt werden, wenn sie an solchem Unterricht nicht teilnehmen. Die Rechte der Kinder müssen von allen anerkannt und verteidigt werden.

87. *Umwelt*

a) Jede technologische Entwicklung muß daran gemessen und beurteilt werden, ob sie den Kriterien der *Vereinbarkeit* (s. § 84a) entspricht. Damit werden das stetige Wirtschaftswachstum als eigenständiger Wert und die Art unseres Umgangs mit den Schätzen der Natur grundsätzlich in Frage gestellt.

b) Der verschwenderische Umgang mit *Energie* hat in den Industrieländern derartige Ausmaße erreicht, daß der Verbrauch jetzt drastisch eingeschränkt werden muß. Einige Kirchen haben sich verpflichtet, für eine beträchtliche Reduzierung des Energieverbauchs einzutreten. Wir wenden uns an alle Kirchen und Christen in Europa, im Rahmen ihrer Möglichkeiten dasselbe zu tun und die Entscheidungsträger in Politik, Technik und Industrie immer wieder zu wirksameren Energiesparmaßnahmen anzuhalten.

c) In besonderem Maße gilt dies für fossile Brennstoffe. Hier könnte eine Drosselung des Verbrauchs durch energiesparende Maßnahmen und die Entwicklung erneuerbarer Energiequellen (Sonne, Wasser, Wind) erreicht werden. Die dafür notwendigen Mittel könnten durch eine entsprechende Besteuerung eingebracht werden. Keinesfalls darf unsere künftige *Energie*versorgung von Kernkraft abhängen, weil damit zu viele soziale, technische, ökologische und militärische Risiken verbunden sind. Die Sicherheitsvorschriften für

Kernkraftwerke sollten den höchsten internationalen Normen entsprechen.

d) Laut dem *Brundtland-Bericht* besteht technisch die Möglichkeit, den *Pro-Kopf-Energieverbrauch in den Industrieländern* um 50% zu senken und entsprechend den *Verbrauch der Dritten Welt* um 30% anzuheben (Schätzwert nach voraussichtlichem Bevölkerungswachstum). Dadurch würde der weltweite Energieverbrauch absolut nur unwesentlich erhöht. Dies ist die einzige weltweite Energieperspektive, die Bewahrung der Schöpfung und Gerechtigkeit verbindet. Die Perspektive sollte von den Christen in den Industrienationen ernsthaft erwogen werden, zumal der Brundtland-Bericht die Öffentlichkeit gegenüber den ökologischen Fragen beträchtlich sensibilisiert und auch in wissenschaftlichen Kreisen große Beachtung gefunden hat.

e) Es müssen dringend besondere Maßnahmen ergriffen werden, um die *Ozonschicht* zu schützen, dem *Treibhauseffekt* entgegenzuwirken, den noch verbleibenden *Regenwald* zu erhalten und das Fortschreiten der Wüsten zu verhindern.

f) Auf internationaler Ebene muß so schnell wie möglich eine überprüfbare Regelung für die *Beseitigung von Abfällen*, besonders Atom- und anderem Sondermüll gefunden werden. Unter keinen Umständen dürfen europäische Länder ihre Abfälle auf Kosten anderer Länder lagern oder in ihren Hoheitsgewässern oder in internationalen Gewässern abladen. Besondere Aufmerksamkeit verdient hier die Frage der Beseitigung des Atommülls (z.B. Versenkung im Pazifik).

g) Für alle europäischen Länder sollten internationale Vereinbarungen über *grenzüberschreitende Emissionen* vorrangig sein, damit Wasser, Luft und Boden nicht weiter verschmutzt werden und der angerichtete Schaden wieder gutgemacht wird.

h) Strenge Gesetze und Kontrollen für die *Genforschung und -manipulation* sowie Verhaltenskodizes für diese Berufe sind dringend erforderlich. Auch die Kirchen müssen sich unbedingt weiterhin mit den neuesten Entwicklungen im Bereich der *Biotechnik* auseinandersetzen und entsprechende ethische Richtlinien über die Auswirkungen auf den Wert des Lebens — nicht nur des Menschen, sondern aller Lebewesen und der Natur überhaupt — erarbeiten.

i) Unverzüglich müssen ferner Maßnahmen zur Erhaltung

der *Vielfalt* und des genetischen Materials innerhalb *der Arten* ergriffen werden. Hier können die Kirchen wesentlich dazu beitragen, dieses Problem ins Bewußtsein der Menschen zu rücken. Ein erster Schritt in diese Richtung ist die UNO-Weltcharta für die Natur von 1982.

Der nächste Schritt wäre eine internationale Konvention zum Schutz der Arten, wie die IUNNR (International Union of Nature and Natural Resources) vorschlägt. Es sollten finanzielle Abkommen geschlossen werden, die sicherstellen, daß vor allem die armen Länder einen angemessenen Anteil an den Gewinnen und Erträgen aus der Entwicklung dieser Arten erhalten. Für uns als Christen zeigt sich in der Artenvielfalt die Freigiebigkeit unseres Schöpfers.

j) *Ein Dialog mit Wissenschaftlern* über ökologische Fragen und das Studium solcher Quellen wie der des *Brundtland-Berichts* sind zu empfehlen. Alle Christen sind aufgefordert, ihren Kirchen und Regierungen bei der Durchführung dieser Maßnahmen zu helfen. Alle sollten einen Lebensstil annehmen, der so schonend wie möglich mit der Umwelt umgeht, das bedeutet: weniger Energie verbrauchen, öffentliche Verkehrsmittel benutzen und weniger Abfall erzeugen. In Stadtverwaltungen und Gemeinden kann eine „ökologische Buchführung“ eingeführt werden. Wir müssen lernen, daß Glück und Gesundheit weniger von materiellen Gütern als von den Gaben der Natur und von unseren Mitgeschöpfen, von unseren Beziehungen untereinander und zu Gott abhängen.

6.3 Dialog mit Menschen in anderen Erdteilen

88. Wir haben erkannt, wie sehr wir einander und die Schöpfung brauchen. Wir haben unsere Begegnung als Dialog erfahren, der durch Gottes Liebe für uns alle ermöglicht wurde. Solche Erfahrungen lassen uns vertrauensvoll auf andere zugehen, ihnen zuhören und voneinander lernen.

89. Selbstverständlich müssen wir als europäische Kirchen und Christen darauf hören, was uns Kirchen und Christen aus anderen Erdteilen zu sagen haben, welche Hoffnungen und Erwartungen sie an Europa und an die Europäer, seine Kirchen und ihre Mitglieder richten. *Die Umstrukturierung Europas wird nur dann gelingen, wenn sie als Teil des*

Umbaues des ganzen „Weltdorfes" gesehen wird. Bei diesem Prozeß lernen wir voneinander. Das Miteinanderteilen unserer geistlichen und sonstigen Erfahrungen ist ein gegenseitiger Prozeß. Wir erkennen die geistliche Armut vieler unserer „reichen" Gesellschaften. So brauchen wir einen intensiveren Dialog mit Christen aus anderen Regionen der Welt und anderen Traditionen. Wir hoffen darauf, daß er im Rahmen eines weltweiten ökumenischen Prozesses geführt wird — vor, während und nach der *Weltversammlung für Gerechtigkeit, Frieden und die Bewahrung der Schöpfung* in Seoul im März 1990.

90. Ebenso nötig ist der *Dialog mit anderen Weltreligionen, Kulturen und Weltanschauungen.* Um bei einer solchen Begegnung glaubwürdig zu sein, benötigen wir gute Beziehungen innerhalb der Kirchen und zwischen ihnen. Das bedeutet auch ein offenes und auf den Dialog gegründetes Verhältnis zwischen Kirchenleitung, Gruppen und Bewegungen in den Kirchen. Zum Dialog gehört auch die Begegnung mit unseren nächsten Nachbarn, die einen anderen Glauben oder auch gar keinen haben.

91. Wir fühlen nicht nur die Notwendigkeit des *Dialogs* mit Menschen anderer Glaubensüberzeugungen und Weltanschauungen, sondern auch das *gemeinsame Handeln* für Gerechtigkeit, Frieden und die Bewahrung der Schöpfung. Dieses Engagement teilen wir mit anderen Menschen guten Willens.

6.4 Ausblick auf die Fortführung des ökumenischen Prozesses in Europa

92. Die Europäische Ökumenische Versammlung FRIEDEN IN GERECHTIGKEIT war ein einzigartiges Ereignis. Sicherlich haben die vier gemeinsamen Konsultationen zwischen dem CCEE und der KEK den Boden vorbereitet, und ähnliche Treffen haben in europäischen Ländern und anderen Regionen stattgefunden, aber diese Versammlung war etwas noch nie Dagewesenes.

93. Das Schlußdokument spiegelt sowohl das wider, was wir in dieser Woche der intensiven Begegnung als Ermutigung erfahren haben, als auch Gebiete, wo wir Unsicherheiten spürten. In gewissen Punkten haben wir einen Konsens

erreicht. Wir haben auch Bereiche gemeinsamer Anliegen ausmachen können und sind auf offene Fragen gestoßen, besonders im Hinblick auf Grundfragen der Sozialethik.

94. Die Ergebnisse unserer gemeinsamen Arbeit bleiben zweifellos hinter der Größenordnung der vor uns stehenden Herausforderungen zurück, und sie erfüllen vielleicht auch nicht die Erwartungen, die viele auf die Versammlung gesetzt haben. Und doch legen wir sie unseren Kirchen in dem Vertrauen vor, daß sie ein getreues Bild unseres gemeinsamen Zeugnisses von Gerechtigkeit, Frieden und Bewahrung der Schöpfung im gegenwärtigen Stadium geben.

95. Außerdem haben wir uns als Vertreter der europäischen Kirchen zu gewissen Dingen fest verpflichtet und sind deshalb davon überzeugt, daß die Arbeit der Versammlung *fortgesetzt werden muß*. Ja, wir haben feststellen können, daß die Europäische Ökumenische Versammlung Teil eines fortlaufenden Prozesses und nicht ein punktuelles Ereignis ist. Die Nacharbeit von Basel wird daher von größter Wichtigkeit sein. Wir bitten die Kirchen und die Christen in Europa, einen *Rezeptionsprozeß* anlaufen zu lassen. Das lebendige Zeugnis der Kirchen, Gemeinden und einzelner Christen in ihrem tagtäglichen Leben wird letztlich die wirklichen Auswirkungen der Versammlung zeigen. Das Schlußdokument ist auf europäischer Ebene formuliert worden und bleibt damit notwendigerweise etwas allgemein. Daher müssen die Ortskirchen die Analysen konkreter ausarbeiten und die Verpflichtung zum Handeln präzisieren.

96. Wir haben versucht, uns über die Fortsetzung des ökumenischen Prozesses ein genaueres Bild zu machen und möchten hier einige Vorschläge unterbreiten. So könnten auf der Ortsebene in und zwischen unseren Gemeinden kleinere ökumenische Gruppen dieses Dokument zur Festlegung ihrer eigenen Prioritäten für Studium und Handeln heranziehen. Man könnte zwischen Gemeinden oder ökumenischen Gruppen in verschiedenen Teilen Europas wie auch in den Ländern der südlichen Hemisphäre *Partnerschaften* entwikkeln, um so einander in diesem Prozeß zu ermutigen.

97. Ferner ist vorgeschlagen worden, eine *alljährliche ökumenische Gebetswoche für Gerechtigkeit, Frieden und die Bewahrung der Schöpfung* anzuberaumen, wobei man sich bereits bestehende Modelle zum Vorbild nehmen könnte.

Diese Woche könnte Brennpunkt sein für die fortlaufenden Arbeiten der Gruppen und Netzwerke, die die *„Zukunftswerkstatt Europa"* während der Versammlung organisiert haben. Das Modell der *ökumenischen Gruppenbesuche* könnte Kirchen und Christen dazu anregen, aus den Erfahrungen der anderen in diesem Prozeß zu lernen.

98. Und schließlich wenden wir uns an das CCEE und die KEK als die beiden federführenden Organisationen dieser Versammlung. Im Vertrauen darauf, daß sie ihr Engagement in diesem ökumenischen Prozeß in Europa fortzusetzen bereit sind, möchten wir sie bitten, durch ihren gemeinsamen Ausschuß und ihre Leitungsgremien folgende Vorschläge ernsthaft zu erwähnen:

— eine *Arbeitsgruppe* einzusetzen, die den fortlaufenden Prozeß dieser Versammlung fördern und auswerten sowie die während unserer Diskussionen aufgetretenen sozialethischen Herausforderungen genauer erörtern soll;

— zu prüfen, ob eine *weitere größere europäische Tagung (in ungefähr fünf Jahren)* einberufen werden könnte, um eine Bestandsaufnahme über den bisherigen Prozeß vorzunehmen und uns gegenseitig Rechenschaft abzulegen.

99. Wir haben diese Versammlung zu Pfingsten begonnen, zum Zeitpunkt der Herabkunft des Heiligen Geistes. Am Anfang des Schlußdokumentes sagten wir: Wir haben uns hier in Basel versammelt, um gemeinsam zu verstehen, was der Heilige Geist den Kirchen zu sagen hat. Am Ende des Dokumentes möchten wir bekräftigen, daß der ökumenische Prozeß für Gerechtigkeit, Frieden und die Bewahrung der Schöpfung vor allem das Werk des Heiligen Geistes ist. Unter seiner Führung können wir diesen Prozeß fortsetzen und uns freudig und mit Mut darin engagieren. Wir glauben, daß der Heilige Geist die tiefste Quelle des Lebens, der Gerechtigkeit, des Friedens und der Bewahrung der Schöpfung ist.

100. Wir beten um Gottes Segen für unser Bemühen. Wir beten, daß Gottes Wille geschehe „wie im Himmel, so auf Erden" (Mt 6,10). Zum Abschluß stimmen wir in die Worte des Friedensgebetes ein und empfehlen allen Kirchen und Christen in Europa, es gleichfalls zu beten:

Herr, mach uns zu Werkzeugen Deines Friedens; daß wir Liebe üben, wo Haß ist; daß wir verzeihen, wo Leid zugefügt wird; daß wir verbinden, wo Zwietracht herrscht; daß wir den Glauben bringen, wo der Zweifel drückt; daß wir Hoffnung wecken, wo Verzweiflung quält; daß wir Licht entzünden, wo die Finsternis regiert; daß wir Freude bringen, wo Kummer wohnt; Herr, laß Du uns trachten: nicht, daß wir verstanden werden, sondern daß wir andere verstehen; nicht, daß wir geliebt werden, sondern daß wir andere lieben. Denn wer da hingibt, der empfängt; wer sich selbst vergißt, der findet; wer verzeiht, dem wird verziehen; und wer stirbt, erwacht zum ewigen Leben. Amen.

Wir beten:

Herr, mach uns zu Werkzeugen Deiner Gerechtigkeit. Mach uns zu Werkzeugen Deines Friedens. Mach uns zu Werkzeugen der Erneuerung Deiner Schöpfung.

SCHAUBILDER

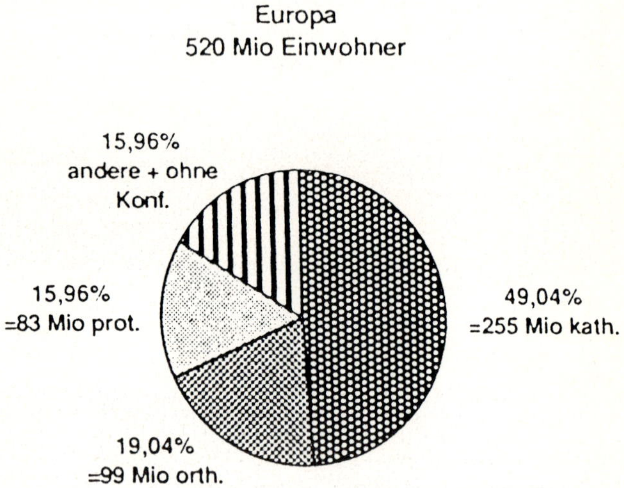

Schaubild Nr. 1

Schaubild Nr. 2 →

Evangelische Minderheiten in Europa

und in den asiatischen Republiken der Sowjetunion

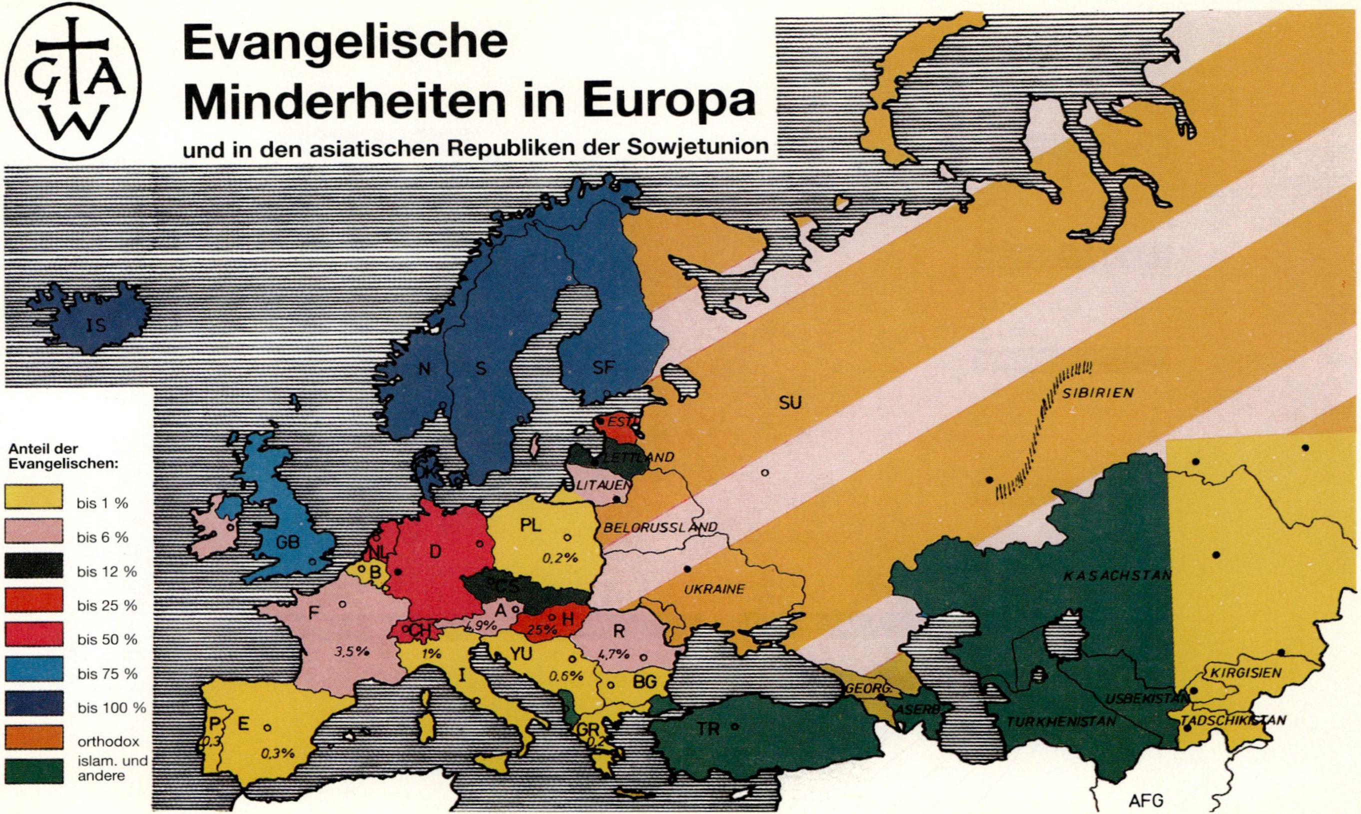

Religionen in der Europäischen Gemeinschaft

Großbritannien

Bevölkerung:	57,48	Mio
Anglikaner:	27.00	Mio
Protestanten:	7.30	Mio
Katholiken:	5,30	Mio
Moslems:	1,00	Mio
Juden:	0.47	Mio

Niederlande

Bevölkerung	14,93	Mio
Katholiken:	5.38	Mio
Protestanten:	4,48	Mio
Moslems:	0,33	Mio
Juden:	0,03	Mio

Dänemark

Bevölkerung:	5,15	Mio
Protestanten:	4.67	Mio
Katholiken:	0.03	Mio
Juden:	0.01	Mio

Deutschland

Bevölkerung:	79,95	Mio
Protestanten:	29,00	Mio
Katholiken:	26.70	Mio
Moslems:	1.74	Mio
Juden:	0.04	Mio

Irland

Bevölkerung:	3.52	Mio
Katholiken:	3.28	Mio
Anglikaner:	0.11	Mio
Juden:	0.28	Mio

Belgien

Bevölkerung:	9.98	Mio
Katholiken:	8.93	Mio
Protestanten:	0.50	Mio
Moslems:	0.25	Mio
Juden:	0.04	Mio

Frankreich

Bevölkerung:	57.21	Mio
Katholiken:	43.65	Mio
Moslems:	2.57	Mio
Protestanten:	0.80	Mio
Juden:	0.70	Mio

Luxemburg

Bevölkerung:	0.38	Mio
Katholiken:	0.36	Mio
Protestanten:	0.04	Mio

Portugal

Bevölkerung:	10.37	Mio
Katholiken:	9.75	Mio
Protestanten:	0.04	Mio

Italien

Bevölkerung:	56.40	Mio
Katholiken:	46.81	Mio
Protestanten:	0.50	Mio
Juden:	0.04	Mio

Spanien

Bevölkerung:	39.43	Mio
Katholiken:	38.37	Mio
Moslems:	0.30	Mio
Protestanten:	0,25	Mio
Juden:	0.01	Mio

Griechenland

Bevölkerung:	10.27	Mio
Orthodoxe:	10.09	Mio

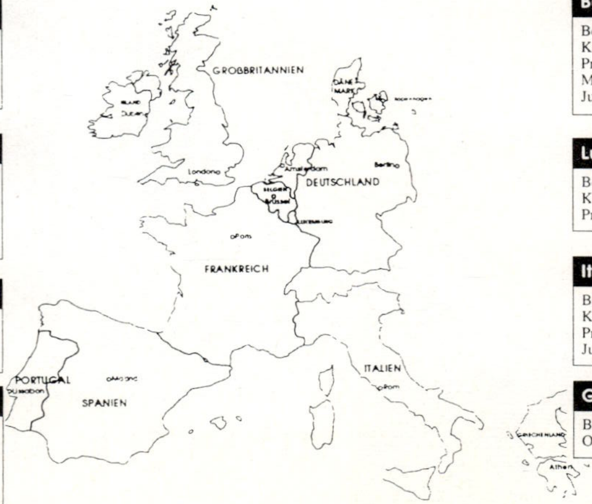

Schaubild Nr. 3

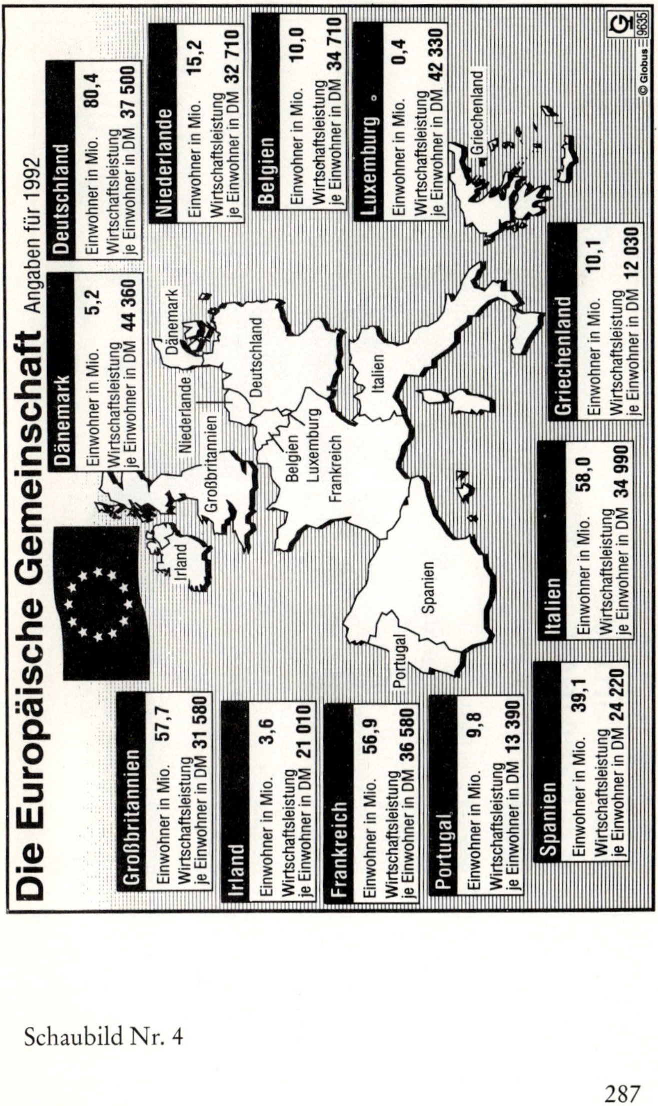

Schaubild Nr. 4

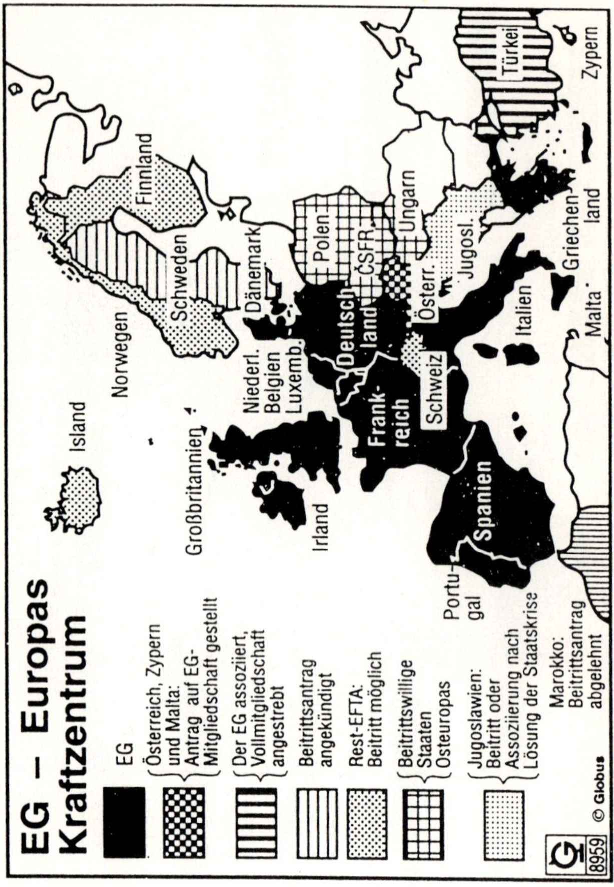

Schaubild Nr. 5

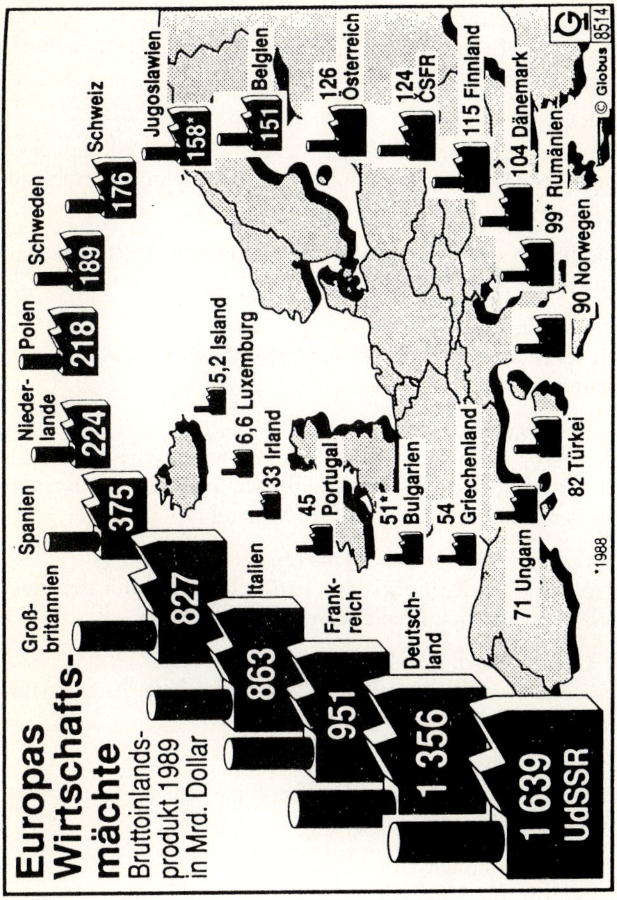

Schaubild Nr. 6

Zu den Autoren

Verzeichnis der im Texte- und Dokumententeil dieses Arbeitsheftes mit Beiträgen namentlich aufgeführten Personen

Beier, Peter
Präses der Evangelischen Kirche im Rheinland, Düsseldorf/Deutschland

Brenner, Beatus Dr.
Wissenschaftlicher Referent des Konfessionskundlichen Instituts des Evangelischen Bundes, Bensheim/Deutschland

Csiha, Kálmán Dr.
Bischof in der Reformierten Kirche in Rumänien - Siebenbürgischer Distrikt, Cluj/Rumänien

Fischer, Jean
Generalsekretär der Konferenz Europäischer Kirchen, Genf/Schweiz

Frieling, Reinhard Dr.
Professor für Systematische und Ökumenische Theologie, Direktor des Konfessionskundlichen Instituts des Evangelischen Bundes, Bensheim/Deutschland

Gammeltoft-Hansen, Hans Dr.
Professor für Rechtswissenschaft, Ombudsmann des dänischen Parlaments, Frederiksberg/Dänemark

Goudzwaard, Bob Dr.
Professor für Ökonomie und Volkswirtschaft, Amsterdam/Niederlande

Jüngel, Eberhard Dr.
Professor für Systematische Theologie und Religionsphilosophie, Tübingen/Deutschland

Ricca, Paolo Dr.
Professor für Kirchengeschichte an der Facoltá Valdese di Teologia, Rom/Italien

Schöpsdau, Walter Dr.
Wissenschaftlicher Referent des Konfessionskundlichen Instituts des Evangelischen Bundes, Bensheim/Deutschland

Trojan, Jakub Dr. Dr.
Professor für Soziale Theologie an der Karls-Universität Prag/Tschechische Republik

Ullrich, Lothar Dr.
Professor für Dogmatik an der (katholischen) Kirchlichen Hochschule, Erfurt/Deutschland

Vischer, Lukas Dr.
Professor für Ökumenische Theologie, Bern/Schweiz

Wendebourg, Dorothea Dr.
Professorin für Evangelische Theologie und Kirchengeschichte, Göttingen/Deutschland

Young, Frances Dr.
Professorin für Theologie, Birmingham/Großbritannien

Quellen der Schaubilder

Ihre freundliche Abdruckgenehmigung gaben für:

Schaubild Nr. 1 und 2: Gustav-Adolf-Werk der EKD, 3500 Kassel
Schaubild Nr. 3: idea spektrum, 6330 Wetzlar 1
Schaubild Nr. 4: Globus Kartendienst, 2000 Hamburg 70
Schaubild Nr. 5 und 6: Gütersloher Verlagshaus Gerd Mohn, 4830 Gütersloh